名家讲国学

传统文化经典教育文库

本书主编 张践

山东城市出版传媒集团·济南出版社

汉唐书局

国家教育行政学院
国学教育研究中心推荐

图书在版编目（CIP）数据

名家讲国学 / 张践主编. —济南：济南出版社，2019.5
（传统文化经典教育文库）
ISBN 978-7-5488-3689-6

Ⅰ. ①名…　Ⅱ. ①张…　Ⅲ. ①国学—问题解答
Ⅳ.①Z126-44

中国版本图书馆CIP数据核字（2019）第083038号

出 版 人　崔　刚
丛书策划　冀瑞雪
责任编辑　冀瑞雪　张子涵
图书审读　于丽霞　戴　月
装帧设计　李海峰

出版发行　济南出版社
地　　址　山东省济南市二环南路1号（250002）
编辑热线　0531-86131747（编辑室）
发行热线　82709072　86131747　86131729　86131728（发行部）
印　　刷　山东新华印刷厂潍坊厂
版　　次　2019年5月第1版
印　　次　2019年5月第1次印刷
开　　本　185 mm×260 mm　1/16
印　　张　15.5
字　　数　270千
印　　数　1—10000册
定　　价　49.00元

目 录

绪 论 1

什么是国学 2

为什么要大力弘扬国学 4

国学将为现代中国提供什么样的文化资源 6

国学典籍的基本分类有哪些 8

第一编 经 部 12

什么是经学 13

《周易》是怎样产生的，其主要内容是什么 15

《尚书》是怎样一部经典 17

《诗经》的主要内容是什么 19

《周礼》是怎样一部经典 21

为什么说《仪礼》是一部记载古代习俗礼仪的经典 23

《礼记》为何在传统文化中占有十分重要的地位 24

《春秋公羊传》是怎样一部经典 26

《春秋穀梁传》是怎样一部经典 27

《春秋左氏传》是怎样一部经典 29

为什么说孔子是"大成至圣先师" 30

《论语》是怎样成书的，其中心思想是什么　32

孟子为什么会被尊为儒家的"亚圣"　35

《孟子》有何价值　37

《孝经》为何字数虽少却影响深远　39

为什么说《尔雅》是最早的一部词典　40

两汉经学的状况如何　今古文之争是怎么回事　42

魏晋南北朝的经学有何发展　44

唐宋明清经学有何成就　45

第二编　史　部　49

何谓"史"，何谓史书，何谓史学　50

中国史学思想发展的基本脉络是什么　52

经学与史学有何关系　54

历代先哲如何看待历史进程　56

历代先哲如何分析中国社会的治乱兴衰　58

史学在中国传统文化中具有怎样的功能　61

历代先哲如何论述史家的修养　63

什么是纪传体　"二十六史"的特点有哪些　66

什么是编年体　何谓九通　68

什么是纪事本末　纪事本末的史书有哪些　70

什么是政书　政书类的史书主要有哪些　72

第三编　子　部　75

子学的基本含义有哪些　76

诸子的流派和发展脉络如何　78

何为儒家　由何人所创　82

先秦儒家的分化与主脉如何　84

《荀子》一书有何价值　86

孟子与荀子在人性论上有何异同　88

什么是道家　89

《老子》一书的主旨何在　91

《庄子》一书有何特色　93

墨家的基本特征有哪些　95

法家的主要代表人物和主要观点有哪些　97

《韩非子》一书提出了哪些重要的观点　99

《管子》一书是否为管仲所作　101

什么是名家　103

什么是阴阳家　105

纵横家和杂家有何作为　107

农家和兵家的文化贡献有哪些　110

汉初黄老之学的基本内容是什么　111

《淮南子》是怎样一本书　113

董仲舒的《春秋繁露》如何论述天人感应学说　115

《盐铁论》中讨论了什么问题　117

王充的《论衡》如何以"疾虚妄"为宗旨　119

何晏与王弼代表的"玄论派"有何理论贡献　121

阮籍与嵇康代表的"旷达派"为何名垂千古　123

魏伯阳的《参同契》在道教史上有何重要影响　125

葛洪的《抱朴子》提出了哪些重要观念　127

什么是"格义"之学　129

三论宗以何为本　130

天台宗在理论上有何特色　132

何为法相宗　134

华严宗有哪些重要理论　136

为什么禅宗称为"教外别传"　138

律宗在佛教发展中的地位如何　140

为什么说净土宗是佛教中的"方便法门"　142

密宗有哪些主张　143

道教在唐宋时期有哪些重要发展　145

金元之际的"新道教"包括哪些主要派别　148

道教在明清时代有哪些重要派别　150

什么是理学　152

周敦颐为代表的"濂学"如何强调"诚"的意义　154

张载所代表的"关学"有哪些特点　156

程颢、程颐所代表的"洛学"是怎样论述"性即理"学说的　158

朱熹所代表的"闽学"的主旨是什么　161

曾有"鹅湖之会"的陆九渊与朱熹的思想有何不同　163

王阳明如何把心性之学推至登峰造极　165

何谓朴学，有何重要成果　168

第四编　集　部　170

中国文学的基本含义和文体分类有哪些　171

《诗经》中的风、雅、颂有何异同　174

诗人屈原为什么被称为伟大的爱国者　176

《楚辞》是怎样一部书　178

司马相如的汉赋有哪些艺术成就　180

曹植的诗歌艺术成就有哪些　181

什么是骈文，骈文与散文有何不同　184

唐代古文运动的主要人物和主要观点有哪些　186

盛唐浪漫派、写实派代表诗人有哪些　188

诗仙李白的主要艺术贡献有哪些　191

诗圣杜甫的主要艺术贡献有哪些　194

白居易的诗词艺术有哪些特色　197

晚唐诗人杜牧为什么被称为"小杜"　199

晚唐诗人李商隐为什么被称为"小李" 201

北宋古文运动的倡导者有哪些 203

何谓"唐宋八大家" 205

什么是词 207

亡国之君李煜何以有如此高的艺术成就 209

苏轼为什么被称为浪漫派诗人 211

李清照的诗词反映了怎样的家国情怀 214

元曲兴盛的原因何在 元曲的形式有哪些 216

戏剧家关汉卿的艺术贡献有哪些 218

中国古代戏曲的演变脉络有哪些 221

最早的话本有哪些 225

什么是明清章回小说"四大部" 227

施耐庵如何创作出文学名著《水浒》 231

罗贯中的《三国演义》有什么艺术特色 234

曹雪芹的《红楼梦》的艺术价值和思想价值有哪些 237

后 记 240

汉唐书局

名家讲国学

绪　论

什么是国学

"国学"一词古已有之，《周礼·春官》载：乐师"掌国学之政，以教国子小舞"。在夏、商、周三代，国学是国家主办的中央学校，专门培养贵族子弟。汉代称太学，旧称国子学，隋改称国子监，以后相沿使用，但也可以简称为国学。但是我们这里所说的国学，则是近代以来相对于西学的一种用法，广义上的指中国的传统文化。"国学者何？一国所有之学也。"（邓实：《国学讲习记》，《国粹学报》第十九期，光绪三十二年6月20日出版）

鸦片战争以后，中华民族面临重重危机，这种危机不仅仅是政治、经济、军事、外交上的，更主要的表现在文化上。于是一批思想深刻的民主革命先行者，便提出了弘扬中华优秀传统文化的问题，使国人精神有所寄托，民族的血脉得以延续，国家的复兴有所依托。章太炎在日本主办"国学讲习所"，之后又出版了《国故论衡》《国学概论》；刘师培主办了"国学保存会"；邓实主办了《国粹学报》。从此"国学"一词便开始流行起来，成为西方学术传入以前，中国各种传统学术思想的总称。同时，"国学"一词也包含了传统文化精粹、国家自立之本的深层价值含义。如章太炎在《民报》第七期《国学讲习会序》中所说："夫国学者，国家所以成立之源也。吾闻处竞争之世，徒恃国学固不足以立国矣，而未闻国学不兴而国能自立者。"为了国家和民族的振兴，必须大力弘扬国学。

所谓的国学可以从空间和时间两方面加以定义。从空间的角度看，国学一定是中国之学，以便与各种外国之学加以区别。从时间上看，一些外国之学传入中国日久，早已被中国化了，也可以进入国学的范畴。如佛教在中国得以发扬光大，也可算是中国的国学。但如果传入时间不久，似不应列入国学的范围，不然国学概念会泛化，可以囊括当代所有学科。故我们将1840年以前在中国流行的学问统称为"国学"。

中国古代学术，向来无所谓"分科"之说。一般儒家学者，都以万能博士自居，"一事不知，儒者耻之"。这种状况是和古代社会的自然经济发展水平相适应的，学者集经义注疏、诗词歌赋、论史文章，无所不通，所以在学科门类上，文、史、哲浑然一体。然而限于古代学者个人的性情及其偏好，成就在各方面又各有短长。朱熹的诗词亦为上乘，但没有人会称他为诗人；李白也有时文传世，却不以史论著称。因而，国学实际上还是有分科的。《汉书·艺文志》把古代学术分成六类：一六艺，二诸子，三诗赋，四兵书，五数术，六方技。其中六艺指的是经学，包括"小学"，即文字学。按照当代习惯的学科分类，诸子主要指哲学，诗赋是文学，兵书是军事著作的统称，数术是天文、历法等科技，方技主要指医学。汉代以后，儒学地位上升，《隋书·经籍志》正式开创了"经、史、子、集"的图书分类系统，到清代纂修《四库全书》，将这个分类系统发挥到了极致。其中经部指儒家经学，包括"十三经"及其注疏，以及为读经服务的文字学；史部是史学，包括正史、编年史、别史在内的各类典籍及其史学研究著作；子部是历代思想家的著作，包括诸子百家，其中既有儒、道、墨、法、名、阴阳等哲学家，也有兵家、农家、医家、天文、算法、艺术、小说等科技杂家，甚至包括佛、道等宗教；集部分楚辞、别集、总类、诗文评、词曲五类，以文学作品为主。在这个分类体系中，实际上已经包括了哲学、历史、政治、军事、宗教、科技、文学、艺术等现代的学科分类，只不过未用其名而已。到了清末，曾国藩在给其弟的书信中，将传统学术分成了三大类："盖自西汉以至于今，治学之儒，约有三途：曰义理之学，曰考据之学，曰词章之学。……此三学皆从事于经史，各有门径。"他所说的义理之学，可以相当于今日之哲学；考据之学，相当于历史学；词章之学，相当于文学。这是一种使古代学术与近代流行的西方学科分类方法接轨的尝试。至民国初年，章太炎作《国学概论》，则将国学分成了经学、哲学、文学三大块。这样的分类方法，既考虑到近代人思维方式的特点，也注意突出中国文化的特色，防止中国传统学术被西方的分类体系切割得支离破碎，不见全貌。

本书基本采纳了传统国学的分类方法，即将经学放在首位，突出儒家经典在传统文化中的主导地位；史部集中介绍中国历史，包括著名历史著作的分类及性质；子部主要介绍在中国思想史上有重大影响的哲学、宗教流派；而在相当于集部的位置介绍文学与文学家。为了避免内容的重复，我们在介绍学术流派、文学形式的时候，尽量与思想家、文学家的条目有所错落和避让。

中华民族作为人类历史上最古老的民族之一，虽历经磨难，但仍自强不息，并依然屹立于世界的东方。中国地域辽阔，人口众多，民族成分复杂，可千百年来凝为一体，生生不息，靠的就是灿烂辉煌的中华文化。古语云："国有天下，有与立焉。"（《左传·昭公元年》）国学所包括的各种学术文化，就是我们国家民族的自立之本。可以说，博大精深的国学，孕育了中华民族的万千气象。当然，我们也毋庸讳言，传统国学中瑕瑜互见，良莠并存。我们将以分析的态度、深入浅出的方法，客观地将国学的基本知识介绍给读者，以展现传统学术文化的风采，激励今人继往开来的信心。

为什么要大力弘扬国学

十八大以来，以习近平同志为核心的党中央，在多种场合连续向全党和全国人民提出弘扬优秀传统文化的号召。2013年11月26日，习主席在山东考察工作时视察曲阜，并发表了一系列讲话，他的讲话为全国人民弘扬优秀传统文化指明了方向，并产生巨大的促进作用。我们不禁要问，为什么在现代化逐渐实现的21世纪，要大力提倡弘扬传统文化？

2014年9月24日，习近平主席在"纪念孔子诞辰2565周年国际学术研讨会暨国际儒学联合会第五届会员大会"上作了重要讲话，他指出了当代社会存在的一些现实问题。而解决这些问题，不仅需要当代人的智慧和力量，也需要古代贤哲的智慧。

2017年1月25日，中共中央办公厅和国务院办公厅发布了《关于实施中华优秀传统文化传承发展工程的意见》（以下简称"两办文件"），文件指出："文化是民族的血脉，是人民的精神家园。文化自信是更基本、更深层、更持久的力量。中华文化独一无二的理念、智慧、气度、神韵，增添了中国人民和中华民族内心深处的自信和自豪。为建设社会主义文化强国，增强国家文化软实力，实现中华民族伟大复兴的中国梦，现就实施中华优秀传统文化传承发展工程提出如下意见……""两办文件"对中华优秀传统文化的基本性质、核心内容、当代价值、社会意义和弘扬中华优秀传统文化的指导思想、基本原则、总体目标、重点任务等都进行了周密的部署，一场大力弘扬中华优秀传统文化的滚滚春潮在神州大地上迅速兴起。

在党中央的集中统一领导和政府机构的具体指挥下，一场中华优秀传统文化传承、发展的社会工程正在社会各个领域展开。在哲学社会科学领域，广大科研工作者加强中华文化研究阐释工作，深入研究阐释中华文化的历史渊源、发展脉络、基本走向，努力实现中华优秀传统文化的创造性转换和创新性发展。在幼儿教育、基础教育、高等教育、继续教育各领域，优秀传统文化进入教材、进入课堂、进入学生们的头脑，让广大青少年系好人生的第一粒纽扣。在文学艺术领域，广大文艺工作者从中华文化资源宝库中提炼题材、获取灵感、汲取养分，把中华优秀传统文化的有益思想、艺术特色与时代特点和要求相结合，运用丰富多样的艺术形式进行当代表达，推出一大批底蕴深厚、涵育人心的优秀文艺作品。在社会生活领域，把中华优秀传统文化内涵更好更多地融入生产生活各方面。社会上办的多种类型的企业家国学班，用中华优秀传统文化的精髓涵养企业精神，培育现代企业文化。在广大农村地区，发源于山东的"乡村儒学"活动已进入田间地头，将优秀传统文化送进农民心里，使得父慈子孝、邻里和睦、村容整齐、文明富裕的"美丽乡村"在全国各地大量涌现……

青少年是人生成长的关键时期，要树立正确的世界观、人生观、价值观，必须加快对青少年的教育。为了贯彻党中央弘扬中华优秀传统文化的战略精神，教育部发布了《完善中华优秀传统文化教育指导纲要》的通知。通知指出："加强中华优秀传统文化教育，是深化中国特色社会主义教育和中国梦宣传教育的重要组成部分。"在大中小学，都要开展中华优秀传统文化教育的课程。考虑到目前国内有些地方传统文化教育环节薄弱的实际情况，教育部文件要求："修订相关教材和组织编写中华优秀传统文化普及读物。根据修订后的中小学课程标准，修订相关教材。制作内容精、形式活、受欢迎的数字化课件。"编写各种介绍什么是国学，国学的主要内容有哪些，如何区分其中哪些部分属于优秀传统文化，成为教育、出版部门的重要任务。

党的十八大以后，我们国家进入了中国特色社会主义新时代，弘扬中华优秀传统文化已显示出其强劲的动能，这为实现中华民族伟大复兴的中国梦增添了文化动力。

国学将为现代中国提供什么样的文化资源

我们这里谈国学，不可能对其丰富的内容面面俱到，主要是着眼于人们的精神价值方面。从构成国学精神文化主体的儒、释、道三教方面而言，它们将提供如下精神资源：

儒家文化的精神价值至少可以包括以下几点：一是"自强不息"的奋斗精神和"厚德载物"的宽容品格。《周易·系辞传》说，"天行健，君子以自强不息"，以天的雄浑气魄来形容君子，君子必须在社会上奋斗不止。中华民族五千多年来虽历经磨难，但生生不息，奋进不已，始终自立于世界民族之林，成为世界上唯一流传五千多年而不衰的文明，靠的就是这种自强不息的精神。《周易·系辞传》又说："地势坤，君子以厚德载物。"儒家文化提倡以宽厚包容的精神对待世界上的一切人和事，不要相互排斥和倾轧。中华民族历史上多次与其他文明相逢、遭遇、冲突，但都是秉承和平宽容的精神，吸取其长处自我发展，所以能够"旧邦新命"，历久弥新，这种宽厚包容的精神也成为民族发展的深厚软实力。二是"仁者爱人"的核心价值观念。仁的本质是"尽己之谓忠，推己之谓恕"的忠恕之道，包括"己欲立而立人"和"己所不欲，勿施于人"两个方面。在市场经济体制中必然催出商品的所有权观念、公平交换观念、优胜劣汰观念等，这些观念的背后都是以个人为本位的价值观念。这种个人本位的价值观念如果不受到社会文化的调节，就会导致各种损人利己的现象。将"以己推人"的仁爱精神用于社会生活，人与人之间就会多一点关爱，少一点摩擦，整个社会的物质文明和精神文明建设就会大大加快。三是"以和为贵"的群体和谐观念。有子说："礼之用，和为贵。"（《论语·学而》）把社会群体的和谐当成是政治生活的头等大事，经过儒家文化长期的熏陶，形成了中华民族宽厚包容、和睦互助、荟萃精华的特点。由此形成了中国古代社会上下层相对稳定、多民族和谐共处的特点。四是"经世致用"的实践精神。儒家认为道德修养的目的不仅仅是个人精神的圆满，更是追求"博施济众""经世治国""利国利民"。孔子说："诵《诗》三百，授之以政，不达；使于四方，不能专对。虽多，亦奚以为？"（《论语·子路》）儒家"经世致用"的实学传统，造就了中国人反对空谈、重视实践的民族性格，这对当代中国人民摸索中国特色社会主义建设实践，具有极大的精神导向作用。五是"天下大同"的终极追求。儒家文化讲求的是"修身、齐家、治国、平天下"。这个"平天下"绝不是征服世界上其他的国家和民族，而是"明明德于天下"，"协和万邦"以求"天下大同"。《礼记·礼运》记载了孔子的最高理想："大道之行也，天下为公。选贤与能，讲信修睦。故人不独亲其亲，不独子其子。……是故谋闭而不兴，盗窃乱贼而不作。故外户而不闭。是谓大同。" 大同世界就是：天下太平，没有战争，没有私有财产，人人和睦相处，丰衣足食，安居乐业。千百年来，中国人民心中都有这个"大同梦"。无论是陶渊明的"桃花源"，还是洪秀全的"太平天国"；无论是康有为的"大同书"，还是孙中山的"民生主义"……中国人心目中的理想世界都是指向"大同世界"的。所以说"求大同"是社会主义在中国生根、发芽、成长的深厚文化土壤，也是构建人类命运共同体的价值源泉。

　　道家文化至少可以为当代中国人民的精神生活提供如下精神资源：一是"清静

无为"的精神取向。当代人面对急剧发展的物质文明，难免会产生急躁和焦虑情绪，致使各种精神疾病高发。而道家提倡"见素抱朴，少私寡欲"（《老子》十九章），这有助于人们摆脱一味追求金钱、权力或感官享乐等病态状况，保持健康人格。二是"绝圣弃智"的心理防御机制。市场经济难免会造成贫富两极分化，如何面对这一单纯依靠个人力量无法完全逆转的社会异己力量？心灵的平衡就成为维持社会和谐和个人精神稳定的关键。老子说："绝圣弃智，民利百倍；绝民弃义，民复孝慈；绝巧弃利，盗贼无有。"（《老子》十九章）道家的原义并非消灭人类创造的所有文明成果，而是教人们形成一种心理防御机制，当短时间内无法获得某些东西时，就在自己主观精神上否定这些东西的价值，把不可能变成不必要，从而减轻自己的失败感。三是超越生死的精神自由。《庄子·至乐》中记载了一个故事："庄子妻死，惠子吊之，庄子则方箕踞鼓盆而歌。"亲人死了为什么还要鼓盆而歌？因为在庄子看来，人的一生就如同春夏秋冬四时的运行一样自然，只不过是形态发生了一些变化而已。道家将个人微小的生死，放到宇宙、自然的大世界中来观察，使人们获得了一种广阔的视野，即可以超越对个体生死的依恋来考虑人生的意义。

佛教至少可以为现代中国人提供如下精神资源：一是"慈悲为怀"的济世精神。《大智度论》中说："大慈与一切众生乐，大悲拔一切众生苦。大慈以喜乐因缘与众生，大悲以离苦因缘与众生。"中国佛教讲究"普度众生"，济贫救灾、养老恤孤已成为稳定社会的重要保障机制。在现代社会中，这种慈悲精神，也是调节社会贫富差异，共建和谐社会的重要文化资源。二是"重生戒杀"的和平思想。佛祖释迦牟尼教导信徒要"爱人如己，勿相残杀"，佛教的第一戒律就是"戒杀生"。他在《长阿含经·游行经》中说："战胜增怨敌，战败卧不安，胜败两俱舍，卧觉寂静乐。"这是佛陀热爱和平、反对战争的圣训。在当代文明冲突和恐怖主义活动依然存在的时代，佛教的和平思想可以成为各种宗教平和对话、信仰不同宗教的人们和平相处的重要文化资源。三是生命关怀思想。尽管从唯物主义的角度看，"转世""涅槃"都是虚幻的，但是对于临终的病人，宗教的终极关怀可以给人一个安详体面的归宿。四是因果报应的道德劝诫作用。佛教经典中，警世诫劝之语不胜枚举："若有故作业，我说彼必受其报。"（《中阿含经》）"福德之反报，不问尊与卑。"（《法句经》）"欲知过去因者，见其现在果，欲知未来果者，见其现在因。"（《因果经》）"善有善报，恶有恶报，莫言不报，时候未到。"（《楞严经》）……。当今时代仍有些人在钻法制的空子，暂时逃避了应有的制裁和处罚，这种情形下，业报法则的积极意义就更不容忽视。我们要利用它唤醒人们的良知，净化人们的人生观、价值观，促进世俗社会的道德完善，推动人类确立和谐的人际关系和良好的社会秩序，缓和人与社会的矛盾。

我们相信，国学中所蕴含的丰厚价值资源，完全可以为中华民族的复兴提供坚实、充足的精神动力，助推"中国梦"早日实现！

国学典籍的基本分类有哪些

典籍，从字义解释，典，即标准，可以作为典范的书籍。典籍，原指记载古代法制的图书，现在泛指古代图书。

书籍是人类物质和精神建设的经验总结，是宝贵的文化遗产。为了保护和利用古代典籍，古人早有藏书之举。周代设有"藏室"，老子曾任"藏室之史"（相当于国家图书馆馆长）；秦始皇亦对农、医一类书籍加以保护；汉代设太史令掌管天下之书；而真正对图书典籍进行分类，却是汉哀帝时期。刘歆继承其父刘向的事业，校勘典籍，著《七略》（辑略、六艺略、诸子略、诗赋略、兵书略、术数略、方技略），将图书分成6部分（因为"辑略"是对其他六略的总括，说明各类图书的内容和学术流派），38小类，著录图书603种，13 119卷。可以说，这是我国也是世界上最早的图书分类法（比欧洲第一个正式的图书分类法——德国吉士纳《万象图书分类法》要早1550年），它基本上奠定了我国图书目录分类的发展方向，具有开创性的贡献。东汉班固的《汉书·艺文志》就是按照《七略》的分目，奠定了我国图书分类目录的方法，后世史家编志经籍、艺文，均沿用其例。

隋唐时期，天下统一，经济和文化有了更大的发展。唐太宗贞观年间，广购天下图书，由魏征（亦作魏徵）、虞世南、颜师古相继出任秘书监，集《古今书录》51 852卷。为此，在秘书省之外另辟了集贤书院、丽正书院，作为国家藏书之所；以甲、乙、丙、丁为序，列经、史、子、集四库，开创了中国古籍以四部分目的办法，使图书的管理更细致、更科学。

第一部正式使用"经、史、子、集"名称区分部属的书目，是由唐代魏征主编，长孙无忌参与撰写的《隋书·经籍志》。该书凡四卷，首创经、史、子、集四部分类法。

四部之下又分40小类，另附佛、道二经15类。各部、类之后皆有序文，对诸家学术源流及其演变，均有简要说明，是唐朝以前六百余年间图书状况说明最为完整的书目，历来为学者所重视，有很高的学术价值（后世清代编辑的《四库全书》即用此分类法）。

唐代保存古籍篇目极多的另一种类书，是虞世南辑录的《北堂书钞》。该书从800多种古籍中摘录可供吟诗作文之用的典故、词语和一些诗文佳句，按部类编排，分帝王、后妃、政术、刑法、封爵、设官、礼仪、艺文、乐、武功、衣冠、仪饰、服饰、舟、车、酒食、天、岁时、地19部，部下分类，可算是现存最早、最完整的类书。

《初学记》是唐玄宗李隆基为便于诸皇子作文时检查事类使用，命徐坚等人编撰的，被称为"博不及《艺文类聚》，而精则胜之"，实用价值较高。书的卷帙不大，仅30卷，但分类精细，便于查找和运用。全书分为天、岁时、地、州郡、帝王、中宫、储宫、帝戚、职官、礼、乐、人、政理、文、武、道释、居处、器物、宝器、果木、兽、鸟23部，下列子目313类，每一子目内均分为"叙事""事对""诗文"三部分，内容精深、去取谨严，具有一定的价值。

宋代的《册府元龟》，内容和体例皆异于其他类书。它仅记录历代君臣事迹，不取天地时序，不用小说、杂书，是专供君王借鉴前事而辑录的，分为帝王、闰位、僭伪、列国君、储宫、宗室、外戚、宰辅、将帅、台省、邦计、宪官、谏诤、词臣、国史、掌礼、学校、刑法、卿监、环卫、铨选、贡举、奉使、内臣、牧守、令长、宫臣、幕府、陪臣、总录、外臣31部，1 104类。

《太平御览》是宋太宗为夸耀自己好学，要日读三卷，而命李昉等辑编的一部大型类书。全书千卷，分为天、时序、地、皇王、偏霸、皇亲、州郡、居处、封建、职官、兵、人事、逸民、宗亲、礼仪、乐、文、学、治道、刑法、释、道、仪式、服章、服用、方术、疾病、工艺、器物、杂物、舟、车、奉使、四夷、珍宝、布帛、资产、百谷、饮食、火、休征、咎征、神鬼、妖异、兽、羽族、鳞介、虫豸、木、竹、果、菜、香、药、百卉55部，5 363类。此书以征引浩博著称，所引资料，先列书名，后录原文，为后人保存了大量的珍贵典籍。

其后的《事类赋》（宋·吴叔撰注）、《玉海》（南宋王应鳞撰）分类方法与《艺文类聚》《太平御览》大体相同。

明代的《永乐大典》编辑体例与前列各书皆不相同，它按"用韵以统字，用字以系事"的方法编排，按韵用单字分别排列，每字之下，先释音义，并以颜真卿

《韵海镜源》为例，详列各种书体，然后按单字辑入各类资料，收罗宏富，学术价值极高。

清代的《古今图书集成》（陈梦雷辑），分汇编、典、部三级类目编排，共计6编、32典、6 109部，其内容为：

（1）历象汇编——包括乾象、岁功、历法、庶征四典；

（2）方舆汇编——包括坤舆、职方、山川、边裔四典；

（3）明伦汇编——包括皇极、宫闱、官常、家范、交谊、氏族、人事、闺媛八典；

（4）博物汇编——包括艺术、神异、禽虫、草木四典；

（5）理学汇编——包括经籍、学行、文学、字学四典；

（6）经济汇编——包括选举、铨衡、食货、礼仪、乐律、戎政、祥刑、考工八典。

每典之下又分若干子部，部下按汇考、总论、列传、文艺、选句、纪事、杂录、外编等项排列有关资料，有的还附有图表，内容繁复，区分详细，集古代典籍之大成，而且体例较其他类书为善，检索方便，实用性强，是古代图书分类比较科学的一部著作。

乾隆三十八年（1773年），一向喜欢贪大求全的皇帝爱新觉罗·弘历，组织了以纪晓岚为首的一大批文人，用10年的功夫，编出了中国封建时代空前绝后的一部《四库全书》。

《四库全书》包罗的内容极广，编辑者把过去的敕撰本、内府本、永乐大典本、各省的采购采访本、私人进献本以及国内一些通行流传本，统统集中起来重新校勘，加工整理，并把明、清两朝政府编辑的实录、政书、正史、会典、方略、方志、目录、诗文总集等各种图书，大部分收入《四库全书》之内。

《四库全书》一共收书3 503种，79 337卷，总目录100卷，装订成36 304册；存目6 766种，93 556卷。负责编纂的人员近360名，抄写人员共有1 500人之众，按"经、史、子、集"分为四部，由此可知《四库全书》规模之宏大。

《四库全书》由于内容广泛，总计9亿多字，相当于《永乐大典》的三倍多，比同时代法国的《狄德罗学典》字数多十倍以上，基本上包括了清乾隆以前我国古书中的全部重要著作，起到了保存和整理古籍的作用，是研究我国古代政治、经济、科技、哲学以及文学艺术的重要资料。

当然，乾隆皇帝命令编纂《四库全书》的另一个目的，在于宣扬清王朝的统治，禁毁和篡改不利于其统治的书籍。乾隆皇帝为了毁掉那些触犯清朝、表彰明季、寓意感慨、词含激愤的遗书，曾下令各省、府、州、县成立"收书局"，仅浙江一省，从乾隆三十九年（1774年）到乾隆四十七年（1782年），就毁书24次，毁掉书籍538种、13 862部之多！乾隆时期被毁、禁的书籍总计71万卷之众。可以说，这也是中国封建社会焚书、毁禁规模空前的悲剧。

纵观古今典籍，至清末期间，编辑成册的大部分、被毁禁的部分、散遗在民间的部分，加上乾隆以后未见官府收藏的"新作"，汇集起来，我国古籍何止十万卷之多，这在世界文化遗产中恐怕也算是首屈一指了。

名家讲国学

第一编 经部

什么是经学

"经"字，甲骨文中未见，钟鼎字写作"巠"，本意是指纺织物的纵线，后引申为"经营"。由于纵线在纺织过程中的主导、纲领作用，又引申为恒常不变的法则、原则、义理。大约在战国时期，把内容具有根本性指导意义的书籍称为"经"，例如《荀子·劝学篇》中有"学恶乎始？恶乎终？曰：其数则始于诵经"。《庄子·天道篇》有孔子"繙十二经"。以后一些在某一专业方面有开山作用的书籍也被称为"经"，例如《茶经》《山海经》《黄帝内经》等。

最先称为经的书籍是被儒家视为立论基础的六部书：《诗》《书》《礼》《乐》《易》《春秋》。其起始时间，有的说在战国时期，例如前引《荀子》和《庄子》。皮锡瑞认为，孔子以前已有经说，但无经名，经名始自孔子，他引《庄子·天运篇》"孔子谓老聃曰：丘治《诗》《书》《礼》《乐》《易》《春秋》六经"，说孔子"删定六经之时，以其道可常行，正名为经"。但是，以"经"名称六部书是出自孔子之口，还是后人的转述，实难确定。直到班固的《汉书》，《诗》《书》《礼》《乐》《易》《春秋》还被称为"六艺"，也有的地方称作"六经"，起码是经、艺并称。"六艺"升格为"六经"，是汉武帝以后的事。以前，即使有经之名，恐怕也无经之实，即在学术上和实践上都未占统治地位。

汉初时统治者治国不用儒术，及至汉武帝时，天下大定，汉朝进入和平发展时期，才逐渐认识到儒术有守成作用，开始重视儒术。汉武帝建元五年（公元前136年）立"五经（《诗》《书》《礼》《易》《春秋》）博士"，并为博士设弟子数人。从此，"五经"置为官学。治"五经"有成者，可获高官重禄。凡官方文件或皇帝大臣论及国家大事，必引五经之言作为根据。儒家典籍作为经的地位，得到国家的认可、支持与保护。由此，经学就成了专治儒家经典的学问，以此为业者被称为经学家。

被尊立为经的书籍有十三部。秦以前的"六艺"，《乐》到汉时已亡佚，余下的《诗》《书》《礼》《易》《春秋》被定为"五经"；东汉时增《论语》《孝经》为经，称"七经"；唐朝时将《礼》分为《周礼》《仪礼》《礼记》，《春秋》分为《左传》《公羊传》《穀梁传》，分别设科，加上《易》《诗》《书》，称为九经；后又增《论语》《孝经》《尔雅》，称"十二经"；到宋代，《孟子》也被升格为经，计"十三经"。

经书的地位一经确定，就是神圣的，他人他说不得僭越，不可妄称经名。后人能做的，只是解释经文，传授经说，实践经义。他们治经的成果只能称为"传""注"或"疏"，经学的内容，实际上就是关于"十三经"的"传""注""疏"。

经学的功夫主要集中在三个方面：一是关于经书中文字、名物的训诂；二是关于经书义理的阐释；三是关于经书、经说的真伪，关于传疏之虚实的辨正。一三两项工作往往被视为烦琐，但在文字学、考古学、历史学上的学术价值不可低估。至于第二项工作，多是时人借经文以表达自己关于社会、道德、政治的见解，孰对孰错，实难公断。不过，经学家们演绎经说的过程，实际上也就成了中国哲学，特别是儒家哲学的演变过程。没有对经说义理的阐释，也就没有儒家哲学。

经学的根本任务是继承"道统"，护卫真经，于是，辨正经书、经文的真伪和释义虚实就构成了它的基本问题。汉初立五经，只是今文经，西汉末又出古文经，孰真孰伪，一直争论不休。至于义理阐释的虚实，就更难认定，一直到清末也没有解决。简单的解决办法就是确定师承授受关系，所以，经学特别注重家法和专门，否则即为离经叛道。由此也就规定了经学的根本特点——守旧而不能创新。皮锡瑞说："盖凡学者皆贵求新，唯经学必专守旧。经作于大圣，传自古贤。先儒口授其文，后学心知其义，制度有一定而不可私造，义理衷一是而非能臆说。世世递嬗，师师相承，谨守训辞，毋得改易。"这位经学家的概括，算是准确的。经学有数家，实际上每一家都在遵守这个法则。

经学分为几派。分派的方法，史家各有其说。《四库全书·总目提要》分为今文派和古文派；刘师培按历史时代分为两汉派、三国隋唐派、宋元明派、清派；周予同先生说有三派，即西汉今文派、东汉古文派、宋学派。经学分派的方法本不可强求一律，因研究者的目的不同，观察角度不同，学术思想有别，实际上会有多种分派方法。

如何描述经学的历史过程，也有不同说法。《四库全书·总目提要》说经学有六变：两汉、魏晋到宋初、宋庆历（1041—1048）至南宋、宋末至元、明末王学、清朝汉学，并分以一字断之，为"拘""杂""悍""党""肆""琐"。皮锡瑞则将经学划为开辟、流传、昌明、极盛、中衰、分立、统一、变古、积衰、复盛十个阶段。两者都有很强的价值评价的味道。经的本意和立经的主旨是要为国人规定一个万古不变的根本大法。它一贵经义纯正，二贵实行。皮氏以此为准划分经学的盛与衰。经学作为历史上存在的事物，自有其产生、发展、终结的过程。这个过程不是盛衰二字所能了断的。通观各代各家经说，从思想上看，都是在演绎经的内容，每一家就成了这一演绎上的分支。要求经义绝对纯正，这是不可能的，或因为史学、考古学、文字学的新材料，或因为政治立场的对立，或因为各家为利禄而争雄，经说的差异在所难免，并且这有差异的各说本来就是经义中隐含的或能容纳的。一旦这隐含和能容纳的思想都释放尽了，经学也就终结了。一旦它不能作为匡正世人行为的根本大法，它的命运也就终结了。汤志钧先生认为，五四时期就是经学的终结时期。不过，这个终结似乎缺少一种哲学认识论上的反思，而多是从政治、道德上做责难。以后，虽经学之名逐渐势弱，但其基本的思想方法仍很顽固。近世有经学"转换""重构""再造"等说法，更有以现代科学附会经书的。但不论在理论上还是实践上，这些说法都难有更大作为。

《周易》是怎样产生的，其主要内容是什么

《周易》分《易经》和《易传》两部分。《易经》包括六十四卦，它们是：乾、坤、屯、蒙、需、讼、师、比、小畜、履、泰、否、同人、大有、谦、豫、随、蛊、临、观、噬嗑、贲、剥、复、无妄、大畜、颐、大过、坎、离、咸、恒、遁、大壮、晋、明夷、家人、睽、蹇、解、损、益、夬、姤、萃、升、困、井、革、鼎、震、艮、渐、归妹、丰、旅、巽、兑、涣、节、中孚、小过、既济、未济。卦有卦象，例如乾卦卦象是☰；有卦名，乾、坤等都是卦名；有卦辞，例如乾卦卦辞是"元亨，利贞"。每卦有六爻，"—"代表阳爻，其数为九；"- -"代表阴爻，其数为六。爻有爻位，自下至上分别冠以"初、二、三、四、五、上"名称，例如乾卦最下边一爻称"初九"。每一爻有爻辞，例如乾卦初九爻辞是"潜龙，勿用"。六十四卦共有三百八十四条爻。

关于《易经》的性质及形成过程，历来有不同说法。经学家认为，它的形成大体可分为三个阶段。第一是只有八卦，即乾（☰）、坤（☷）、震（☳）、巽（☴）、坎（☵）、离（☲）、艮（☶）、兑（☱），分别代表天、地、雷、风、水、火、山、泽八物。始画八卦的是伏羲。第二是重为六十四卦，重卦人是周文王。第三是系卦名

卦爻辞，系辞有的说是周公，有的说是孔子。做出某一阶段成就的是否是某一圣人，已不可考，但《周易》起源占筮，并且有个从简单到复杂的演变过程，这是可信的。古人关心自己的命运，想预知并掌握它。最初，他们积累长期观察的经验，依据自然界物候的常异推断吉凶灾祥，占星术是其遗迹之一。用这种方法推断吉凶，人处于被动地位，只能根据已出现的自然现象推断，而某种自然现象的出现是不由人的。如果人们想在做某一事情之前就预知后果，占候的办法就行不通。于是，人们创造一些人为的"模型"（符号、图像等）表现自然界的物候。这样，不由人的自然界物候变为可以根据人们的需要随时再现的模型，便可随时随地预测行为的后果。这种预测行为后果的模型，商朝用的是龟卜，周朝人用的是占筮。

占筮的工具是蓍（shī）草。先由一定数目的蓍草（一般认为是五十根），按一定规则经营而成卦，再到《易经》上查找这一卦的卦爻辞，根据卦爻辞推断吉凶。皮锡瑞说，古代经营蓍草成卦的方法，后逐渐失传不明，以掷钱的办法取而代之，钱的面代表一爻，背代表另一爻，数次掷钱而成一卦。

据近人考证，《易经》形成于商末周初。商代以卜龟断吉凶，周朝起于西北内陆地区，视蓍草为圣物，占筮方法逐渐代替龟卜。最初的占筮，揲蓍成卦，卜官据卦断吉凶，隔一段时间作一总结，看哪些应验，哪些未应验，长时间积累的结果，才有卦名、卦爻辞。占筮方法、卦象、卦爻辞是否有内在的联系，也众说纷纭。经学家都认为这之间是有必然联系的，他们解说《易经》，都是力图以自己的观点建立这种联系。近人有的认为这种联系可能不是内在的，占筮先是有卦象无卦爻辞，后来为了记忆的方便才系爻辞，此说不易解释卜官怎样能据卦象推断吉凶。前面说过，在占卜方法之前，古人曾使用占候方法断定吉凶。关于自然界物候与吉凶的联系，人们可能已积累了相当的经验，并以民谣、谚语的形式记录下来。这些民谣、谚语很可能就是卦爻辞的基本素材，将它们与某特定卦象联系起来，完成由占候到占筮方法的转变。

西汉初，《易经》列为诸经之首，被赋予极高的地位，成了诸经的总纲。《易》本是占筮用书，自圣人（周公或孔子）系辞后，就成了阐明天地运行和治世人生的根本法则的经典，经学家们都按这个路数评价解说《易经》，并借解《易经》之名申明自己的宇宙观和社会历史观。同时，历代仍热衷于占卜吉凶的人们，也都利用《易经》这块金字招牌附会演绎出各种算卦方法，迎合了不少人的需要。

《易传》是系统解释《易经》的著作，成书于战国时期，也非一时一人所作。《易传》内容共七种十翼，即《彖》（上下）、《象》（上下）、《文言》、《系辞》（上下）、《说卦》、《序卦》、《杂卦》。东汉经学家称此十篇为"十翼"，取"辅助"之意，作为理解《易经》必不可少的工具。十翼内容各有侧重。《彖》是解释六十四卦象、卦名、卦辞的，下涉及爻辞；《象》解释六十四卦卦象、卦辞、爻辞，其中解说卦象、卦义的称《大象》，解说爻象和爻辞的称《小象》。《象》解释卦爻辞依取象说，把八卦视为八种自然现象，据此解说六十四卦卦义；《文言》是战国时经学家解释乾坤两卦卦爻辞的；《说卦》将八卦配以八方方位，以此为基础解释八卦的卦象卦义；《序卦》是说明六十四卦的排列顺序的；《杂卦》从相反相成角度将六十四卦视为三十二个相互反对的卦，以此解释六十四卦；《系辞》在十翼中地位独特，相当于《易传》的导论，从整体上全面论述《周易》的基本意义，并不逐句逐条地解释《易经》的卦爻辞，所以，也将系辞称《易大传》。

现《周易》所见通行本出自《十三经注疏》魏王弼、晋韩康伯注，唐孔颖达疏。长沙马王堆汉墓曾出土有帛书《易经》，引起研究者的广泛关注。

《尚书》是怎样一部经典

《尚书》又名《书》《书经》，西汉初列"六经"之一。《十三经注疏》本《尚书》综合了今古文《尚书》共二十卷，第一卷是《尚书序》，相传为西汉孔安国所作，说明《尚书》成书的历史。余下共五十八篇文，分《虞书》《夏书》《商书》《周书》四部分。《虞书》含文五篇：《尧典》《舜典》《大禹谟》《皋陶谟》《益稷》；《夏书》有四篇：《禹贡》《甘誓》《五子之歌》《胤征》；《商书》有十七篇：《汤誓》、《仲虺之诰》、《汤诰》、《伊训》、《太甲》（上中下）、《咸有一德》、《盘庚》（上中下）、《说命》（上中下）、《高宗肜日》、《西伯戡黎》、《微子》；《周书》有三十二篇：《泰誓》（上中下）、《牧誓》、《武成》、《洪范》、《旅獒》、《金滕》、《大诰》、《微子之命》、《唐诰》、《酒诰》、《梓材》、《召诰》、《洛诰》、《多士》、《无逸》、《百奭》、《蔡仲之命》、《多方》、《立政》、《周官》、《君陈》、《顾命》、《康王之诰》、《毕命》、《君牙》、《冏命》、《吕刑》、《文侯之命》、《费誓》、《秦誓》。

经学家们认为《尚书》是记叙上古时代圣贤君主关于经邦治世的言论及发布的治国大法的书，篇名中的"典""谟""诰""诏""誓"都有这样的意思。

关于《尚书》的性质及成书过程，历来也有不同说法，经学家们都给它加上了神圣的光环。据说古代君王作为万邦之主，一言一行都不是随便的，都有垂范示教的作用，所以有史官记录君王的言行，所谓"左史记言，右史记事"。记事即为《春秋》之类，记言即为《尚书》之属。那么，《尚书》的原始素材便是出自古左史之手。据传孔子曾求《书》，得三千二百四十篇，断远取近，定可以为世法者百二十篇，作序，并向弟子讲授，其中漆雕开工《尚书》有成，并传孔子所定《尚书》。秦始皇焚书坑儒，《易》是筮书得免遇难，《诗》因口耳相传，非焚书所能灭绝，其他凡见诸文字的儒家经书，都难逃其难，《尚书》也不例外。有一称伏生的经师将孔子所定《尚书》百二十篇秘藏于山中。汉初，求能治《尚书》者，伏生寻所藏《尚书》，只得二十九篇，授予晁错。伏生在齐鲁讲授《尚书》，济南人张生和千乘人欧阳生得其传。欧阳生传倪宽，又有夏侯胜师从倪宽门人简卿学研《尚书》，夏侯胜传其兄子夏侯建。至此，西汉治《尚书》形成欧阳氏之学和大小夏侯之学，两者都源于伏生，此一系被称为"今文尚书"。西汉时期，今文尚书一直处于独尊地位。

汉武帝时，汉景帝之子、鲁恭王刘馀拆孔子旧宅以扩建宫室，从宅壁中发现虞夏商周之书并《论语》《孝经》，都用先秦古文字即蝌蚪文写成，汉时人已不能识。孔子之后孔安国得到这些古籍，呈报朝廷，一说因无人能识，遂秘藏府中不外传；一说孔安国以今文（即汉时隶书）读古文尚书，请求立于学官，未果。此孔壁古文尚书遂一直秘而不传，直到东晋梅赜将其献于朝廷，立于学官。不过，后世经学家都认梅赜所献古文《尚书》及《尚书孔氏传》为伪。

汉成帝时，广求能治古文《尚书》者，一个叫张霸的人献上一部古文尚书，共一百零二篇。成帝命将其与孔壁古文尚书相核对，相差甚远，认其为伪作。又传东汉杜林得漆书《尚书》，也是古文字。于是，《尚书》除已立于学官的今文外，又别出三种古文《尚书》。经书本来是神圣唯一的，现不但出了今古书经，且古文又有多种，叫人莫衷一是。今古文开始还只局限于文字的不同，后来又涉及书的内容，便形成治《尚书》的今文派和古文派之争。西汉时崇尚今文《尚书》，东汉时古文《尚书》渐受推崇，著名经学家马融、郑玄都为之作注。

《尚书》今古文之争、真古文伪古文之争连绵不断，到清末为止，两千年来的经学家治《尚书》，主要工夫就在分辨真伪古文尚书和如何解释《书经》的"微言大义"。清末民初，一些有近现代气息的史学家开始跳出以经解经的怪圈，摆脱经学家之间纠缠不清的纷争，以历史主义的方法研究《尚书》及其他各经，对"凡经书必出自圣人之手"已有怀疑。顾颉刚就说，"六经皆周公之旧典"一句话，已经被今文家推翻；"六经皆孔子之作品"的观念，现在也可以驳倒了。他还说，从前人们治学的最大希望是继承道统，现在应该打破求正统而代之求"真实"的观念。他认为："六经自是周代通行的几部书，《论语》上见不到一句删述的话；到孟子，才说他作《春秋》；到《史记》，才说他赞《易》、序《书》、删《诗》；到《尚书纬》，才说他删《书》；到清代的今文家，才说他作《易经》、作《仪礼》。"今文经学家都疑古文尚书为伪，只有经伏生所传的一支才是真经。其实，这也很难考证，经学家们都是极讲究师徒授受统绪的，只说孔子序《书》向弟子讲授，漆雕开传之，而漆雕开与伏生之间的授受关系就很不明确。并且，孔子序《书》，将三千二百四十篇定为百二十篇，也难考证。再者，中国上古史，明夏商既已困难，何况尧舜？传说的成分也是难免的，后人假托圣人之名以抒己意的，更是难免。《尚书》及其传、注、疏、解之类，作为研究中国古代历史和政治文化的材料，必须重视，只是不应迷信它，不应把它看作绝对的圣物。

《诗经》的主要内容是什么

《诗经》又称《诗》，《十三经注疏》中辑录311篇，其中《南陔》《白华》《华黍》《由庚》《崇丘》《由仪》六篇有题名而无辞，实305篇，称大数曰"诗三百篇"。

《诗经》的内容分风、雅、颂三部分：《风》含《周南》《召南》《邶风》《鄘风》《卫风》《王风》《郑风》《齐风》《魏风》《唐风》《秦风》《陈风》《桧风》《曹风》《豳风》；《雅》分《小雅》《大雅》；《颂》分《周颂》《鲁颂》《商颂》。"风"有两层意思：一是教化，君主以礼义施教化于民，民皆感而动之，这是上对下的教化。臣子对君主也有教化，臣子发现施政有得失，可以借物喻事以刺上，这类诗也称"风"，是"讽"的意思。二是界定地域，"以一国之事，系一人之本，谓之风。言天下之事，形四方之风，谓之雅"。所以，《风》部诗都是就某一国的事情而发的。"雅"字的意义，一是指施教天下四方之风；二是含"正"的意思，"正"指"齐正"，君王施政于天下，使天下齐正，臣民述此齐正的政治，即为"雅"诗。"政"分小大，诸如饮食宾客、赏劳群臣等为小事，述此类事的诗为"小雅"；周受天命代殷，尊考祖以配天地，泽被昆虫，仁及草木等，对于君王施政来说是大事，述这类事的诗为"大雅"。

"颂"是"美盛德之形容，以其成功告于神明"的意思。"颂"都是赞美诗，功成才能赞，无功或功未成不能赞，所以"颂"诗都是述说先人已成就的功德。

《诗》有六义，风、雅、颂三义是就内容说的；赋、比、兴是就表现手法说的。"赋"训"铺"，是直接陈述的意思；"比"是不直言当时之事，比类于某物以抒己意；"兴"也是不直言，而托于某物以表己意。为什么不直言而用"比""兴"呢，一说是有所顾忌，刺时政得失而有所惧，所以用"比"，赞美功德又担心人说成是媚谀，所以用"兴"；一说"比""兴"并非起于顾忌，而是诗本来的表现手法。

《诗》有"四始"。何谓四始，其说不一。郑玄解"四始"，即指风、小雅、大雅、颂。认为此四者，"人君行之则为兴，废之则为衰"。所谓"始"，是"王道兴衰之所由"。又有说"四始"是指《风》《小雅》《大雅》《颂》各部分的第一篇，即《关雎》为《风》始，《鹿鸣》为《小雅》始，《文王》为《大雅》始，《清庙》是《颂》始，并说这四始是经孔子定的，不可更改，认为这对理解《诗》的本义有重要意义。

《诗》又有"正诗""变诗"之说。"正诗"是正面赞美先圣和时政的，"变诗"是刺施政之失的。因为《颂》是歌颂圣君的功德的，所以不分正、变，只有《风》《雅》有正、变之分，称正风、正雅和变风、变雅。变风、变雅都是出自乱世，"至于王道衰，礼义废，政教失，国异政，家殊俗，而变风变雅作矣"。周政衰微时期的诗即为变风、变雅。

研读《诗》，涉及作诗人、引诗人、诵诗人、编诗人、删诗人。一般认为《诗》作于西周初至春秋时期，作诗者有民间无名氏，也有圣贤。关于圣贤所作诗，今古文经学家有激烈争论。经学家认为，诗是言情志的，所以，有史官专门负责收集诗，供君王以观民心民情。《诗》的原始素材可能就是出于史官之手。据说，孔子时有这样的诗三千多篇，人们广泛传诵，并且都能心照不宣地理解诗的含义，吟诵诗，用诗表达自己的意见，被认为有很高的修养。广泛传诵也可能使诗的本义走失，孔子鉴于此，删定诗三百篇，作为正礼义纲常的经典，教授弟子。由孔子所定的这三百篇诗，就是《诗经》，传授《诗经》的第一代传人是孔子的弟子子夏。现通行本《诗经》诸篇有一序，称"诗大序"，据说就是子夏所作。

西汉初，《诗》正式列为"六经"之一，立齐、鲁、韩三家诗为学官，设博士，这是今文《诗经》。东汉时期，今文《诗经》受轻视，逐渐失传，到宋代，只剩《韩诗外传》。另有古文《诗经》，称"毛诗"，据传是毛亨（大毛公）作传（《十三经注疏》辑录即为毛诗，诸篇之前的《训诂传》据说是毛亨所作），毛苌（小毛公）受此书。今文经学家认为毛诗不可信，皮锡瑞在他的《经学通论》中罗列多条理由，申明毛诗的不可信处。

经学家赋予《诗》很高的地位，所以才视其为"经"。与文学家从文学的角度论《诗》不同，他们认为《诗》是正纲纪人伦的大法，不论君臣民人，都不可不知。知《诗》之道，君王可以使国家天下太平，反之，则失国亡身；臣民可以使自己享受荣福，避祸辱。《诗》不仅内容上含人生大道，且就表达情思的形式上说，它论事不质直言，而用比、兴。作诗引诗者不求胜人，旨在和人；不是直陈理论，而是以情动人。所以，学《诗》，可使人养成一种敦厚温柔、委婉平和的气质，利于人际关系的和谐。《诗》不同于《易》《书》《春秋》诸经，它有广泛的群众性，是"人人童而习之之经"。《诗》与歌、舞往往合为一体，是教化与娱乐合一的形式。《诗》之所以列为经，在于它的教化作用，教化形式是以情相感，相感而动即成风。所以，《诗》有《风》《雅》《颂》，概括地说都是"风"。依据这种关于诗教的观点，后世养成了"寓教于乐""因乐施教"的传统。

近人多从文学角度看《诗》，经学家则极重它的教化意义。经学家之间争论的焦点是如何解说《诗》义。他们说，孔子用"思无邪"三字概括《诗》的精髓，合此义的是正义，其他则是旁义、俗义。然而，真正解说《诗》中每一篇的正义，也非易事，毕竟年代久远，难以考证。经学家们所谓的正义，往往在《诗》设定为经的前提下，先规定一个解《诗》的框框，而这个前提本身又是有待深入研究的。《诗》作为古代文化的重要史料，从文化人类学、民俗学、社会学的角度深入研究，对了解西周时期的社会风貌有重要意义，只是要摆脱掉经学家事先设定的圈子以及其他人为设定的公式，真正遵循实事求是的原则。

《周礼》是怎样一部经典

《周礼》本来称"周官"，西汉刘歆始称"周礼"，唐代列入"九经"，又称"周官经"。收入《十三经注疏》中的《周礼》是东汉郑玄注，唐代贾公彦疏，全书分四十二

传统文化
经典教育文库

卷，含六部分，即《天官冢宰第一》《地官司徒第二》《春官宗伯第三》《夏官司马第四》《秋官司寇第五》《冬官考工记第六》。此六部分，汉代称"六篇"，第六篇本应是冬官司空，因亡佚，用考工记代替。六部分即西周国家的六个职能部门，据说是象天、地、春、夏、秋、冬以设官制。天官冢宰，是象天设官，冢宰即大官的意思，是协助周天子统领百官、总揽万事的，不专司某一部门。地官司徒，是象地设官，司徒率部属辅佐周天子安抚邦国，是掌邦教的。春官宗伯，是象春设官，宗伯统领史、祝、卜、礼诸官，主持祭祀天地鬼神方面的事务，是掌邦礼的。夏官司马，是象夏设官，司马掌邦政，率部属主持军旅方面的事务。秋官司寇，是象秋设官，司寇掌邦禁，率部属主持刑罚方面的事务。冬官司空是象冬设官，冬季农事休息，主要从事手工业活动，司空掌邦事，使天下属民都有事可做，不因冬闲而游逛，使人恪尽职守，立业富家。汉河间献王刘德献《周礼》时，已无冬官司空，重金到民间寻求，未得，才以《考工记》补上。《考工记》是春秋末齐人所作，是中国古代手工业方面的重要书籍。上述六个部门都有明确的编制，总共设官职大约360个，每个岗位都有确定的人数，并规定了各自的职责。看起来，《周礼》很像是一部西周王朝国家机构的组织法。

　　《周礼》在诸经中最晚出现，据传是汉武帝时河间献王刘德所献，因是古文，无人能识，遂藏于秘府，未外传，到西汉末刘歆时才重新整理问世。古文经学家多认为《周礼》是周公所作。周公代成王摄政六年后才还政于成王。他担心成王年少，经验不足，治世偏离周制，作《周礼》以戒成王。秦始皇行政用商鞅之法，对《周礼》特别仇视，焚书坑儒时对此书尤欲彻底灭绝，虽有人藏于山岩之中，损失却最大。再者，据考证，西周的实际官制情况与《周礼》中所记也不一致，所以不少人，特别是今文经学家多不信《周礼》，认为《周礼》最早出于战国时期，绝不是周公所作。也有人认为，尽管西周官制并未实行《周礼》所记，但并不能因此否认它是周公所作，制官礼后因实际情况的变化，不能尽数实行的情况，历代都有。礼法随世变迁，因当时情况的变化，礼法也定会有增删，《周礼》也可能如此。周公最初作《周礼》，其后有人随世变而对之除旧布新。但哪些为周公原作，哪些为后人增删，已不可考。所以，不能怀疑《周礼》的真实性。《周礼》作为理想的经邦治国的组织制度，基本原则永远有意义。东汉郑玄就是坚信《周礼》为真的，他注经就以《周礼》为基础。宋朝张载也认为《周礼》为真，只是其间有后人增删。近人参照周秦铜器铭文所载官制，根据《周礼》中的政治、经济制度等，确定《周礼》是战国作品。

为什么说《仪礼》是一部记载古代习俗礼仪的经典

　　《仪礼》又称"士礼"，汉初立五经，礼经就是《仪礼》。那时没有"仪"字，只称"礼"。全经共十七篇。关于《仪礼》的作者，今文经学家说是孔子，古文经学家说是周公。《史记·儒林列传》说，"礼"自孔子时其经已不具，到秦始皇焚书，散亡亦多，并没有说周公或孔子作《仪礼》。近人考证，《仪礼》当是出自战国初到中期。《汉书·儒林传》描述《仪礼》自汉初的传授系统，说是鲁高堂生传《士礼》十七篇，而鲁徐生善为"容"，即能指导人按礼行事，却不善讲礼经。徐生以"容"升为礼官大夫，其弟子也以善"容"为礼官大夫。瑕丘人萧奋从鲁高堂生受礼经，孟卿事萧奋，又传礼经于后仓。后仓说礼数万言，号曰"后氏曲台记"。曲台殿是汉未央宫前，后仓是曲台殿署长，他在这里校书著礼记，即"后氏曲台记"。后仓又传《仪礼》给戴德、戴圣、庆普，于是《仪礼》有大戴（戴德）、小戴（戴圣）、庆氏三家之学。

　　《仪礼》作为礼经的地位确立后，有古文礼书出现，一个是河间献王献古文书中有礼书；一个是鲁恭王坏孔子旧宅，所得古文书中有礼书，共五十六篇，其中十七篇与当时立于学官的《仪礼》十七篇同，只文字稍有差异。后人把五十六篇中除去十七篇，剩下的三十九篇称为"逸礼"。"逸礼"后来失传。因为有这五十六篇古文礼书出，有人怀疑《仪礼》十七篇残缺不全，不足以为礼经，礼经的今古文之争遂起，后来一直无休止。东汉郑玄注经书，长于礼书，他将礼书分为《周礼》《仪礼》《礼记》，史称"三礼"。郑玄认为《周礼》才是礼经，《仪礼》只是礼传。今文经学家对此很不满，认为郑玄将《仪礼》的地位降低了。但郑玄分礼书为三，解决礼书流传方面的混乱思想，给出一个将礼书统一起来的较为合理的结构，因为被世人认可，就一直延续下来。

　　现收入《十三经注疏》中的《仪礼》，是郑玄注，唐代贾公彦疏，共十七篇，即《士冠礼第一》《士昏礼第二》《士相见礼第三》《乡饮酒礼第四》《乡射礼第五》《燕礼第六》《大射礼第七》《聘礼第八》《公食大夫礼第九》《觐礼第十》《丧服礼第十一》《士丧礼第十二》《既夕礼第十三》《士虞礼第十四》《特牲馈食礼第十五》《少牢馈食礼第十六》《有司第十七》。

　　《仪礼》不涉及庶人、"野人"。行"礼"的主体是天子、诸侯、卿大夫、士。"礼"是行为规范，规定了不同场合、不同社会角色地位的人之间的相互关系，以及待人接物的具体行为守则。《仪礼》十七篇将一个人从行成年礼开始到死亡的各种社会活动规则，都事无巨细地做了具体规定。据说，十七篇的顺序也是不能随便更改的。例如，之所以把"士冠礼"放在第一位，是因为男子二十岁始冠，是成年的标志，"士"的身份由此开始。成年后第一件大事便是结婚成家，所以"士昏礼"便放在第二位。古代有"五礼"说，是将各种礼事活动按其性质分为吉、凶、嘉、军、宾五类，十七项仪礼都可纳入这五礼之中，例如："士冠礼""士昏礼"是嘉礼，"士相见"属宾礼，"士丧礼"属凶礼，"特牲馈食礼"属吉礼等。中国古代还有"礼仪三百，威仪三千"的说法，前者指《周礼》，后者即指《仪礼》，可见其内容繁杂，非一般人能掌握，必有礼官专门司掌礼事活动。关于《仪礼》的这些内容，天子、诸侯、卿大夫、士等是否都能认可，自觉实行，恐怕并不尽然。《孟子·滕文公上》记载，滕定公薨，孟子劝世子行三年之丧礼，滕的同姓老臣和百官都不答应。所以，《仪礼》的真正实行要有国家力量干预，并未全部成为民间习俗。儒家理想的社会制度是讲究君臣、父子、长幼、男女的尊卑等级秩序，诸经典都为实现此目标服务。《仪礼》从日常生活的各个方面规范人们的行为，也是要确立这样的秩序，强化人们的尊卑意识。《史记·高祖本纪》上说，汉高祖刘邦开始见他父亲，行父子礼。刘邦父亲的家人说，不能如此，应行君臣礼。刘邦统一天下，见群臣武将们举止粗俗，很不满意。叔孙通作礼以正君臣秩序，刘邦很欣赏。《仪礼》中的各项规定，多是国家活动的范畴，与一般人的生活习惯和自由意识多有不合。所以，在民间的、私人活动的场合，人们不一定处处遵行《仪礼》。但在正式场合，它又是必须遵守的。

《礼记》为何在传统文化中占有十分重要的地位

　　《礼记》共四十九篇，是对《仪礼》的解释和说明。《仪礼》重在作，是"礼事"。《礼记》重在阐述必须遵行《仪礼》的道理，称"礼理"，是关于仪礼思想意识教育的。

　　《礼记》本来与《仪礼》不分，是作为礼传看待的，又称"曲礼"。但皮锡瑞认为"曲礼"不是《礼记》，而是《仪礼》。"曲礼"名称的来源，是汉后仓氏从孟卿受《仪礼》，在汉未央宫前的曲台殿校书著记，成书是《仪礼》。《礼记》应是汉高祖时人叔孙通所作，现收在《十三经注疏》中的《礼记》将四十九篇分为六十三卷，是戴圣所作，称"小戴礼记"，以区别于戴德的"大戴礼记"八十五篇。

《礼记》收集了秦汉前儒家关于社会经济、政治、文化制度及道德伦理的论述，是古典儒家学派关于"礼"的理论的大全。六十三卷中，《曲礼》占五卷，主要是解说日常生活中的"礼事"活动。作者特别强调礼的重要作用。"夫礼者，所以定亲疏，决嫌疑，别同异，明是非也。""道德仁义，非礼不成；教训正俗，非礼不备；分争辨讼，非礼不决；君臣上下、父子兄弟，非礼不定；宦学事师，非礼不亲；班朝治军，莅官行法，非礼威严不行；祷祠祭祀，供给鬼神，非礼不诚不庄。"（《礼记·曲礼上第一》）又认为，有礼是动物与人类的根本区别。《檀弓》篇也占五卷。檀弓，人名，战国人，善礼。此篇收集了诸多历史材料，结合这些材料具体说明怎样行合于礼，怎样行就不合于礼。例如，仲子（鲁同姓贵族）不立嫡孙，而立庶子为嗣，檀弓就认为不合于礼，并记此以警后人。《王制》篇占三卷，是记载先王班爵授禄、祭祀、养老法度的，传是汉文帝令博士所作。《月令》篇占四卷，原载《吕氏春秋》，记录一年中十二个月的月政所行。如春季立春日，《月令》记载："立春之日，天子亲帅三公九卿、诸侯大夫，以迎春于东郊。还返，赏诸侯公卿大夫于朝。"（《礼记·月令》）《文王世子》篇，以周文王、武王、周公为榜样，记述了下事上、上教下的具体规范。譬如，文中说文王为世子时，每日三朝王季，鸡初鸣，即至寝舍门外问安，日中一次，日落后又一次。闻王季安好，文王乃喜；闻王季有不安，文王则"色忧，行不能正履"。这无疑是在树一个孝子的样板。

《礼记》诸篇中，系统性较强的是《礼运》《经解》《学记》《儒行》《大学》《中庸》等篇。《礼运》记述五帝三王世代历史的变迁和礼法制度的盛衰，其中关于"大同"和"小康"的描述，对后世有广泛深远的影响。所谓"大同"，即"大道之行也，天下为公。选贤与能，讲信修睦。故人不独亲其亲，不独子其子"（《礼记·礼运》）。在"大同"社会，老有所养，壮有所用，少有所长，孤寡废疾者都有所养，财尽其用，人尽其力，人人不必为己，所以相互间也不必谋于心计。这样的"大同"世界，一直是历代中国人所追求的目标。《学记》记载了儒家关于学与教方面的言论，是研究儒家教育思想的重要材料。《儒行》则汇集了有关圣贤君子的行为风范、道德情操的材料，成为士人塑造理想人格的依据。《中庸》《大学》被朱熹与《论语》《孟子》合为"四书"，成为元、明、清教化取士的标准教材，对近代中国社会都留下了深刻影响。

《春秋公羊传》是怎样一部经典

《春秋公羊传》（亦作《公羊传》）属今文经系统，其作者，一般认为是公羊高。公羊高是孔子弟子子夏的学生，从子夏学《春秋经》，遂为之作传。公羊高传《春秋》于其子平，平传其子地，地传其子敢，敢传其子寿。公羊寿已是汉初时人，与弟子胡毋子都将《春秋公羊传》著于竹帛。另有说是公羊寿作《公羊传》。

汉初立五经，设博士，《公羊传》在"春秋三传"中地位最高，汉武帝尤其好《公羊传》，治《公羊传》的学者也最多。公孙弘善讲《公羊传》而为宰相；董仲舒苦读数年，治《公羊传》有成，受武帝重视。西汉治《公羊传》的还有严彭祖、颜安东，两人都是眭（suī）孟的学生。眭孟是董仲舒再传弟子，有弟子百余人，独善严、颜二人。眭孟死，严、颜二人各颛门教授，成为治《公羊传》独立的两家。

"春秋三传"相互排斥，公羊、穀梁两家都力贬《左传》。公羊、穀梁都属今文经，也互有抵牾，或说《穀梁传》先出，或说《公羊传》先出。《穀梁传》自有短处，影响不大，今文经学家最看重的是《公羊传》。

《公羊传》汉时由于有汉武帝支持，红极一时。《春秋左氏传》虽不立于学官，传播却渐广。到东汉，《春秋左氏传》的势力已有盖过《公羊传》的趋势。东汉今文经学家何休有感于此，作《春秋公羊解诂》，继承董仲舒《春秋繁露》的基本思想，定下解说《公羊传》的"义例"，力排《左传》。何休的《公羊传》"义例"有"三科九旨"说，"通三统""张三世"说。所谓"三科九旨"，指三个科段内有九种旨意。新周、故宋，《春秋》当新王，是一科三旨；所见异辞，所闻异辞，所传闻异辞，是二科六旨；内其国而外诸夏，内诸夏而外夷狄，是三科九旨。"三科九旨"的大意是说，孔子是宋国贵族后裔，殷人之后，但生在周世，作《春秋》成就素王之业，这是就时间顺序上讲的；就《春秋经》的史实上说，鲁隐公、桓公、庄公、闵公、僖公时事是孔子所传闻的，文公、宣公、成公、襄公时事是孔子所闻的，昭公、定公、哀公时事是孔子所见的；而就亲疏远近上说，《春秋经》依据鲁史，是以鲁国为内、为亲，诸夏列国为外，夷狄又次之。何休认为，"三科九旨"是孔子作《春秋经》的指导思想。所谓"通三统"，是指夏朝为黑统（人统），商朝为白统（地统），周朝是赤统

（天统），夏、商、周三代礼法制度各有不同。孔子作《春秋经》，对三代制度各有损益，以"通三统"作为后代改革法制的基本原则。所谓"张三世"，是说孔子在《春秋经》中听记鲁国十二公，隐、桓、庄、闵、僖对孔子是传闻时代，是"据乱世"；文、宣、成、襄是孔子所闻时代，是"升平世"；昭、定、哀是孔子所见时代，是"太平世"。按《礼记·礼运》记载，远古时代是"大道之行，天下为公"，为"太平世"；禹、汤、文、武、成王、周公时代是"大道既隐"，为"升平世"；春秋时代则是"据乱世"。何休将十二公的时代作了相反的描述，是"据乱世""升平世""太平世"，意为孔子作《春秋经》，微言大义复明，可为万世师法，是历史进入"太平世"的开始。何休发挥《公羊春秋》的这套思想，正是为今文经学家所看重的地方。皮锡瑞所谓《春秋经》重在申明"微言大义"，他所谓"微言"是指改革法制，大约就是"通三统""张三世"的思想了。清代今文经学家也极为推崇"通三统""张三世"说，并运用到当时的政治实践中去。

《公羊传》的"大一统"思想，也是被政治性极强的今文经学家所看重的。《春秋经》关于隐公元年一条，经文是"元年春王正月"。《左氏传》只写："元年春，王周正月，不书即位，摄也。"《公羊传》文是："元年者何？君之始年也。春者何？岁之始也。王者孰谓？谓文王也。何为先言王而后言正月？王正月也。何言乎王正月？大一统也。"所谓"大一统"，即"普天之下，莫非王土，率土之滨，莫非王臣"。所谓"春秋大义是讨逆臣贼子"，就是根据这"大一统"思想而发的。

《公羊传》是今文经学思想的重要体现之一，研究经学史不能不注意此书，然而它留给后人的学术价值，确是极为有限的。

《春秋穀梁传》是怎样一部经典

"春秋"一词是战国时人对此前各国史记的通称。中国古代宫廷中有史官，专门记录君主帝王的言行及天下国家大事，并有分工，右史官记言，左史官记事。这种由史官所记的典籍即为"春秋"，取一年四季之意。所以，"春秋"是中国最早的编年体史记。

春秋时期，各国史记又都有自己的特称，如晋国称"乘"，楚国称"梼杌（táo wù）"，鲁国称"春秋"。经学史上的"春秋"是出自鲁国的古史记。

"春秋"本来是史，据传孔子根据这些史料，选取自鲁隐公元年至鲁哀公十四年

（后有人续至哀公十六年）共244年间的事，对这期间的人物事件加以褒贬扬抑等评论，申明所谓治世的微言大义，"诛讨乱臣贼子以威后世""改立法制以致太平"，成为《春秋经》。这是今文经学家的看法，但即使承认孔子成《春秋经》意见也不一致，有的说是孔子"修"《春秋》，有的说是孔子"作"《春秋》，有的说孔子只是整理抄录《春秋》。杨伯峻先生考记，孔子并没有"作"《春秋》，顶多是利用《春秋》作教材教授学生。

《春秋经》有三传，即《春秋穀梁传》《春秋公羊传》《春秋左氏传》。

《春秋穀梁传》（亦作《穀梁传》）的作者据传是穀梁赤，他受《春秋经》于子夏并为之作传，又有说是穀梁赤门人所作。《穀梁传》的师徒传授统绪不太明确，最初只是口耳相传，汉初书于竹帛。据《汉书·儒林传》载，瑕丘江受《穀梁传》于申培公。申培公是秦末汉初人。瑕丘江又传《穀梁传》给他的儿子至孙子。到他的孙辈，《穀梁传》立博士。汉武帝时，公孙弘、董仲舒治《公羊传》，曾与瑕丘江议论，瑕丘江不及董仲舒，于是，武帝尊崇《公羊传》，《穀梁传》地位不及《公羊传》。到汉宣帝时，丞相韦贤、少府夏侯胜等，都是鲁人，说穀梁子是本于鲁学，公羊氏是齐学，力主兴《穀梁传》，获宣帝认可。此后，《穀梁传》的地位一度上升，治《穀梁传》的学者也不少。晋代范宁认为这些人对《穀梁传》的解说多有不当之处，未能释《春秋经》的本意，便召集同朝二三学友及弟子数人，作《春秋穀梁传集解》。在该书序中，范宁比较"春秋三传"，断为："《左氏》艳而富其失也巫，《穀梁》清而婉其失也短，《公羊》辩而裁其失也俗。"《穀梁》的所谓短，是说"经"中本该作"传"的，《穀梁》却未作。《穀梁传》在经学史上的影响不大，流传范围也不广，只在汉宣帝世兴了一时，其"短"可能是一个原因。皮锡瑞解释说：《春秋经》本义是弘扬微言大义，最能体现这种精神的是《公羊传》。《左氏传》虽不讲微言大义，但详于记事，也为世人所重视。唯《穀梁传》只讲大义，不传微言，在"经"与"史"两方面难敌《公羊传》和《左氏传》，以至治《穀梁春秋》的学者寥寥，几近失传。范宁所作《春秋穀梁传集解》由唐初人杨士勋作疏，收入《十三经注疏》中。

《春秋左氏传》是怎样一部经典

　　《春秋左氏传》（亦作《左传》）属古文经系统，汉初立五经，《春秋》经只有《穀梁传》和《公羊传》设博士，立于学官。西汉时，《春秋左氏传》的流传有两种情况，一是出自孔子旧宅屋壁，是用先秦古文书写的竹简，孔安国力争将其立于学官，因今文经学的排斥，未能成功，但师徒相授受者不少。《汉书·儒林传》上说，汉兴，北平侯张苍、梁太傅贾谊等都修《春秋左氏传》，传至西汉末，刘歆治《左传》已自成一家。刘再度力争将《左传》立于学官，仍没有结果。二是民间流传。战国时期，《左传》的流传就已很广，《战国策》《韩非子》《荀子》中都有引用《左传》的文字。楚威王和赵孝成王为读《左传》方便，还曾让人另编微缩本，可见《左传》已很受重视。秦始皇焚书，并不能根绝人们的口头传播，至汉初，《左传》在民间的流传一直未中断。

　　关于《左传》的作者，历来其说不一。多数倾向于"左丘明作《左氏传》"说。但左丘明是谁？什么时候的人？姓什么？是姓左名丘明，还是姓复姓左丘名明？都没有明确答案。杨伯峻先生认为，作《春秋左氏传》的，是"某一儒家别派人物"。这位作者的思想受孔子思想影响，又与孔子思想有明显差异，并且杨先生推测，《左传》的成书时间是在公元前403～公元前389年。以后，由曾申（曾参次子）开始，师徒授受，延绵不绝。

　　《左传》的特点及历史价值，由于学派或是政治立场的不同，评价也不一致。晋代范宁说，《左传》的长处是艳而富，短处是巫。所谓艳，是就文笔上说的，《左传》文美；所谓富，是就史料内容上说的，材料丰富；所谓巫，是说《左传》中记有不少鬼神、巫觋之事。这三条评价，大抵中肯。范宁对《左传》体现的政治伦理思想也多有批评。他举了两件事，一件是"鬻（yù）拳兵谏"而《左传》认为是爱君，另一件是"文公纳币"而《左传》以为合于礼。"鬻拳兵谏"发生在庄公十九年，鬻拳以有事强谏楚子，楚子不从。鬻拳以兵器对着楚子，楚子惧而从。鬻拳认为自己以兵器使君惧，罪莫大焉，遂自己砍下双脚。《左传》评价，君子曰："鬻拳可谓爱君矣，谏以自纳于刑，刑犹不忘纳君于善。"范宁认为，以兵谏君，则君主可以为大臣任意胁迫，这是大逆不道的。"文公纳币"发生在文公二年（前625年），鲁文公在为鲁信公服丧期间即纳币行婚礼，今文经学家认为此是不孝，不合礼法。《左传》则说："襄仲如齐纳币，礼也。"同一件事，《公羊传》则说这是该讥讽的，因为不合于礼。由此看来，《左传》对历史事件的解释评价，确有不同于儒家正统观念的地方。

《左传》在史学上的价值是极为突出的。中国古史，有确切文字可考的，实自春秋时起。之所以如此说，很大程度上是因为有《左传》对春秋史实作了详细的记载。《春秋经》文字极简，若没有《左传》，许多历史事件的本来面目实在无法弄清。像《穀梁传》《公羊传》那样，根据礼法、道德观念对简单的经文作解说，于弄清史实不会有多大帮助。《左传》对研究春秋及以前的中国历史，是必备的资料。

《左传》注本很多，以晋代杜预的注本最优。此注由唐代孔颖达作疏，收入《十三经注疏》中。

为什么说孔子是"大成至圣先师"

孔子姓孔名丘，字仲尼，鲁襄公二十二年（公元前551年）生于鲁国昌平乡陬邑（今山东曲阜），鲁哀公十六年（公元前479年）卒于鲁，享年73岁。孔子是中国伟大的政治家、思想家、教育家，儒家学说的创始人。

孔子先人是宋国（殷商之后）贵族，后衰落而徙居鲁国。孔子父亲名叔梁纥，母亲颜氏名徵在，史称孔子是父母野合而生。野合，《史记·孔子世家》索隐称是"不合礼仪"，叔梁纥老而徵在少，非当壮室初笄之礼。《史记·孔子世家》《正义》称：男过六十四岁，女过四十九岁而结婚，为野合。孔子母十几岁，父过六十四岁，所以是野合而生。孔子青少年时代境遇不佳，生而丧父（也有说是三岁丧父），由母亲抚养长大。又因"贫且贱"，常受人辱。年岁稍长，孔子曾做过季氏的委吏，还曾为人管过畜牧事。

孔子被后人尊圣人，但他自己并不认为自己是生而知之者。孔子的长处是勤问好学。他对子路说："好仁不好学，其蔽也愚；好知不好学，其蔽也荡；好信不好学，其蔽也贼；好直不好学，其蔽也绞；好勇不好学，其蔽也乱；好刚不好学，其蔽也狂。"（《论语·阳货第十七》）孔子把"学而时习之"当作一件乐事。孔子学无常师，他曾向老子问礼，向苌弘学乐，向师襄学琴。他认为人人可以为师，关键在于自己留心学习。孔子认为自己的才能是多方面的，这得益于自己少时的经历。"吾少也贱，故多能鄙事。"(《论语·子罕第九》)又因为他不为世所用，所以得以习艺并有所成。

孔子有丰富的古代礼法知识和历史知识。《史记·孔子世家》记有三件事：第一件事是孔子42岁时，鲁大夫季桓子凿井时得一状如土缶的东西，里面有一物像只怪羊，对孔子说是得物如狗，想以此测知孔子是否真的博学，孔子马上说，此怪物是羊而不是狗。第二件事是吴国伐越，毁会稽城，得一很长的大骨节。吴国专门派使节去问孔子这大骨节是谁的，孔子答是防风氏的，防风氏被禹杀于会稽山。吴国使者很佩服孔子的解答。第三件事是孔子游于陈国时，有一只带着箭的鹮鸟落于宫廷中死掉了，陈湣公派人去问孔子此鸟的来历。孔子答，鹮鸟飞自肃慎国，因为只有肃慎国才有鸟身上带的那种箭，周武王克商后，肃慎曾把这种箭当作方物献给武王，武王又将此箭给了他的大女儿带到陈国。陈湣公派人到库府中查找，果然发现了这支箭。

孔子政治思想的核心是"礼"与"仁"，在治国的方略上，他主张"为政以德"，用道德和礼教来治理国家是最高尚的治国之道。这种治国方略也叫"德治"或"礼治"。这种方略把德、礼施之于民，实际上已打破了传统的礼不下庶人的信条，打破贵族和庶民间原有的一条重要界限。孔子的"仁"学思想在《论语》中多有论述，但多是针对具体问题而言，答案各不相同。不过从根本上讲，"仁"讲的是人与人之间的关系。那么人与人之间有没有可以贯穿始终的"一贯之道"呢？孔子认为就是"忠恕而已矣"。孔子进一步解释说，"己欲立而立人，己欲达而达人"，"己所不欲，勿施于人"。宋人朱熹说"尽己之谓忠，推己之谓恕"，也就是说与人相交，要有换位思考的意识，把反思自己认可的原则用于为人处世，也可以算是"仁"。儒家的"忠恕之道"，就是基督教的"道德黄金律"，西方哲学中的"绝对命令"，是我们处理一切社会关系的根本准则。

孔子56岁时，曾官至鲁国大司寇，"摄相事三月"，治理鲁国很有成就，他也希望在家乡实现自己的政治理想。但是"堕三都"的行为得罪了鲁国执掌大权的季孙、孟孙、叔孙三大家族，因此鲁国的国君也不敢再支持孔子的改革。孔子由此觉得鲁国兴国无望，愤而出走。孔子时代，士人以自己的特长周游诸侯，谋求入仕，是很普遍的事。孔子的求仕之路很坎坷，他先后到过齐国、卫国、宋国、楚国、陈国、蔡国，辗转十多年，终不能被人所用，最后不得不返回鲁国。孔子求仕屡次失败的原因是多方面的，但根本的问题在于孔子的社会理想与现实差异太大。他总是从治国安天下的根本处考虑问题，而几乎所有执政者都是从眼前的利益考虑问题，故大多数诸侯不能采纳他的主张，或者孔子认为它们不足以辅佐。在卫国，卫灵公本已留用孔子，给予俸禄。一日，卫灵公与夫人同车，让孔子随着他招摇过市。孔子说，卫灵公是个好色盛于好德的人，因此离开卫国。楚昭王也曾想用孔子，并要给他封地，被楚令尹子西劝止。他说，楚国将相官吏没有能比得上孔子那些弟子的，并且孔子治国讲先圣之法，这会有碍于楚国的霸业，留用孔子是楚国一祸。齐景公也曾想用孔子，晏婴劝阻说："夫儒者滑稽而不可轨法；倨傲自顺，不可以为下；崇丧遂哀，破产厚葬，不可以为俗；游说乞贷，不可以为国。自大贤之息，周室既衰，礼乐缺有间，今孔子盛容饰，繁登降之礼，趋详之节，累世不能殚其学，当年不能究其礼。"（《史记·孔子世家》）

孔子对自己屡不能入仕也早有思虑，他同子路、子贡、颜回议论这事。子路说，夫子仁且智，但这仁与智不为世人信任。孔子不满意子路的说法。他说，如果仁而必能为人信任，就不会有伯夷、叔齐了；如果智必能为人所行，就不会有箕子比干了。子贡认为孔子不能仕，是因为孔子之道巨大，天下不能容。孔子认为，不能因为天下不容己而放弃修道。颜回的回答孔子最满意。他说，夫子之道确实很大，天下不能容，但这是有国者的耻辱。正因为道大不能，才显出君子本色。这是孔子的真心想法，还是自慰？总之，孔子确为自己不能为天下用而苦恼，但他仍然坚守着自己的信仰和理想，被世人称为"知其不可而为之"。

孔子晚年返回故乡，专心于授徒讲学，修《诗》《书》，订《礼》《乐》，序《周易》，撰《春秋》，成为三代文化最大的继承人。孔子最早开办私学，传播儒学，成为当时最大的教育家。孔子提出了"有教无类"，"学而不思则罔，思而不学则殆"，"因材施教"，"不愤不启，不悱不发"，"学而优则仕"等重要的教育理念，至今仍然对教育学有重要的指导意义。孔门弟子三千，贤人七十二，从而形成了中国思想史上一个重要流派。到了汉代，中国封建社会趋于稳定，统治者发现儒学才是社会长治久安之道，因此儒学开始受到重视，成为国家的意识形态。孔子被后世统治者尊为"孔圣人""至圣文宣王""至圣先师""万世师表"等，成为中国文化的象征。后来孔子的思想先后波及亚洲和世界的各个地区，成为全世界公认的思想家，名列"世界十大文化名人"之首。

《论语》是怎样成书的，其中心思想是什么

　　《论语》是辑录孔子及其弟子言论的书，东汉时列为"七经"之一（其余"六经"是：《诗》《书》《易》《礼》《孝经》《春秋》）。现通行本《论语》共二十篇，即《学而篇》《为政篇》《八佾篇》《里仁篇》《公冶长篇》《雍也篇》《述而篇》《泰伯篇》《子罕篇》《乡党篇》《先进篇》《颜渊篇》《子路篇》《宪问篇》《卫灵公篇》《季氏篇》《阳货篇》《微子篇》《子张篇》《尧曰篇》。

　　关于《论语》成书，说法不一。三国时魏人何晏认为，《论语》所记是孔子应答弟子及时人所问，或孔子弟子相互间述说孔子言论的，弟子们各有所记。及孔子卒，弟子们担心自己分离之后，各生己意，孔子真意失传，便相与论撰，辑成《论语》。粗略地说，《论语》成书大体如此。孔子授徒讲学，弟子三千，贤人七十二，既不是像现在这样面对几十人、上百人讲大课，也无现在这样的教科书、讲义。当时只是口耳授受，老师讲学生听。并且孔子讲学，重因材施教，学生随时发问，老师及时解答，一问一答即是教学。所以，弟子们聆听孔子教诲，多是记下孔子答自己所问及答学友所问。孔子死后，弟子们聚集在一起，各述自己所记，总而成书。但若成为现存《论语》这样编排的集本，并刻成书，仍要"执笔人"。东汉郑玄曾提及仲弓、子游、子夏撰定《论语》，宋朝程颐则说是有子、曾子的门人所成，具体情况难于考定。

　　西汉时期，传世《论语》有三种——《齐论语》《鲁论语》《古论语》。《鲁论语》是鲁人所传，有二十篇，篇次基本同于现通行《论语》；《齐论语》是齐人所传，有二十二篇，比《鲁论语》多《问王》《知道》两篇，各篇章句也多于《鲁论语》。齐、鲁《论语》先秦时期都是口耳相传，不见诸文字，所以得免于秦火之祸，汉初仍以师徒家传的形式传于世间。汉元帝、成帝时人张禹兼学《齐论语》《鲁论语》，将两者统合为一，称《张侯论语》，后汉人包咸、周氏为之作训解，并立于学官。《古论语》相传出孔子旧宅壁中，有二十一篇，篇次不同于齐、鲁《论语》，孔安国作训解，但不传于世间。东汉郑玄综合《齐论语》《鲁论语》《张侯论语》《古论语》，博采众长，并作注，定成今存《论语》的型制，《十三经注疏》所录《论语》即何晏、郑玄本为主作集解，宋代邢昺作疏的本子。

　　《论语》自东汉列为"经"，渐受重视。到宋代，经学家解经重义理，而义理之源泉，他们认为自当在孔子。《论语》所记，多是孔子答弟子及当时人关于仁、义、礼、智、信等问题的言论，直抒孔子的思想和情怀，描述孔子接人待物处世的仪容举止，所以，尤为宋儒推崇。朱熹始将《大学》《中庸》《论语》《孟子》合为一，作《四书集注》，《论语》的地位被提高了。程颐则说："学者当以《论语》《孟子》为本。《论语》《孟子》既治，则六经可不治而明矣。"《论语》不是论文，看起来没有一个中心主题，各篇篇名也不是论题，综合起来看，似又紧紧围绕一个中心主题，不像是辑录者拼凑而成的集子。通观《论语》，它是在描述圣贤君子的形象以及他们的思想情操、行为举止，并且不是空发议论，而是结合具体事物、环境，说明圣贤君子应是怎样想、怎样做。《论语》的中心是回答什么是圣贤君子，以及怎样才能成为圣贤君子的。

　　《论语》讲得最多的是一个"仁"字。讲圣贤君子都离不开"仁"。"君子去仁，恶乎成名。君子无终食之间违仁，造次必于是，颠沛必于是。"（《论语·里仁》）具体什么是仁，孔子未下明确定义。"子罕言利与命与仁。"（《论语·子罕》）孔子重仁为什么又罕言仁？朱熹说是因为"仁之道大"，不好空泛而论。孔子解仁，是针对弟子就具体人、具体事、具体场合的问题，发挥"仁"字的精神实质。大体说来，《论语》讲"仁"有两条主要线索，一是"道"，一是"礼"。天有天道，地有地道，人有人道，为人之道就是"仁"。"仁"就是人的本质，真正意义上的人的定义。所谓至贤君子，即真正的人，就是有志于行人道，即"仁"道；勇于行仁道，坚韧不拔地行仁道。孔子并非把"仁"当做抽象的空洞物，"仁"应体现在人的一言一行之中，有明确的外在表现，这又主要集中在"礼"字上，"克己复礼为仁"（《论语·颜渊》）。行仁道就是要做到"非礼勿视，非礼勿听，非礼勿言，非礼勿动"（同上书）。言行合于礼的表现又是多方面的，待己则要不为私欲所害；待人要讲究孝悌、爱人；施政则"因民之所利而利之……择可劳而劳之"（《论语·尧曰》）。总之，要突出一个"和"字。"仁"有大道，最基本的是要有"忠恕"之心，"己欲立而立人，己欲达而达人。""己所不欲，勿施于人。"有这样的心态，就能行仁道。

　　如何成为志士仁人？《论语》突出一个"学"字，"学而时习之"（《论语·学而》）。学习也就是"克己"的过程，"修己"的过程。克己而复归于礼，修己以敬，修己以安人，修己以安百姓，这就是行仁道的最高境界了。

孟子为什么会被尊为儒家的"亚圣"

孟子，姓孟，名轲，字子舆，生于约公元前372年，卒于公元前289年，是战国时期邹国人，被后世称作"亚圣"。关于孟子的生平，史籍记载不多。《史记·孟子荀卿列传》只说他"受业子思之门人。道既通，游事齐宣王，宣王不能用。适梁，梁惠王不果所言，则见以为迂远而阔于事情。当是之时，秦用商鞅，富国强兵；楚、魏用吴起，战胜弱敌；齐威王、宣王用孙子、田忌之徒，而诸侯东面朝齐。天下方务于合纵连横，以攻伐为贤，而孟轲乃述唐、虞、三代之德，是以所如者不合。退而与万章之徒序诗书，述仲尼之意，作《孟子》七篇。"民间广泛流传"孟母择邻"的故事，从一个侧面反映了孟子儿时的状况。孟母开始的宅所近在墓地旁，孟轲常在墓地间玩耍游戏。见此，孟母以为这绝不是一个单纯的孩子该住的地方，便迁往一个靠近市场的居所。在这里，孟轲成天在市场中玩耍，以买卖事为游戏。孟母又觉得这对孟轲的成长不利，又迁居到一学宫旁。从此，孟轲做的游戏都是一些有关礼法的事。孟母见了很高兴。及至上学，孟母对孟轲的学业督促很严。一次，孟母问起孟轲的学业，孟轲显出无所谓的样子，孟母便折断了织布机上的梭子，并对孟轲说，你要荒废了学业，就如同这织布的梭子一样。从此，孟轲发奋学习。

唐宋经学家都说孟子在思想上继承了尧、舜、禹、汤、文、武、周公、孔子的真传正统。细究起来，孔、孟两位大思想家由于所处时代不同，还是有所区别的。

"仁"是儒家思想的重要概念。在孔子，"仁"字更多的是在道德伦理和人格范畴上使用。孔子首先把"仁"与人联系在一起，提出真正的人的人格标准是"仁人"。所谓"仁人"，从思想意识上说就是要有推己及人之人，怀"忠恕"之情，"己所不欲，勿施于人"，"己欲立而立人，己欲达而达人"。"仁"在道德上的集中表现是"礼"，克己复礼就是仁，克服自己的私欲，自觉做到"非礼勿视，非礼勿听，非礼勿言，非礼勿动"，就能成为仁人。

孟子则把"仁"与政治连在一起，讲"仁政"，"仁"是施政纲领，治国策略。治国不能讲"利"，不能把治国方略放在获利的基础上，这个大目标必须坚持，否则，君王讲获利，卿大夫讲获利，上下左右交相争利，国家就会陷于混乱之中，人人地位不保。君主要能推行仁政，必须有"不忍人之心"。君王是人，卿大夫是人，百姓也是人，人对人就应有恻隐之心，否则，就不是与人同类，就不是人。有国者将此恻隐之心用于治国，便是仁政，就能与民同忧乐。所谓与民同忧乐，即我有，也要使民有；我生，也要让民能生。生存就要有生存的基本条件，使百姓能够少有所养，老有所安，荒年不危。所以，仁政的首要措施是从经界始，使民有恒产。对于君子来说，有没有恒产无所谓；如一般百姓，无恒产则无恒心，邪乱事端就会滋生。

孔子讲"仁"，多是对他的学生从育人的角度讲的，在于使受教育者具有"仁"的人格。孟子讲"仁政"是对有国有家者讲的，教以保国保家的策略。施仁政是一种保国保家之道，对个人则是保身之道。孟子劝梁惠王不必"曰利"，可他自己劝人行仁政，都是以晓以利害为先。他劝梁惠王"曰仁义"，否则会有杀身之祸。他教人行仁政，是因为只有行仁政，国才可以由小变大，由弱变强，由民少到民多。施仁政于民，民便可以"制梃以挞秦楚之坚甲利兵"。行仁政又叫王道。使国变为强大，有王道、霸道两途。依靠霸道，本身就要有实力做基础；行王道，则弱小之国也可以变强大而王天下。孟子讲"仁则荣，不仁则辱"，"祸福无不自己求之者"（《孟子·公孙丑上》）。在孟子那里，是否能行"仁"，关系到福祸荣辱问题。

孟子讲仁政，有政治上的现实主义色彩；孔子讲"仁"，则有强烈的道德理想主义色彩。孔子教导人做仁人，培养"仁"的人格，不再有其他目的，作仁人本身就是目的。孔子到列国求仕，希望辅佐有志君王治理国家，只是要以周礼治国家，从某一诸侯国开始，恢复周礼于天下。孔子很少顾及诸侯国君的利害要求，并不是要辅佐某一个诸侯国强大起来，统一天下，他是在实现自己以周礼为基础的理想国的愿望。所以孔子周游列国的态度是，容我行周礼，就入仕，不然，就离开。孟子就不同。他同周游各国的名、法、墨、兵各家人士一样，是要成为某一国君的谋士、辅臣，助其实现富强国家，统一天下的目的，区别只在崇尚不同的治国之道。譬如，梁惠王就曾明确向孟子道出自己的动机，即"欲辟土地，朝秦、楚，莅中国而抚四夷。"于是，孟子就对梁惠王说，要达到这个目的，只有行仁政，"使天下之仕者皆欲立于王之朝，耕者皆欲耕于王之野，商贾皆欲藏于王之市，行旅皆欲出于王之途，天下之欲疾其君者皆欲赴愬于王，其若是，孰能御之"（《孟子·梁惠王上》）。否则，后必有灾。

关于成就圣贤人格的通路，孟子也有不同于孔子的见解。孔子强调学习、实行的作用，要"学而不厌"，"学而时习之"。"仁"不是一种空泛的理论，而是实践上的规范。能不能行"仁"，不在是否知其道理，而在愿不愿实行。孟子更强调心性修养，认为仁、义、礼、智本是人的四端，天性中就具备，养"浩然之气"，发起四端，就能成为圣贤。

孟子在新的形势下阐发孔子思想，把儒学向前推进了一步，故后世称其为儒家的"亚圣"。

《孟子》有何价值

《孟子》一书在西汉文帝时与《论语》《孝经》一起曾立博士。武帝罢废，只立五经博士。到宋代，《孟子》被列入"十三经"，朱熹把《论语》《大学》《中庸》《孟子》集在一起，重新作注，从此它又成为"四书"之一。

《孟子》一书的作者，大多数人从《史记》的说法，以为是孟轲所作。孔子当年周游列国，道不为用，退居鲁而定《书》，删《诗》，笔削《春秋》。孟子与孔子相似，他先游事齐宣王，齐宣王不能用；到梁国，梁惠王对孟子的治国方略也不感兴趣。孟子生活的战国时期，各诸侯国争霸天下，以富国强兵为要务，秦国用商鞅，楚、魏用吴起，齐用孙子、田忌，都是长于攻伐，合纵连横之术者。孟子则坚持祖述唐、虞、三代之德，被认为是迂腐的。无奈，孟子返回家乡，与门生万章等人序《诗》《书》，阐发孔子的思想，作《孟子》一书。秦始皇焚书坑儒，《孟子》一书作为诸子论，躲过秦火，世间一直有流传。后来，东汉人赵岐作注，北宋孙奭（shì）作疏，《十三经注疏》本中《孟子》就是以赵、孙二人的注疏为蓝本的。

《孟子》有十四卷，即《梁惠王上》《梁惠王下》《公孙丑上》《公孙丑下》《滕文公上》《滕文公下》《离娄上》《离娄下》《万章上》《万章下》《告子上》《告子下》《尽心上》《尽心下》。作为儒家经典，《孟子》只能"述仲尼之意"，超不出治世、做人两大主题。当然，既独立为经，也自有其特色。朱熹《四书集注·孟子序说》引程颐的话说："孟子有功于圣门，不可胜言。仲尼只讲一个'仁'，孟子开口便说'仁义'。仲尼只说一个'忠'字，孟子便说出许多'养气'出来。只此二字，其功甚多。"程颐还说，孟子对后世有大功，功在孟子提出"性善论"，认为孟子的"性善""养气"论是发前圣所未发。孟子认为，人心本善，只要能做到尽心知性，邪念就能被剔除，回归于人的本心。良知，即恻隐之心，羞恶之心，辞让之心，是非之心。

做人要做正人君子，修身以成君子，关键在正心，而正心要在自我培养"浩然之气"。这是孟子关于修身养性做人方面的主要思想。

《孟子》讲得最多的是治国方略，可以说是儒家政治思想的集大成者。《孟子》发挥孔子"仁"的思想，提出"仁政"论，这是它与《论语》最明显的区别。孔子论"仁"，主要是从道德意义上讲的，将"仁"作为圣贤君子的道德品行和人际间的伦理规范。《论语》也散见一些政治思想。孔子论政治，把"正名"放在首位，认为名不正则言不顺，言不顺则令不行。他还认为，治民要"道之以德，齐之以礼"（《论语·为政第二》）。又讲到治国有三大措施：足食，足兵，民信，以民信为第一位。孔子的政治理想是使春秋衰世恢复周礼，他的那些治世方略还都是建立在血缘宗族基础上的。孟子周游列国的目的与孔子已有所不同。他游说诸侯，虽祖述尧、舜、三代，但已不是再恢复周天子的一统天下，而是希望各诸侯能采用他的治国之道，称王天下。孟子是要辅佐诸侯完成保国王天下的事业，这与以攻伐、合纵连横术服务于诸侯的商鞅、吴起等人已无根本的不同，成为各自以一己之术取悦于诸侯的一家。《孟子》被作诸子论，逃过秦火之灾，看来也并非没有理由。

《孟子》中的"仁政"思想已是相当有系统的了。他说，要保身保家保国，成就王业，就该施仁政于民。周文王就因为发政施仁，才称王天下的。孟子认为，有国者要王天下，不在国土大小，所治之民人数多少，关键在"仁义"。治国者要"善推其所为"，做到"老吾老，以及人之老；幼吾幼，以及人之幼"，"推恩足以保四海，不推恩无以保妻子"（《孟子·梁惠王上》）。这是说治国者要有仁者之心。在具体措施上，孟子将"制民之产"作为施政的首位。孟子说："夫仁政，必自经界始。经界不正，井地不钧，谷禄不平，是故暴君污吏必慢其经界。"又说："民之为道也，有恒产者有恒心，无恒产者无恒心。苟无恒心，放辟邪侈，无下为己。"（《孟子·滕文公上》）一国之民，如果少有所养，老有所安，生活有保证，天下人就会乐而归之，何愁王业不成？使民"养生丧死无憾，王道之始也"（《孟子·梁惠王上》）。

《孟子》政治思想的另一重要内容是"民贵君轻"论。孟子说："民为贵，社稷次之，君为轻。"（《孟子·尽心下》）这一思想为后来历代较为开明的帝王所重视。这种"民为本"的思想，对制衡"独夫"是有积极意义的。

由此看来，《孟子》是研究儒家政治思想的重要材料。经学家们关于《孟子》价值另有自己的看法。韩愈说："孔子之道，大而能博，门弟子不能遍观而尽识也，故学焉而皆得其性之所近。其后离散，分处诸侯之国，又各以其所能授弟子，源远而末益分。唯孟轲师子思，而子思之学出于曾子。自孔子没，独孟轲氏之得其宗。故求观圣人之道者，必自《孟子》始。"（朱熹《四书集注·孟子序说》）认为孟子可谓得孔子思想真传。这是经学家归纳的《孟子》的第一个意义。他们认为《孟子》的第二个重大意义是辟杨、墨邪说。韩愈说，杨、墨两家思想行于世，儒家的正道就要受损害。唯藉《孟子》之力，后人才知亲孔氏，崇仁义，贵王贱霸。所以，他以为孟子之作《孟子》一书传世的功劳，不在禹以下。

《孝经》为何字数虽少却影响深远

《孝经》于东汉时列为"七经"之一。现存《十三经注疏》本《孝经》是唐玄宗李隆基注，宋朝邢昺疏，共十八章，即《开宗明义章第一》《天子章第二》《诸侯章第三》《卿大夫章第四》《士章第五》《庶人章第六》《三才章第七》《孝治章第八》《圣治章第九》《纪考行章第十》《五刑章第十一》《广要道章第十二》《广治德章第十三》《广扬名章第十四》《谏诤章第十五》《感兴章第十六》《事君章第十七》《丧亲章第十八》。全经不足两千字，经前有一唐玄宗亲自作的《御制序》。

始作《孝经》者，有说是孔子，有说是曾子，有说是曾子门人。经文多是问答体，曾子问，孔子答，所以有的说是曾子记下这次问答，成《孝经》。说《孝经》是孔子亲自作的，也只依经文文体，或说因为"孝"是德之本，对治世做人太重要，所以认为有必要详细说明，传于后世。如没有其他佐证，只是以文论文，以经论经，上述说法都很难验证，也有可能是某无名儒者假托圣人之名而作。

《孝经》在秦代以前的流传情况，史籍记载不多。说孔子作《孝经》的，认为经书成于春秋时期。但当时儒学已不时兴，士人多靠一些实用性强的知识技术取悦于诸侯，学儒术的人大概已经不多，《孝经》的流传也不会广，授受统绪也不清。

《孝经》真正广泛流传是从汉朝开始。据说，遭秦火后，西汉初人颜芝献出秘藏《孝经》，开始传授，《汉书·艺文志》说当时传《孝经》的已有长孙氏、江翁、后仓、翼奉、张禹五家，所传经文大同小异。东汉郑玄曾注《孝经》，称今文经。古文孝经也出自孔子宅壁，由孔安国传授，经文内容章序与今文孝经不同，后人称是孔安国伪作。

由皇帝亲自作注颁行天下的，诸经之中唯《孝经》，表明它在立经和传经者的心目中具有非同寻常的地位。

《孝经》也确不同于其他各经。其他各经的内容和意义虽也各有侧重，但基本上是从总体上通论治世人伦大道。《孝经》只以"孝"为中心，可以说是关于"孝"的专题论文。全经的结构也相当严谨，第一章首先点明"孝"在人伦中的地位，进而分别说明"孝"在天子、诸侯、卿大夫、士、庶人身上的具体表现，再进一步说明上述各层次人们在治国、事亲、敬亲、丧亲等具体事务上孝行的表现，系统地阐述了"孝"字的意义，绝不像散见于《论语》中关于"孝"的语录，不易抓住要领。《孝经》言简意赅，确不失为进行普及教育的好形式。

《孝经》之所以被赋予显要地位，经学家认为它是"百行之宗，五敦之要"，与《春秋》互为表里。《春秋》褒贬诸侯，要在正君臣父子，表明孔子的志；《孝经》则表明孔子崇人伦之行。人的行为应该有德行，而"孝"就是"德"的本源、本体。《孝经》旨在教人以孝行。从经文的内容看，"孝"实际上是确立一种尊卑长幼贵贱的人际关系，这是社会稳定，即国治天下平的重要条件。儒家思想的重点是讲治世和做人。两者统一起来形成一个治世在于治人，治人在于治人心，治人心在于灭人欲的公式。摒弃私欲，能使人归于本心、良知，即仁、义、礼、智、信，而良知在行为的表现就是孝行。如果世人都能有良知，行孝行，就达到了国治天下平的目的。所以，《孝经》被推到极高的地位上，主要还不在培养个人的道德品行，而是出于政治上的动机，故《孝经》的政治意义就远远大于道德意义了。

为什么说《尔雅》是最早的一部词典

《尔雅》是中国最早的一部词典，唐宋时列入"十三经"之一。关于《尔雅》的成书年代及作者，说法不一。有说春秋以前就有了《尔雅》，孔子还曾教授过鲁哀公学《尔雅》。作《尔雅》的，有的说是周公，有的说是孔子、子夏。这些都属传说，无从考证。清代人认为，《尔雅》在汉代才逐渐成为型制，作书人不会是某几个人，而是文学家们不断收集整理材料，积累而成书，周公、孔子之名只是假托。此说应是可信的。

现收在《十三经注疏》中的《尔雅》，是东晋人郭璞注，宋代邢昺疏，分十卷十九篇。《释诂第一》《释言第二》《释训第三》三篇解释一般性的词汇，特别是将古代表达相同意思的词集中到一起，用一个字或词解释它们的通义。例如，"禄、祉、履、戬、祓、禧、禠、祜，福也。"《释亲第四》《释宫第五》《释器第六》《释乐第七》《释天第八》《释地第九》《释丘第十》《释山第十一》《释水第十二》《释草第十三》《释木第十四》《释虫第十五》《释鱼第十六》《释鸟第十七》《释兽第十八》《释畜第十九》分别注释经书中出现的天地山川、草木鱼虫、宫室器物、社会角色的称谓等方面的古字词。

凡经书，都是阐述关于天地人伦的微言大义的。《尔雅》作为文字学的书，为什么也被列入"十三经"之列？

据说，《尔雅》最初是为人们读懂《诗经》而作，但《诗经》中的字词只占《尔雅》的十分之一。又有说《尔雅》专为解释"五经"的字词，而"五经"字词也只占《尔雅》的十分之三四。据此，《四库全书》总目提要不认为《尔雅》专为读"五经"而作。不过，《尔雅》既长时间经众人积累而成篇，其最初的意图仍然可能是为读经。"五经"流传久远，到汉代字形字音已全然不同，其中提到的自然物、器物等，汉代或已失存，或即使存在称谓也发生了变化。总之，到汉代，先秦时的典籍字已不能识，音已不能读，义已不知所指。经书所从列为经，目的在于施行教化，将经书的思想灌输到人们的头脑中去。如果人们全然不能识读经书，那么经的意义也就失去了。所以，《尔雅》这样的通古今字词的书，实际上就成了时人读书必不可缺少的工具。可以说，无《尔雅》，就无经书的实际价值，《尔雅》被尊为经的意义就在这里。

《尔雅》不像一些所谓从义理解释经书的经学家的言论。这些书往往主观臆测的成分很浓，借经书发挥自己的见解。《尔雅》释古字词采用收集大量古人言论的方法。例如，《释天》中用暴雨解"涷"，出自楚辞；《释诂》中用往字解"嫁"，出自列子等。这种方法也符合语言文字演变的历史过程。语言文字是标记事物的符号，传递信息的手段，其源头不是由圣贤先创制再向社会推广，而是起自民间，约定俗成，再经加工使之规范化，释古代字词，以古人的实际用法为依据，提供了古字词的语境，使人更容易理解古字词的真实意义。同时，《尔雅》用古文献解释古字词，也就保留汇集了大量古文献的资料，有长远的历史意义。

两汉经学的状况如何　　今古文之争是怎么回事

皮锡瑞经学历史把经学分成十个发展阶段，即开辟时代、流传时代、昌明时代、极盛时代、中衰时代、分立时代、统一时代、变古时代、积衰时代、复盛时代。其中两汉就经历了流传、昌明、极盛、中衰四个时期。皮氏是今文经学派，他认为孔子定"六经"开辟经学，孔子之前有书无经。例如《书》《诗》在孔子之前都有数千篇，但那不是经，因为微言大义不明。孔子定《书》百篇，删《诗》成305篇，《诗》《书》才成为垂范万世的经书。这一点可商榷。实际上，即使孔子定成"六经"，如果没有政府的支持，它们也不会成为经。秦以前，"六经"地位不佳，虽是显学，不过是儒、墨、法、道诸家中的一家。所以，经学开创由西汉始，没有汉王朝的支持，"六经"就不成其为经。

经学在西汉初始立。汉初定天下，百业待举，首要的是吸取秦二世败亡的教训，制定新的治国方略。汉高祖刘邦认为自己是在马上打天下，不信儒学。有谋臣劝他说，在马上打天下，并非可以在马上坐天下。叔孙通这个人对儒学复兴是有功的，他是秦博士，归汉以后，很识时务，顺着刘邦的心意，逐步启发刘邦对儒学的兴趣。他说，儒学虽不能进取，但可以守成。叔孙通按儒学制定的礼仪，刘邦果然很欣赏，任他为太子太傅，叔孙通的弟子也多被任官，这是儒学在汉复出的开始。惠帝、吕后时，公卿都是武力有功之臣，儒学未受重用。文帝时，有儒生稍有征用，并立《诗》经博士，但汉文帝本好刑名之学。景帝时不任用儒者，窦太后又好黄老之术，儒学之士始终没受重用。

儒学的大翻身是在汉武帝时期。武帝建元五年（公元前136年）春，立《诗》（文帝时已立）、《书》、《礼》、《易》、《春秋》五经博士。武安侯田蚡为丞相，又罢黜黄老刑名百家之言，重用文学儒士，凡通五经之一者，都受俸禄为官，一些治经有成就者，更高居显位，如公孙弘因精通《春秋》升为天子三公，封平津侯。

经学自西汉元帝、成帝至东汉，处极盛时期，全社会上下尚儒崇经成为风气。自公孙弘以治《春秋》为丞相后，成为惯例，凡丞相必用精通经术者。公孙弘还建议，为弘扬经术，请为博士官设弟子50人，凡学经有成，都有任用，开中国明经取士之先。朝廷对这些因通经术而受任用的人给予极高的礼遇，不但任官，且免赋税。兴经学导以利禄，这是汉代推动经学发展的重要策略。自此，学习经学成为时尚，四海之内，学校如林，汉末太学学生达到了万余人，是从前从来没有过的。当时，社会上有这样的说法："黄金满籯，不如教子一经。"

西汉重经学讲究实用，朝廷制礼仪，定治国政策，必引经据典；官员论辩，帝王论政，也必定引用经文，出口成章；凡议论，不引经便无以作据，不足信。不少人在日常生活中，也确实努力实践经教，并不浮于空泛议论。所谓经学极盛，这是重要标志之一。"经"不论从国家施政还是生活言行上，都是实践的准则，起行为规范作用。这其中似没什么学术性，实际是"有经无学"，经文已明，照着做就是了，对"经"本身不能再生议论，皮锡瑞称此为经学昌明纯正的表现。当时流行的经文，主要是由"焚书坑儒"劫后余生的耄耋儒生口授，用汉代通用的隶书写成，故称为"今文经"。

经学的今古文之争始于西汉。秦始皇坑儒，经书都在该烧之列，《易》按占筮书论，《孟子》按诸子书论，躲过秦火。其他如《诗》是口耳相授，焚书也奈何不得。汉初倡儒学，凡无字的"经"，方开始书于帛卷上，这就是"今文经"了。另外的被秘藏而躲过秦火的经书，例如《书》，则是先秦篆书书写。所以，汉初经书就有今古两种文字的版本。

鲁恭王坏孔子宅，得到一批先秦经书，自然都是古文，这与当时已存在用今文（隶书）书写的经书有同有异。孔安国得到这批书，用今文读之，并请求立博士，这便与已获认可并占据一统地位的今文经博士们发生冲突。西汉末刘歆极力要打破今文经的统治地位，力争古文经的地位。刘歆后来做了王莽的国师，助莽篡汉，古文经的名声也随之大坏。东汉时期，今古经已不是两种文字的异同问题，而是涉及如何解释经书的意义，出现经今文学派和经古文学派的对立。

由于以利禄作导向，两汉学经论经蔚然成风，皮锡瑞看出这极盛之中已隐含走向衰落的趋势。今文经占统治地位时，学经极重师徒传授统绪即师法、家法，论经者绝不能背叛师门家规。古文经的出现打破了这种平静，辩论经义已是不可避免的。于是，开始出现对今文经的疑虑。有人认为今文经的风气不变，便难以经受古文经的诘难。于是，各种不同的经说纷纷萌生。其实，从经学发展过程看，这也是必然。就学术上说，也未必不是好事。

东汉郑玄在经学史上占有重要地位。他博览群书，学识渊博，兼通今古文经学。东汉经说纷杂，注经烦琐至极，有注《书经》五字成十万言的。经师授徒，动辄数千人，有些学生几年也见不到这些先生。如此，师门家法传授经义一途已不可保证，诸多异说不可能不生出，让求学者莫衷一是；且烦琐的注经，让人终生难读得一经。经学的流传实处于危机之中了。郑玄尽全力总结各家，注《周易》《尚书》《毛诗》《仪礼》《礼记》《论语》《孝经》等，兼采今古文说，重新确立经学的统一局面，受到当时人的认可，从学经者逾万，成众望所归。

魏晋南北朝的经学有何发展

东汉灭亡，由汉代首倡的经学盛势随之终结。首先，经学的社会地位不再像汉时那么显赫。东汉恒帝、灵帝时期，有司隶校尉李膺等数人两次被诬为结党，株连数百人下狱，与政府政治密不可分的经学也因此而锐气大减，西汉时期在利禄诱使下万人学经的局面已成旧事。《三国志》载董昭上疏陈述当时的社会风气说："窃见当今年少，不复以学问为本，专更以交游为业。国土不以孝悌清修为首，乃以趋势游利为先。"（《三国志》卷十四《魏志·董昭传》）又有杜恕上疏说："今之学者，师商、韩而上法术，竟以儒家为迂阔，不周世用，此最风俗之流弊，创业者之所致慎也。"（《三国志》卷十六《魏志·杜畿传》）汉代重用明经身修者为官，议论政事都能引经据典。到魏晋时，公卿学士万人中，能依据经书议论时事的寥寥无几。

其次，汉初立经设博士，都取今文经学。后来，古文经学虽未能立于学官，但影响日增，有的今文经已趋于失传。郑玄注经兼采今古文，获大多数人认可，从此改变了汉初确立的经学格局。王肃是魏晋时期第一位大经学家，其经学思想也是合今古文，但又以郑玄经学为论敌。皮锡瑞对王肃很不满，说他本应该纠正郑玄合今古文经的错误，理出今古文经的分野，重新确立今文经学的纯正地位。而王肃却进一步混淆了今古文经的界线，连郑注经书中保留的今古文经分列的形式也扫荡干净，自己假孔子及其后裔的名义，另立经说，作为立论的根据，发明所谓"圣证论"。皮氏因此称王肃为"经学大蠹"。西晋初，王肃依靠他是晋武帝司马炎外祖父的身份，所注经书立于学官。到晋元帝时，所立经学博士已经没有一个是汉初十四博士的传人。

皮锡瑞把郑玄经学、王肃经学视为经学衰落的表现，特别把经学衰落的原因归罪于王肃，是有欠公允的。皮氏可算是经学中的保守派，复古派——复汉初今文学之古。按他的看法，汉初今文经学是最纯正的，足以垂范万世，不应再有丝毫变更。经学作为封建国家控制社会的意识形态，是因实用目的而产生的。有用，经学才能立住脚。不合于实用目的，必得随世事变迁而变更。从汉初到魏晋，今文经学的衰落，就是世事变迁的结果，郑玄经学和王肃经学都是经学适应世事变迁的表现。南北朝时期，随着国家政治的分裂，经学也分为"南学"和"北学"。北学主要继承郑玄的传统，流传于江北的经注中，《易》《书》《诗》《礼》都宗郑注，《春秋》取服虔注。服虔是郑玄的门生，与郑学实是一家。南学在学术上则以王肃经学为宗，《易》取王弼注，《书》取孔安国传，《春秋》取杜预注《左氏传》。

南北两家经学的地位与南北朝的政治状况有密切关系。北魏拓跋氏入主中原，努力适应中原礼仪，以巩固自己的统治，经学因而受到高度重视。北魏道武帝拓跋珪在建立政权之初，便把弘扬经学放在首位，立太学，设五经博士，征生员一千多人。历明元帝、太武帝，到孝文帝时，崇尚经学儒术已成为风气。

南朝重经学的帝王首推梁武帝萧衍。他在立国后不久即开五馆，建立国学，教授五经，置五经博士各一人，生员有数百人，全由朝廷供给费用，通过考试者，都授予官职。又派遣博士祭酒到各州郡立学，讲授经术，并诏皇太子宗室王侯都到学馆学研经术。经萧衍的推动，学经又成为士人向往的事，经学的地位有所提高。然而，梁武帝的崇儒政策并不持久。他本人好佛，起用儒学，只是为一时立住政权，并且在诸经之中，他只重视《礼经》，显然旨在用它的等级纲常秩序观念巩固自己的统治地位。

魏晋南北朝经学是经学史上承前启后的阶段。自东汉以来，由于经学，特别是今文经学内容的匮乏，社会政治动荡分化，其一统权威地位已受到冲击；桓谭、王充对今文经、特别是谶纬灾异思想的批判，影响很大。古文经学烦琐训诂的学风也受世人冷落。以郑玄、王肃为代表的魏晋经学独辟蹊径，保持了经学的传统。后世经学大多以郑学王学为基础。

两汉时期，经学独尊。东汉末起，讲学术有四，即儒学、玄学、道家和佛教。魏晋南北朝时，玄学影响很大。玄学始于汉魏时期的"清谈"风。由于政局动荡，朝廷中的派系斗争复杂，官员和士人的地位不保，于是，他们不再议论具体的时政，转而议论清高玄远问题。这种风气培育了玄学。玄学尊崇老子、庄子的道家思想，又引儒入道，以道解儒，成一新的学派，王弼是其著名者。王弼注《周易》，把《周易》看做是解释宇宙的本末、体用结构的书，背弃经学家视《易》为正人伦纲常的主张，是经学玄学化的代表作。

唐宋明清经学有何成就

隋朝结束了南北分裂的局面，不到30年而亡。隋文帝、隋炀帝又从骨子里重佛轻儒，所以经学在隋朝没有什么大的作为。

唐继承隋的统一大业，重整纲常，把复兴儒学推到重要地位。唐太宗的统治经验是"戡乱以武，守成以文，文武之用，各随其时"。唐朝完善了科举取士制度，考试科目有八科，即秀才、明经、进士、明法、明字、明算、通举、童子。各科中第有严格标准，其中明经、进士科最受学子看重。明经科以九经为业，《礼记》《春秋左氏传》称大经，《诗》《周礼》《仪礼》称中经，《易》《尚书》《春秋公羊传》《春秋穀梁传》称小经。为适应科举制，唐朝在全国设立各级学校。在京师有国子学、太学、四门学、律学、书学、算学，各府、州、县、乡也都设学校，课程以经学为主。由于明经可以入仕，士人都以研读经学为进取。

唐代于经学的最大贡献是考定五经和撰定《五经正义》。唐代以经学治国，唐太宗经常与儒生议论经义，深感南北朝经学分歧杂乱，以为"经籍去圣久远，文字讹谬"。贞观四年，唐太宗诏颜师古于秘书府考定五经，颁行天下，命学者研习。又诏国子祭酒孔颖达主持撰定《五经正义》，即《周易正义》十四卷、《尚书正义》二十卷、《毛诗正义》四十卷、《礼记正义》七十卷、《春秋正义》三十六卷，共一百八十卷。唐高宗永徽二年，又诏诸群儒修订，永徽四年颁于天下，并作为明经科考试的依据。一直到北宋初期，明经取士都遵循《五经正义》为标准本。

李鼎祚的《周易集解》也是唐代传于后世的有影响的经学著作。该书共十七卷，汇集了从子夏开始到唐代三十五人的解《易》观点，是考辑古代《易》学的重要文献。

唐文宗开成二年，国子祭酒郑覃完成"开成石经"，将九经刻于石壁上，文宗很赏识，诏令立于大学，对长久保留经书文字有重要作用。后唐长兴三年，依"开成石经"文字，刻成九经印版，开经书刻木板之先。

两宋经学一反以往死板的注疏学风，注重解说经书的义理。汉初始立经学，今文经独尊一统，经学传授严守师门家法，决不可违背师说的一字一句。古文经出，经说有异，经学以辩论诸经说的正伪为主题。郑玄和王肃融合今古文经，兼采立说，似乎实现了经学的统一。但这统一只是众说的汇集，再不像汉初今文经学那样是唯一、绝对的垄断。唐撰定《五经正义》结束了经学南北分立，作为科举考试的标准，读经人都严守其说，不敢越雷池一步，经学又陷入僵化状态。"经"实在专一不变，又贵在实用。汉初，这两者基本统一，严守家法是不变，汉初立制度，定礼仪，都以经学为依据，是讲实用。然而既讲实用，而世事变，经学不可能不变，经学不变，便不可能永远实用。唐代用经学，重在用它取士，至于具体施政，已不拘于经说。宋代世事变迁，又不同于唐代，固守前代经说，已是不可能。开一代新的经学风气，也是势在必行。

宋儒解经，当然不能离开经书的微言大义，否则，他们就不是经学中的一员了。但是，若只是囿于注疏经文，如无什么新的考古发现和文献资料，也断不会有什么新意。宋人抛开注疏，以阐扬经书义理为名，抒发自己的见解，这是思想上的一次解放。

经学在宋代的作用也发生了明显的变化，它的意识形态特色越来越突出。唐将《五经正义》主要用于取士，北宋初沿袭此法，但不用《五经正义》作范本，改用王安石等人的《三经新义》，即《毛诗新义》《尚书新义》《周官新义》。经书只作为考试入仕的工具，用它修身正己、经营事务的意义就丧失了，流于空泛议论也是难免的。以"二程"和朱熹为代表的理学，极力想排除经学中空发议论的劣迹，重申"经"贵在实用。但理学家从意识第一的角度看世事变迁，认为人心状况是决定社会治乱安危的根本因素，把经学作为正人心的手段。蔡沈《书经集传序》说："二帝三王之治本于道，二帝三王之道本于心。得其心，则道与治固可得而言矣。……后世人主，有志于二帝三王之治，不可不求其道；有志于二帝三王之道，不可不求其心。求心之要，舍是书何以哉？"理学家初衷如此，但是以经书匡人心，也不太可能。元明以后，朱子理学极受重视，元代以"五经""四书"作考官依据，明代只以朱子注四书为科举考试的标准教材，士人只为考取功名读经书，则经学只是控制社会思想和舆论的意识形态了。

经学到清代已是穷途末路。两千年的历史，它的全部内容已合于逻辑地全部演绎出来，其内在生命力几近终结。在没有新的思想体系能代替它之前，它当然不会自动退出历史舞台，必然要作最后的一搏。

大凡宗教或有准宗教色彩的圣经，面对新的环境，往往呈现两种姿态，一个是复古，一个是迎新。清朝的经学也大体如此。

"汉学"是反映清代经学复古倾向的一支，它是在反对宋明理学的基础上成长起来的。宋明理学在理论上达到了儒学的最高成就，但在汉学家看来，它又是导致国家危难、明朝灭亡的罪魁祸首。汉学家认为，宋明理学抛弃了儒学的精华，将大量佛、道思想引入儒学。挽救国家民族的危势，最根本的还是要儒家经典，但是，必须弄清什么是儒学的精神实质。于是，汉学家主张回到汉代经学家那里去，认为汉代去古不远，汉代经学更符合经学的本意。更有人主张经学的复兴应该复归其源头，回到孔孟、周公那里。

宋明理学所以背离经学的基本精神，汉学家将其归结为不懂古音古字、对经书缺乏实事求是的考据精神，只凭主观臆说演绎义理。所以，要恢复儒学经典的本意，必须倡求实考据精神，在古文字音韵、器物的训诂上下功夫。汉学对经学，以至对整个中华文化史的主要贡献也正在这里。汉学的开拓者顾炎武所著《京东考古录》《音学五书》，毛奇龄著《四书改错》，闫若璩著《古文尚书疏证》，胡渭著《易图明辨》，在今天也不失其学术上的重大意义。汉学吴学派的代表惠栋、皖学派代表戴震、扬州学派代表阮元等，在古文献的收集整理、勘定、训诂、拾遗补阙方面，都成就了不可磨灭的功绩。

经学的复古本意是弄清儒学经典的精神实质，训诂考据是为明道服务的。考据必须埋头钻研古文献，但醉心于故纸堆若成为一种风气，也确实有悖于经学的经世致用传统。以庄存与、刘逢禄为代表的清代今文经学力图纠正乾嘉考据学的偏颇，将经学运用于当时的政治实践。

《春秋》经被历代经学家视为政治性最强的，凡讲经世治民的，大多以《春秋》作思想依据。庄、刘等也长于治《春秋》。他们特别看重《春秋公羊传》阐发的"微言大义"和"大一统"思想。然而治"公羊学"，及至清代，在理论上已不会再有什么大的作为。在考据学之后，若不从训诂学上研究，在学术上也难成大事。庄、刘等人的作用，是继考据学后重新光大了经学的经世致用传统。清代今文经学的主要贡献不在理论方面，而在实践方面。龚自珍、魏源等人都接过"公羊学"的"微言大义"思想，不再就经论经，而是用心到时政的分析与社会政治的改革实践中去，这是既坚持经学的基本精神，又将其推向终结的道路。由于世事的变迁，眼界的开阔，西方文化的影响，今文经学家们提出的具体治世主张已不可能再囿于古典经学。譬如关于"政"，又含学校、地理、官吏、赋税、武备、律例、劝工、通商等"西政"的内容；关于"艺"，含算、绘、矿、医、声、光、化、电等"西艺"，也不再限于传统的"六艺"。清代今文经学已为"新学"的生长准备了条件，从而也就将统治中国两千年的经学逐渐推出了历史舞台。

名家讲国学

第二编 史 部

何谓"史"，何谓史书，何谓史学

"史"字最早已见于商代甲骨文，为会意字，其字形上半为放置简册的容器，下面是一只手，合起来表示掌管文书记录的意思，本义即为商王的近侍官员，担任祭祀、星历、卜筮记事等职，史官在商代已经产生了。

甲骨文中有大史、小史、西史、东史等几种称谓，均为王室重要官员，其职责大约有两种，一种是为王作册，即奉行王命撰写和记录朝野重要事件，到西周时具体称为"作册内史"或简称"史"；另一种是充任王室直接派往各地巡查和代行王权的使命，后世称之为"使节"。此外，史官还常主持重大庆典、祭祀活动及其他礼仪，参与卜筮活动。

史官在西周时期随着政治制度的进一步完善和经济、文化的发展，已经形成了官僚体系中一支重要组成部分，并构成西周政权机构的重要支柱。周初的召公奭主持建立起"太史寮"，其下有在朝廷中议事居左的高级官员"三左"，即太史、太祝、太卜，商代的"史"从此分化得更具体了。太史为史官之长，其地位和职责十分重要，主要掌管宫廷文书的起草、国王对诸侯和卿大夫的任命册封，编撰史册，管理天文历法、宗教祭祀、图书典藏事业等。太史的下属有史、内史尹、内史、作册内史、右史、卿史、中史、省史、书史、作册尹、作册等各级官吏，分别职掌完成太史多项职责的事务。太祝为祝官之长，太卜为卜筮官之长，分别配合太史的工作。祝、卜类官员的地位在西周时期已显然比商代低落，这是社会思想发展的一种反映。太史寮与掌握司土、司马、司工"三右"的卿事寮共同构成了西周奴隶官僚机构的主体，并形成了中国古代社会官僚机构的基本框架。

从夏、商、西周三代的"史"官逐渐发展演变下来，"史"的意义越来越大众化了。经过春秋战国的社会大变革，秦汉以后称"史"，则泛指由史官和历史研究者对迄今以往社会发展朝代更迭的记述。史分解成史书和史学，史书为历代书籍文献，史学为学者们对历史的研究和考证，现代史学则把由金石学发展而来的考古学融汇其中了。清朝瓦解之后，国家官制中便没有专司"史"职的政府官员了。

史书最初为史官所撰述的记载史事的典册，可以称之为史书者，溯源至商代的甲骨文和先秦、汉代竹简，其后有记录远古及三代、春秋战国的《尚书》、《春秋》三传、《战国策》等。正式的史书，则首推汉代史学家司马迁的名著《史记》。史书主要分为通史和断代史两种。各代所修通史除《史记》外，还有梁武帝命群臣所编的《通史》、宋司马光的《资治通鉴》、郑樵的《通志》、袁枢的《通鉴纪事本末》等，都是通史性质的史书；断代史则有历代学者编撰的《汉书》《三国志》《晋书》等，传世的二十四史大多是断代史。从体例上说，史书以编年体和纪传体两大类为主，《史记》为中国第一部纪传体通史，东汉班固所撰《汉书》为最早的纪传体断代史，规模最大的编年体通史则是北宋司马光的《资治通鉴》。

当代所传"二十四史"，是人们熟知的史书，包括《史记》《汉书》《后汉书》《三国志》《晋书》《宋书》《南齐书》《梁书》《陈书》《魏书》《北齐书》《周书》《隋书》《南史》《北史》《旧唐书》《新唐书》《旧五代史》《新五代史》《宋史》《辽史》《金史》《元史》《明史》二十四部史书。上述史书流行的有清代官刻的武英殿本和后来商务印书馆刊行的百衲本。1929年，北洋军阀政府又命增《新元史》为正史，后人亦合称"二十五史"，不过学术界还是习称过去的二十四史。

史书还有"正史"和"野史"之说。正史之名始见于梁阮孝绪的《正史削繁》。因为纪传体史书以历代君主的传记为纲领，故《隋书·经籍志》以《史记》《汉书》等纪传体史书为正史。至《明史·艺文志》又以纪传、编年二体并称正史。清代乾嘉年间编辑《四库全书》，确定以纪传体史书为正史，并规定凡不经皇帝"宸断"的不得列入，因此诏定二十四史为正史。野史则泛指中国古代私家编撰的史书，如《唐书·艺文志》所载的《大和野史》十卷，即以野史为名，以示与官修史书有别。后世作野史者极多，以宋、明两代为著。

除了官修正史、私修野史之外，近代以前的历史学家还著作了许多其他类别的史书，其中有对经典史籍进行考据研究的《二十二史札记》等；有历史评论专著如《史通》等；有史籍目录类图书如《通志》《史籍考》等；有史料汇编性图书如《战国策》《太平御览》《册府元龟》等；有制度史著作《通典》等。

史学，指对历史的研究及其成果。史学研究是逐步发展的，从古代的官修正史、私撰野史到当代的科学研究理论与方法，从帝王的起居注到人民群众的活动，数千年社会发展的进程就是无可改变的历史，而一切对历史的总结、分析、考证和论辩，都可称之为史学研究。近代以来，史学研究更拓展到对世界其他地区和民族的历史各方面研究，统称为世界史。考古学则是从物质文化的遗存角度研究历史，也属史学领域。史学研究的方法除了著书立说外，还有各种形式的文章、会议、报道及评述，主要内容则离不开对历史人物、历史事件的研究。

中国史学思想发展的基本脉络是什么

中国史学思想的发展，经历了不同历史时期、不同社会背景的演变过程。从商周时期的朦胧史学意识到战国秦汉的自觉史学意识，再到魏晋南北朝时期史学批评理论的产生和唐代史学思想的系统理论形成，是由浅入深、逐渐丰富、不断完善的过程。两宋至明清之际，史学理论达到了空前的繁荣，并开始出现向新史学的嬗变，一些史学大师的经世致用思想及文献学理论、考据辨析学风把中国古代史学思想推上了时代的高峰，也为新史学的产生奠定了坚实的基础。

夏代尚无确凿的信史可考。商周时期，史官史书只是局限在忠实地记录统治者的生活起居和宫廷中的重要事件，也有天文、历法、祭祀、卜筮、自然灾变、农牧业收成、物资交换等各方面的活动记录，史学尚处于萌芽状态，史学思想也是朦胧的。其中宗教思想和皇权思想左右着史学思想的萌发。当时的史籍资料主要以甲骨文、铜器铭文的形式记录下来，也有少量的竹简、帛书发现。

春秋战国时期，中国社会经历着一场剧烈地动荡。周室衰微，诸侯并起，争权夺利的战争连年不断。随着新兴的手工业者、商人和上人阶层的出现，昔日统治社会的奴隶主专制思想面临着瓦解和消亡，新兴力量的代言人不断涌现，史学也呈现出迅速发展的局面，出现了如孔子、左丘明等一批以思想家面貌为主的史学家，同时也产生了《尚书》《逸周书》《春秋》《左传》《国语》《战国策》《竹书纪年》《世本》等一批史书或包含重要史料的典籍。从《春秋》《左传》中，我们可以感觉到先哲们的史学意识和刚刚出现的史学理论思想。从孔子称赞董狐为"右之良史"到孟子说"孔子成《春秋》而乱臣贼子惧"（《孟子·滕文公下》），看出了中国早期史家已认识到撰史的原则、目的和社会作用。

秦汉时期，史学家们继承了三代的传统，也继承了春秋战国百家争鸣的活跃思想，自觉的历史意识进一步增强了。杰出的史学家司马迁所著《史记》和班固所著《汉书》，成为中国古代史学的辉煌成就。史家不仅把著书立说看成个人的职责，而且当做承先启后的神圣事业。司马迁在《史记·太史公自序》中说，先人有言："自周公卒五百岁而有孔子。孔子卒后至于今五百岁，有能绍明世，正《易》传，继《春秋》，本《诗》《书》《礼》《乐》之际？"意在斯乎！意在斯乎！小子何敢让焉！

在司马迁看来，把"绍明世""继《春秋》"的事业承担起来，是十分神圣的，其史学意识相当鲜明而强烈。为了"述往事，思来者"，他除了苦心钻研史官的记录和其他宫廷秘籍外，还孜孜不倦地"网罗天下放失旧闻，略考其行事，综其终始，稽其成败兴坏之纪"，终于写出流传千古有口皆碑的《史记》。班固则进一步发展了司马迁的史学思想，在《汉书》中创立了《古今人表》《百官公卿表》和刑法、五行、地理、艺文诸志，扩大了史学研究领域。

魏晋南北朝时期，社会的动乱使经济凋敝，各民族百姓在痛苦中颠沛流离。在这种政治局面下，史家只能在极其困难的处境中收集资料、记录史事，史学思想没有多大发展，也少有杰出的史家和卓著的建树。陈寿的《三国志》和著名学者刘勰的《文心雕龙·史传》，是这一时期较有影响的作品。

唐代是中国古代社会自秦汉以来经济、政治和文化发展的鼎盛时期。尤其是唐代前期，政通人和，农业和手工业高度发展、国内外贸易蓬勃兴起，商品经济蒸蒸日上，国家统一、安定，文化领域风流人物辈出，史家在其中也独领风骚，取得了巨大成就。唐初政治家重视史学，唐高祖、太宗、高宗及魏徵、令狐德棻、朱敬则等对史学都发表过丰富而有价值的言论。唐高祖以宏大的气魄下诏修撰梁、陈、魏、齐、周、隋六代史，为唐代史学的发展确立了明确的目标和格局。贞观三年（636年）唐太宗设史馆于禁中，召集了魏徵、李百药、颜师古、孔颖达、姚思廉、令狐德棻、崔仁师、岑文本等一大批史家撰写了《梁书》《陈书》《北齐书》《周书》《隋书》，后又命褚遂良监修《五代史志》，以房玄龄、褚遂良监修《晋书》，李延寿撰《南史》《北史》。唐初所修八史，显示了唐代统治者考论得失、究尽变通、惩恶劝善、贻监将来的远见卓识、雄才大略。在这一时期，产生了我国古代史学中第一部以史学作为研究对象的系统的理论著作，即刘知几的《史通》。在这部著作中，刘知几总结了前人的得失，提出了撰史原则、史书内容与范围、史书体裁与体例、文字表达艺术、史家作史的态度及史学的功用诸方面问题，提出了史才、史学、史识的"史家之长"理论，把中国古代史学思想推到了空前的高度，在世界史学史上也是无与伦比的。

经过五代的战乱，宋辽金元时期中国古代史学思想有了更大的发展。通史、断代史、当代史、民族史、历史文献学、史学批评等方面都取得了许多新成果。北宋官书《册府元龟》国史部对唐代以前的史学理论进行了总结；史学家吴缜对《新唐书》和《五代史》等做了纠谬；曾巩在刘知几"史家之才"的基础上更加提高了对史家的要求，强调史学"周万事之理"如"适天下之用"的标准；郑樵的《通志》提出了重古今之相因、极古今之变化的"会通"之说，有很高的理论水平。此外，如朱熹、洪迈、叶适直至元初的马端临等，在史学批评方面都做出了很多贡献。

从两宋开始倡导的"适天下之用"史学思想，到了明清之际成为许多史学大师经世致用理论的研究方向。明后期至清前期涌现的一批思想家、史学家，对中国古代史学思想做出了终结式的评论，从而对晚清新史学思想的出现创造了条件。明代嘉靖年间的文坛巨匠王世贞著《史乘考误》一百卷，对历代国史、野吏、家史做出了总体性评论，具有许多独到见解。李贽、王圻对传统史学思想和价值观念也提出了批判继承的理论，并强调了经世致用观念。明清之际的史学大师顾炎武、黄宗羲、王夫之等，则把经世致用的史学思想发展到新阶段。清代前期的几位史家王鸣盛、赵翼、钱大昕、崔述、阮元等，则致力于考证、校勘历史文献，追求历史的实与信，对古代史学思想进行了全面总结。著名史家章学诚集各家之大成，著《文史通义》和《校雠通义》，在继承和发展前人认识的基础上提出"六经皆史"的思想，并强调史学思想即"史意"的探讨。他阐述的"撰述""史德""心术""文理"等观点，代表了中国古代传统史学思想的精华，同时预示着以梁启超、章太炎为代表的新史学的兴起。

经学与史学有何关系

在中国古代传统文化中，经学与史学都占有极其重要的地位，两者之间的关系也是相当密切的，有着千丝万缕的联系。魏晋以前，经学与史学没有明确的界限可分，一些典籍既是经文，亦是史书。随着文化的发展和研究的深入，隋唐以后经学与史学的分野渐明，史学遂从经学的母体中分离出来，成为国学中重要的独立系统。

古代儒家推崇的经典著作，称之为"经"，解释经典的书则为"传"，合称为"经传"，研究经传的学说即为经学。世人所说的经传，主要是"十三经"，包括《周易》《尚书》《诗经》《周礼》《仪礼》《礼记》《左传》《公羊传》《穀梁传》《论语》《孝经》《尔雅》《孟子》，其中有的是经，有的是传。《庄子·天运》中最早运用"六经"一词，即指《诗》《书》《礼》《乐》《易》《春秋》六部经典。《隋书·经籍志》把经文分为《易》《书》《诗》《礼》《乐》《春秋》《孝经》《论语》《五经总义》《经纬》《小学》十一类，从此经、史分家。"十三经"这批古代文献总字数仅有六十五万字，但历代释经著述则不下万种，形成经学，并产生了不同的学术流派。经学的发展变化在中国古代不断影响着传统文化各方面的发展。实际上，经学著作包括了古代哲学、历史、政治、经济、文学、法律等各学科的内容，是文化领域的综合文献。

《隋书·经籍志》确立史学从经学中分离出来的经、史分途格局时，把史书分为正史、古史、杂史、霸史、起居注、旧事、职官、仪注、刑法、杂传、地理、谱系、簿录十三类。唐宋以后，史学迅速发展，史学理论日益丰富完善，史学思想也渐趋成熟，至明清时期已经涌现出大批史学大师如王世贞、王圻、李贽、顾炎武、黄宗羲、王夫之、王鸣盛、赵翼、钱大昕、章学诚等。章学诚在深入研究经学和史学的基础上，提出"六经皆史"的论点，用史学的角度和方法阐述对经学的新知识，一方面扩大和丰富了史学的内涵；另一方面探讨了经学的发展脉络及其与史学的转化交融。

经学与史学的关系十分密切，主要通过以下几个方面表现出来：

首先，先秦时期是经史不分的，不仅《尚书》《左传》等既为经文，也是史书，"十三经"中每一部经典，都包含着"史"的内容。孔子修《春秋》之"属辞比事"，大体遵循着"以事系日，以日系月，以月系时，以时系年"的编年史方法，以记鲁史为主，包括了周王朝及列国在242年间的史事，为其做传的《公羊传》《穀梁传》之"史"的性质自然很突出了。孟子这样说过："王者之迹熄而《诗》亡，《诗》亡然后《春秋》作。晋之《乘》，楚之《梼杌》，鲁之《春秋》，一也；然事则齐桓、晋文，其文则史。"可见经与史是融合在一起的。

其次，先秦时期的诸子百家，既习经，亦研史，经学与史学在许多思想家和大儒是集于一身的。《周易》是中国文化之源，"六经之首"，易道之广大深奥无所不包，旁及天文、地理、乐律、兵法、韵学、算术、医药等，但它绝非周文王一个人的思维模式，而是经历了从氏族社会晚期到夏、商两代漫长的衍化过程，是历史经验的总结，也是后代史家从事史学研究的指导思想出发点。《周易》中当然包括了夏、商史官的记录和思想。孔子是伟大的思想家、教育家，也是伟大的史学家，孔子的史学意识和"良史"观点，对后世有重大影响。孟子为经学大儒，对史学理论也颇多研究。左丘明在习经基础上撰写的《左传》则更偏重于史，此外如管仲、孙武、庄周、公孙龙、荀况、韩非等，莫不集经、史于一身。有些思想家对儒家经典意见不完全一致，但对史事的认识是一致的。

经学与史学的关系随着时代的推移而从学科的发展上拉开了距离，这是对经学的研究不断深入和史学不断丰富成熟的必然结果。自汉代司马迁《史记》的诞生标志着史学的确立，经三国、魏晋、南北朝各阶段史学的发展，终于导致《隋书》将经学与史学一分为二，从此史学成为独立的国学系统，成为史家励志耕耘的园地。但是尽管如此，历史总离不开三代的源头，史家必须熟悉三代的经典，史家亦多为儒家名士，对于"六经"尤其是《周易》的学习探索，是有成就的史家必备的学识。《诗经》三百及《周礼》《左传》《论语》等著作中的史事与先哲警世之言，经常被史家在撰述史书中所引用，经学与史学，永远是密不可分的。

历代先哲如何看待历史进程

自远古至夏、商、西周三代，人们在宗教神权和宗法王权双重意识的支配下，还没有意识到社会发展变化的动因，不能了解历史进程的规律和特点。西周末年至春秋战国时期，随着周王室的衰落和各诸侯国经济、政治势力的发展，人们的神权和王权意识都在削弱，诸子百家争鸣所产生的民主思想萌芽开始动摇了冥冥之中"天"的主宰地位。从周公提出的"以德配天"和"德主刑辅"观念到孟子的"民为贵，社稷次之，君为轻"思想，表现出古代先哲已开始觉悟到历史进程"得乎众民"的重要。秦汉以后，学者们不断总结殷亡而周兴、秦并六国而得天下、秦亡而汉兴等世事巨变，因此"究天人之际，通古今之变"成为历代先哲孜孜以求的目标，经过两千年的思考，对历史进程大体上形成了以下几点共识。

一曰"治乱观"，即历史的进程中充满着"治"与"乱"的起伏与交替，治与乱都不会永久存在，也不会一成不变，应天顺人则治，伤天害理则乱。孔子历来主张"为政在人"，人存则政举，人失则政息（《礼记·中庸》）；孟子进一步指出"行仁政而王，莫之能御也"（《孟子·公孙丑上》）；墨子的基本主张是"天下兼相爱则治，交相恶则乱"（《墨子·兼爱》）；荀子认为"天行有常，不为尧存，不为桀亡。应之以治则吉，应之以乱则凶"（《荀子·天论》）。治与乱是起伏交替的，齐国因为公孙无知杀死襄公而乱，桓公执政因势利导而治；晋国因骊姬搬弄是非而乱，文公复国而治；

秦末天下大乱，汉高祖以仁政得天下而治；吕后鸩赵王，在惠帝死后又临朝，政局混乱，之后便出现"文景之治"；隋末大乱，继之而出现唐代的"贞观之治"，如此等等，不一而足。故在唐太宗即位时，与群臣语及治乱教化之事，魏徵极言"经乱之民易化，……汤、武皆承大乱之后，身致太平。"由此历代先哲进而强调要居安思危、防患于未然的道理，治与乱相依伏，"天下之患，最不可为者，名为治平无事，而其实有不测之忧"（苏轼《晁错论》）。这种"治乱观"，历代先哲是未有异议的。

二曰"兴衰观"，即在一个朝代或一段时间内，事物的发展和历史的进程总是由兴而衰，新陈代谢的。因此，无论是帝王将相还是庶民百姓，都应力求其兴而避其衰。但因兴衰之变是历史进程的必然，所以兴亦不能久，衰亦不可免。战国时，触詟说赵太后的爱子长安君为齐国人质，虑其"位尊而无功，奉厚而无劳，而挟重器多也"。燕将乐毅告诫燕王："善作者不必善成，善始者不必善终"。魏徵在《谏太宗十思疏》中进而阐明"凡昔元首，承天景命。善始者实繁，克终者盖寡"，所以圣主明君必须"简能而任之，择善而从之。则智者尽其谋，勇者竭其力，仁者播其惠，信者效其忠。文武并用，垂拱而治"（《古文观止》）。司马迁曾提出"物盛则衰，时极而转"的历史观。明代刘基对历代兴衰更做出了形象的描述："碎瓦颓垣，昔日之歌楼舞馆也。荒榛断梗，昔日之琼蕤玉树也。露蚕风蝉，昔日之凤笙龙笛也。鬼磷萤火，昔日之金缸华烛也。……是故一昼一夜，华开者谢；一春一秋，物故者新。"（刘基《司马季主论卜》）历代先哲的"兴衰观"，自《周易》言阴阳消长、刚柔相推、兴衰辗转、革故鼎新以来，不断探讨研究，已形成促进社会发展和安邦治国的宝贵经验。

三曰"天道观"，亦可称为"天命论"。先秦时期，"天"即上帝，与氏族祖先之"神"相配，控制和指导着一切国家大事，这就是影响中国数千年的宗教哲学。在这种观念下，国家的治乱兴衰都是由于祖先受命于"天"的，因为"天命不易"，所以必须"敬事上帝"（《周书》）。汉代以后，"天道观"更强调"天人合一"，即人治的力量，但历代先哲基本上没有冲出"天道观"的樊篱。司马迁说："天道恢恢，岂不大哉！谈言微中，亦可以解纷。"（《史记·滑稽列传》）董仲舒将"天命"更饰以"天人感应"的理论，使帝王受命于天，历史进程由天支配的思想更具有神秘的色彩。唐宋以前的史书和文学作品中，随处可见帝王降生时的天降异象，即"龙飞九五，配天光宅，有受命之符，天人之应"（《宋书·符瑞志》）。"帝王之兴也，必有积德累功博利，道协幽显，方契神祇之心"（《魏书·序纪》后论）。所以，在"天人感应"学说影响下，世道的治乱兴衰，人间的吉凶祸福，战争的胜负，事情的成败，皆有日月星辰或草木物候的"异象"为先兆，历史的进程也是由"天意"安排的。尽管随着时代的发展，一代又一代先哲在努力探究"天人之际"的疑问，但始终没有从神秘的"天命"羁绊中挣脱出来。

四曰"圣贤观"，即强调帝王将相个人在历史进程中起决定性的作用。既然帝王是"替天行道"的，那么作为"天子"的帝王一方面要应"天命"而行"人事"；另一方面则必须善于"审时度势""以德配天"才能治理天下，达到国富民强，这才是圣主和明君，否则，天下就要大乱，国家就要衰亡。夏因禹而兴，因桀而亡；商因汤而兴，因纣而亡；西周文武之治和厉王之乱、秦代周兴、汉代秦兴乃至唐宋元明清王朝更替，无不是昏君"逆天"行事而残暴、淫乱、忠奸不分、是非不辨以及圣主的仁德、勇武、举贤任能、体察民情所致。因为帝王有至高无上的权力，所以历代先哲一致认为帝王的"明"与"昏"在历史进程中起着决定性的作用。人们常说的商纣王宠妲己而失其政，卫懿公好鹤而亡其国等都是这个道理。

以上四种对历史进程的认识，历代先哲的看法是基本一致、一脉相承的。此外，也有少数贤达之士对历史进程提出了发展经济的重要作用（杜佑《通典》），"以人道率天道"的历史进化思想（王夫之《船山遗书》）等，都是对历史进程阐述的精辟见解。

历代先哲如何分析中国社会的治乱兴衰

中国社会的朝代更替、治乱兴衰，是数千年里历代先哲们关注的焦点和议论的中心话题，几乎每一位哲人都对此发表过看法，其真知灼见成为统治者尊奉的准则，也成为大众评古论今的指导思想。

在中国古代社会里，"天命观"是长期占据统治地位的思想，所以历代先哲尽管所处的时代背景不同、地位和处境有别，但对"天命"的信念是基本一致的。一些思想家对"天命"的质疑发难，也都仅仅停留在"疑"与"问"上，而不敢公然反其道而行之。在这种思想束缚下，各代的治乱兴衰便完全笼罩在"天命""天道"和"天人合一"理论框架中了。

在"天命观"和"天人合一"理论的大前提下，历代先哲对千百年中国社会的治乱兴衰的认识与评价逐渐发展，提出了一系列看法，其发展趋势是从"天命靡常""天道无亲"到"天命有德""敬天保民"，最终形成统治者"替天行道""唯德是依"的思想，并由此产生和形成了一整套法典、礼制、刑律、道德、规章乃至言行服饰等的评价标准，成为历代先哲分析治乱兴衰的认识基础。

先哲对治乱兴衰的分析大体经历了以下几个阶段：

先秦时期，"天命"与"天道"是人们历史观念的一个基本范畴，凡王朝兴亡、世间治乱乃至每一个人的祸福寿夭，都是由"天命"决定的。"君权神授"的思想在商代达到顶峰，凡国之大事、民众的活动都要向上帝问卜吉凶，大量甲骨卜辞对此有详尽的记载。西周灭商而立，"君权神授"的思想在新形势下赋予了新内容，杰出的政治家周公旦总结了夏、商两代的兴亡教训，认为他们的兴起是由于先王受天命而敬德，其最终灭亡则在于"唯不敬天德，乃早坠厥命"（《尚书》）。周人之所以兴起，除了文王"受天有大命"之外，还能"笃仁、敬老、慈少、礼下贤者"，所以才能取代殷商而代表上帝来主宰人们的吉凶祸福，"皇矣上帝，临下有赫，监视四方，求民之莫"（《诗经》）。这种"用康保民，弘于天，若德裕乃身，不废在王命"（《尚书》）的"敬天保民"思想，是历代帝王都严守的"王道"，与整个封建社会相始终。不过，春秋战国时期的百家争鸣思想使"天"的权威有所下降，"民"的地位有所上升，各诸侯王国争相以"保民""惠民"为手段来扩大和巩固自己的统治。秦汉以后，废黜百家，独尊儒术，"天命"和神权思想重新确立，从此成为维持封建专制统治的精神支柱。

在从奴隶制向封建制转化的过程中，以孔子为代表的儒学起了至关重要的作用。孔子及其传人的政治思想，成为分析治乱兴衰的权威理论。孔子大力提倡周公的"明德慎罚"思想，主张为政"宽猛以济"国家才能大治。当他听说郑国将盘踞在萑苻之泽的盗贼杀尽的消息之后，十分感叹地说："善哉！政宽则民慢，慢则纠之以猛。猛则民残，残则施之以宽。宽以济猛，猛以济宽，政是以和。"（《左传·昭公二十年》）在这个基础上，他主张"为国以礼"（《论语》），治国安邦必须"道（导）之（民）以德，齐之以礼"（《论语》），又讲究仁义、孝悌，而提倡这一切都是为了防止犯上作乱，同时抨击"苛政猛于虎"（《礼记》）。孔子学说的这种多面性，反映了先秦诸多思想的融汇，从而演绎出后来各种应时的儒家学说和治世之道。比如孟子的著名思想"民为贵，社稷次之，君为轻"（《孟子·尽心下》），就是"敬天保民"思想的升华。

秦汉以后，先哲对社会之治乱兴衰有了进一步认识。司马迁著《史记》提出了"究天人之际，通古今之变，成一家之言"的目标，其中关于"人"在治乱兴衰中所起的作用，更加受到越来越普遍的重视。针对项羽兵败垓下、乌江自刎前所叹"此天之亡我，非战之罪也"的话，司马迁指出这种悲叹是荒谬的，应从他自身的所作所为去寻找原因。在《史记》中，司马迁明确指出历史变化的动因在于"物盛则衰，时极而转"，"事势之流，相激使然"，即强调物极必反，矛盾冲突和事物的运动发展是社会变革的重要因素。这种"究天人之际"而得出的理论认识，对后世有强烈的影响。

魏晋以后，中国古代的文化更趋繁荣，哲学思想也有了比较迅猛的发展。自唐宋乃至清末，历代先哲对治乱兴衰的分析更多地集中在人意、时势和事理诸方面，不断地从"天命"的束缚中挣脱出来，逐渐走向真理之路。

关于人意和人治，春秋战国时期的许多哲人在群雄争霸的时代已提出过许多议论。公元前336年，孟子就劝导梁惠王施仁政于民，要求他"省刑罚，薄税敛，深耕易耨；壮者以暇日修其孝悌忠信，入以事其父兄，出以事其长上，可使制梃以挞秦楚之坚甲利兵矣"（《孟子·梁惠王上》）。秦始皇的暴政，使威服六国的大一统王朝二世而亡，从而引起历代先哲们的千年聚讼。司马迁责秦始皇刑法残酷、极情纵欲而终失天下；魏人曹冏、西晋人陆机等则把分封制看成治理天下的明智之举，秦的崩溃乃"独治之不能久也""独守之不能固也"。唐代魏徵、李百药、杜佑、柳宗元等不同意曹冏、陆机等人的看法，指出治乱兴衰、得失成败"各有由焉"，秦之亡"失在于政，不在于制"，历史进程的变化"非圣人意也，势也"（柳宗元《封建论》）。柳宗元用"势"来说明历史变化的动因，对后人产生很大的启示。宋人曾巩、范祖禹、苏轼及明清之际的王夫之等先哲对此都有所阐述。苏轼认为："圣人不能为时，亦不失时。时非圣人所能为也，能不失时而已。"（《东坡志林》卷五）王夫之则进一步指出"理"是事物变化的内在法则与规律，"在势之必然处见理"（《读四书大全》）。这些治世道理日趋发展，从而把"人道""人谋"摆在首要地位。自春秋时郑子产提出的"天道远，人道迩"，到唐代魏徵总结的"君，舟也。民，水也。水所以载舟，亦所以覆舟"，治乱兴衰以民为本的思想逐渐成为先哲的共识。

基于上述认识，历代先哲对治乱兴衰的总体分析是比较一致的，即主张王者之师吊民伐罪，反对叛臣贼子犯上作乱；主张轻徭薄赋与民休息，反对横征暴敛苛捐杂税；主张刚柔并用、宽猛相济，反对纲纪松弛刑法残酷；主张君令于上，臣行于下，臣谋于前，君纳于后，反对藩镇割据、宦官专权，外戚干政，结党营私；主张为官清廉、吏治整肃，反对贪污腐败，鱼肉百姓；主张广开言路，兼听则明，反对闭目塞听，怨声载道；主张居安思危，励精图治，反对沉湎声色、极情纵欲；主张礼贤下士，赏罚有度，反对虚妄骄横、善恶不分；主张强本节用、恤孤养疾，反对逐本求末、凌辱贫弱，等等。总之，历代先哲对中国社会的治乱兴衰所提出的看法宏大而深邃，是我们中华民族安邦治国的极其宝贵的精神财富。

史学在中国传统文化中具有怎样的功能

中国的传统文化与西方文化有着显著的区别，其绵延数千年的连续性和内在的凝聚力使世界各地的炎黄子孙引以为荣，也使中外学者展开了一个世纪的争论研讨而至今不息。

什么是中国的传统文化？中国传统文化的特点及与西方文化的根本区别是怎样产生与发展的？要全面回答这些问题远非易事，因此，对史学在中国传统文化中具有怎样的功能这个问题，也只能做一些概略的阐述。

就"传统文化"而言，这"文化"本身就包含着人类在社会历史实践过程中所创造的物质财富和精神财富的总和。每一个民族的文化，都是这个民族在各个历史发展阶段上物质生产如精神生活方面的反映；而说到"传统"，就是"历史"的具体表现，或"历史传统"的简称。由此可见，史学在传统文化中所具有的功能是多么重要了。尽管关于中国传统文化众说纷纭，但总的看来，人们比较一致地认为它有以下三个特点：其一是中国大陆的自然地理环境和民族交融演进所形成的封闭性、内向性、凝聚性的特点；其二是自给自足的小农经济几千年形成的农业经济基础和相适应的农业社会特点；其三是以儒学为代表的历史文化所积淀的思想基础和伦理道德观念特点。简言之可以概括为大陆文化、农业文化和儒家文化三方面。史学，是织成这五彩斑斓长卷的经线。

中国古代史学主要是通过儒家文化来体现的，其功能主要是为统治集团提供一面镜子以"鉴"戒资治，使当权者了解历代圣贤的治国安邦之道。同时，宣传儒家的"天道"与"人道"以教化万民，按照前人的"忠孝仁义"伦理来为人处世，避免"犯上作乱""作奸犯科"而身败名裂。此外，史学的"经世致用"思想在传统文化中也占有重要地位，随着历史的推进而显得越来越有意义。

史学在传统文化中的功能是不断发展的。

商周时期，是史学产生的初级阶段，文字不够发达，典籍很少。卜辞和金文是中国历史上目前所知最早的官方文书，记载了当时的农事、戎事、祭祀和王室庆赏、贵族纠纷、财产分配等各方面的情况。在许多青铜器铭文的末尾，都有"子子孙孙永宝用"的话，反映出一种传之后世的自觉的历史记载意识，这是史学在传统文化中的表现之一。左史记言，右史记事。大事书之于策，小事记之于简牍。史学从一开始出现就把中华民族的文化意识世代传袭和发展下来。《尚书》和部分《诗经》中的作品，即是文学经典，也是史学文献，是传统文化之源的闪光浪花。

春秋战国时期，各诸侯国都有了更具史书性质的史册，均属国史，统称为"春秋"。这批"书之竹帛"的文献，具备了时间、地点、人物、事件的连续性记载，成为真正的"史"。这些史册既消失了《诗经》那样的文字修饰和夸张，也不像卜辞、金文和《尚书》那样突出占卜和册祝，而是突出了德、刑、礼、义这些世俗化、社会化的内容。孔子的《春秋》已具有编年史的特点，其核心则是尊"王道"和重"人事"。历代先哲都推崇《春秋》在史学和传统文化中的重要影响，强调"孔子成《春秋》而乱臣贼子惧"（《孟子·滕文公下》），由此可见孔子撰史的社会目的、社会意义。与此同时，《左传》《战国策》《竹书纪年》《世本》等史书的出现，奠定了史学在传统文化中的重要地位和治国安邦的作用。

史学全面发挥鉴戒作用和教化作用的时代是从秦汉之后儒学占统治地位开始的。刘邦作为楚汉战争的胜利者，在建立西汉王朝之后，起初并未意识到总结历史经验的重要性。不过，这位以知人善用闻名的帝王高明之处，是他及时地接受了陆贾的"马上得之，宁可以马上治之乎"的启发，命陆贾"粗述存亡之征，凡著十二篇，每奏一篇，高帝未尝不称善"（《史记·郦生陆贾列传》）。陆贾所述之书《新语》，成为汉初统治者总结历史经验的第一部史论和政论相结合的文化典籍。在陆贾之后的贾谊和晁错，都是善于总结历史经验的政治家、思想家，他们的建议常被皇帝所采纳。正因为有了这种文化背景，才产生了汉武帝时期杰出的史学家司马迁和彪炳千秋的《史记》。

司马迁总结先秦史学成果，继承汉初的历史思想倾向，秉承先人的遗志，在史学上首倡"究天人之际，通古今之变，成一家之言"的宏图大略，使史学在传统文化中进一步发挥了重要功能。由于它是反映中国社会从三皇五帝到汉初的经济、政治、军事、民族、思想、文化、社会风貌及各阶层人物群像的百科全书，所以不仅在史学领域树起了一块丰碑，而且成为中国古代传统文化的硕大基石。在《史记》之后，中国出现了撰写皇朝史的高潮，从班固的《汉书》、荀悦的《汉纪》到三国两晋南北朝的《后汉书》《三国志》《宋书》《齐书》《魏书》等，反映了史学的兴旺发达和统治者对史学安邦治国作用的重视。

史学在传统文化中的功能除了给统治者提供鉴戒之外，还有对百姓实施教化的作用，这种作用在历史发展进程中越来越明显。从孔子著《春秋》而"乱臣贼子惧"到两汉魏晋佛教的传入，儒学吸收了外来宗教思想而变成了更具教化作用的"儒教"，同时改造了佛教，使其具有了中国传统文化的仁、义、礼、信的色彩。唐高祖在《修六代史诏》中说："司典序言，史官纪事，考论得失，究尽变通，所以裁成义类，惩恶劝善，多识前古，贻鉴将来。"魏徵则为国家的长治久安反复强调君为舟，民为水，"水所以载舟，亦所以履舟"的古训。两宋时期，史家更自觉地担当起安邦治国的责任，司马光在进奉《资治通鉴》时明确指出是为了"鉴前世之兴衰，考当今之得失"（《进书表》）。朱熹在论读书、读史时提出一个鲜明的见解："读史当观大伦理、大机会、大治乱得失"（《朱子语类》卷十一）。可见历代大儒都十分重视史学对政治统治和百姓教化的作用。"读史当观大伦理"，历代史家在著作中无不贯穿这种道德观念，几乎一切史书都把明君、忠臣、孝子、贞妇作为褒扬的典范，同时把不忠不孝、不仁、不义之徒列为贬斥的对象。史学在维护统治者的伦理纲常、对民众实行教化方面起着独特的作用。

由于中国传统文化中还有大陆文化和农业文化的特点，所以史学领域在新史学产生之前还竭力宣传中国的"中心"说，使统治集团长期形成唯我为大、唯我独尊的思想方法；同时史书中大都贯彻"重农抑商""农为本、工商为末"的思想，使积极的"经世致用"观念不能顺利地发展。不过，对传统文化中的"大陆文化"和"农业文化"的影响作用，从史学本身来说，其意义不如对治国安邦、教化生民那样重要，那样明显。此外，史学在传统文化中的功能尚有民族思想、救亡图强思想等，就不能一一而论了。

历代先哲如何论述史家的修养

中国古代的史学产生于先秦时期，在秦汉以后迅速发展起来。随着史学逐渐由宫廷走向民间，史家的修养也越来越受到历代先哲的重视，认为良史的修养可以直接影响到帝王以史为鉴；对事件的秉笔直书、人物的善恶曲直真实表述不仅是史家的基本品德，也是对后人的警示。

历代先哲对史家修养的认识，是不断加强和不断深化的。

最早论及史学意识和史家修养的是孔子。他在《礼记·经解》中说："属辞比事，《春秋》教也。"主张史家"属辞比事而不乱"。属辞，是指在记述史事时讲究遣词造句，即注重文辞的锤炼；比事，是按照年、时、月、日的时间顺序排比史事，即编年纪事的概括性说法。春秋时期，诸侯并立，史事纷繁，孔子修《春秋》记述了242年史事，逐年编次，处理周到，又很注意言辞和文采，对编年体史书的著述做出了开创性的贡献。

在提倡"属辞比事"的同时，孔子还特别强调"书法不隐"，即良史之"直书"。《左传》记载：宣公二年（公元前607年），赵穿杀晋灵公于桃园；襄公二十五年（公元前548年），齐国崔杼派人杀死国君庄公。太史董狐、南史氏等几位史家都能直书不隐，孔子称赞他们是"古之良史"，这种精神始终为后世史家所遵循崇尚。

经过战国时代百家争鸣和秦王朝的兴衰，司马迁在史学发展的基础上进一步对史家的修养提出了更高的要求，这就是"究天人之际，通古今之变，成一家之言"。战国诸子百家而无史家，司马迁提出史学要"成一家之言"，要求史家去探讨历史发展的内在规律，形成自己的见解，而不仅仅是记述史实。

魏晋南北朝时期，先哲对史家的修养要求更加具体。南朝梁人刘勰在《文心雕龙·史传》中说，史书具有使人们"居今识古""彰善瘅恶，树之风声"的作用，因此史家的著作应该"贯乎百氏，被之千载；表征盛衰，殷鉴兴废；使一代之制，共日月而长存；王霸之迹，并天地而久大。"可见史家的责任何等重大。不过，这一时期史家虽多，有突出成就者却寥寥无几，仅范晔《后汉书》、陈寿《三国志》和沈约《宋书》尚有一定价值，其余大都湮没无闻。一些史家常有曲笔，为后世所讥。

隋唐时期，史学继续发展，史学理论更加丰富了。唐高祖李渊《修六代史诏》说："司典序言，史官纪事，考论得失，究尽变通，所以裁成义类，惩恶劝善，多识前古，贻鉴将来。"唐太宗要求史家"彰善瘅恶，激一代之清劳；褒吉惩凶，备百王之令典"（《唐大诏令集》）。唐高宗下诏选择史官时，对史家的德行、学识等要求是"操履贞白、业量该通，谠正有闻，方堪此任"。在此基础上，刘知几在《史通》中对史家的修养提出了著名的史才、史学、史识"三长"之说，成为史家安身立命的准则。与刘知几同时代的著名学者徐坚曾说："居史职者，宜置此书于座右。"（《旧唐书·刘子玄传》）直至末辽金元各代，先哲们对史家修养的要求与评论无出其右。

明清时期，中国古代史已经历数千年积淀，史著浩繁，良莠不齐，除正史外，野史、地方史志和论史之作层出不穷。章学诚著《文史通义·史德》篇提出了"史德"这个史家修养的最高要求，也是中国史学理论发展的新进展。他在刘知几的史才、史学、史识"三长"的基础上进一步强调史家要讲"史德"，有"心术"，才能真正成为"良史"。所谓"心术"，是指《管子·七法》称"实也，诚也，厚也，施也，度也，恕也，谓之心术"。章学诚认为：能具史识者，必知史德；德者何？谓著书者之心术也。夫秽史者所以自秽，谤书者所以自谤，素行为人所羞，文辞何足取重！……而文史之儒，竞言才、学、识而不知辨心术，以议史德，乌乎可哉！（《文史通义·史德》）

在这里，章学诚强调的史德是在才、学、识之上的最重要的史家修养。他进而指出良史虽然"莫不工文"，也掌握"得失是非""盛衰消息"，但却往往不能正确处理客观史事与主观认识之间的关系与调适，所以为良史者必须"气平""情正"才能达到"文立"，只有"慎辨于天人之际"才能克服"气胜""情偏"的弊病。而做到这一切，即"心术"端正，则"贵平日有所养也"。章学诚所强调的平日所"养"，一方面是内省的功夫，另一方面更重要的是"必通六义比兴之旨"，也就是深得《诗经》风、赋、比、兴、雅、颂六义的精髓。有了这种功夫，才能具备真正的"史德"。

中国史学历来推重信史，所以历代先哲往往从史家或史书对历史文献的处理当否、对历史事件和人物的认识来考察史家的修养。孔子赞董狐、《南史》氏"书法不隐"，班彪论司马迁"文质相称"（《后汉书·班彪传》），唐代思想家、政治家李翱、李德裕等强调史料的公开性和可考查性以避免史家的偏听偏信（《唐会要》卷六十四），裴松之、钱大昕、赵翼、王鸣盛等大批史家投身于史学批评事业，补阙辨失，祛疑指瑕，为恢复历史的本来面貌做出了巨大贡献。这种求实的精神，也是史家的根本修养。

综上所述，可知历代先哲对史家的修养有很高的要求和多方面的分析，概括起来就是史家必须有史德、史才、史学、史识，敢于对史事与人物秉笔直书。

什么是纪传体 "二十六史"的特点有哪些

纪传体，是史书的一种主要体裁，以写人物传记为中心内容，亦简称为史传。纪传体的史书所记述的历史人物，必须以翔实的史事为主，文字大多朴实而生动，连贯而畅达，富有文学色彩，使人物跃然纸上，各有特色。在人物的纪传中，作者的褒贬极少且慎重，寓于人物的言行之中。纪传体史书创始于司马迁所著的《史记》，并为后世史官或文人承袭仿效。

纪传体之"纪"，即本纪，专记帝王的历史事迹及一代大事概要，如《史记·高祖本纪》《后汉书·光武帝纪》《旧唐书·玄宗本纪》等；"传"则主要指各个领域历史人物的生平事迹记录，既包括公侯将相、文人学士，也有宦者、游侠、烈女和奸佞之徒等。

在《史记》之前，中国古史的记录形式主要是编年体，即以史官记录帝王起居注为主的宫廷史，此外也有一些同一时代的国别史，少量个人和群体活动事迹的传记史，也出现过各种形式组合而成的史书雏形，即《世本》。司马迁综合了以往历史编纂学的成就，将以上各类史学形式有机地组合，开创了纪传体这种新形式。纪传体的《史记》由五类著作组成，其中"本纪"采用编年史的形式，记载汉代以前王权更迭的系统大事，又分别撰述一姓诸王的王朝史实，单独记录在位君主的帝王纪；"表"，是以简明的表格概括排列历代重要的人物和事件，分别反映统治集团重要人物的生平和所涉及的重要军事、政治活动；"书"则专门记叙制度史，分述礼仪、音乐、兵制、历法、天文、宗教、水利、货币等领域的发展演变；"世家"原是古籍《世本》所立周代封国诸侯宗谱的名称，司马迁用来对先秦各独立诸侯国的宗族史进行铺叙，同时也把先秦和汉初作为国君辅弼的大贵族以人名篇作了介绍；"列传"则依次叙述历史人物的事迹。以上《史记》的重要特色，以写人物传记为纪传体史书的主要内容。

自司马迁的《史记》至清代所修《明史》，历代官修史书，世称"二十四史"。北洋军阀时期曾将《新元史》纳入，合称"二十五史"，后来又将《清史稿》收进，称"二十六史"，从而形成从远古社会到封建社会末期的中国全史。这一系列纪传体的"正史"，与编年体、纪事本末体史书等构成中国古代史学的主体。

　　《史记》是第一部纪传体的通史，《汉书》则是第一部纪传体的断代史。《汉书》的特点在"二十六史"中十分突出，它取法司马迁的《史记》，又比《史记》有了进步。首先，《汉书》改"书"为"志"，改"世家"为"列传"，整齐了纪传体的体裁，从此奠定了断代史纪传体史书的基本特征；其次，《汉书》的"十志"内容十分丰富，以沟洫志系统叙述秦汉的水利建设，以艺文志精心概括刘向、刘歆的七略成果，食货志、地理志也各具特色，成为后人纂写书志体的基础；再次，对少数民族和邻国历史的记载方面，《汉书》也比《史记》有所发展，为后人研究古代民族和中亚、西南亚古代民族史提供了可贵资料；最后，《汉书》的文学性也很突出，所写人物事件，皆栩栩如生，不少人物传记都是史传文学的佳作。

　　陈寿所撰《三国志》，记述了220～280年魏、蜀、吴三国鼎立时期的历史。作者以个人的力量撰写这一段错综复杂的历史，花费了大量心血。由于在战乱中史料收集极难，蜀国没立史官而无现成的史书，所以《三国志》的重要史料价值更为珍贵。南朝宋文帝命裴松之为《三国志》补写了"志"，也是功不可没的。总的看来，陈寿写史的态度有时不够严肃和正直，尤其对魏、晋统治者隐恶溢美是比较明显的，对一些历史人物的好恶褒贬不时流露有失史家的风范。

　　在"二十六史"中，有十部史书是记述南北朝史事的，其中《宋书》《南齐书》《梁书》《陈书》和《南史》五书记南朝历史；《魏书》《北齐书》《周书》《隋书》和《北史》五书记述北朝兴亡。以上"八书二史"，修成于南北朝和唐初，都是纪传体史书，经过当时皇帝的批准而为正史，是研究南北朝时期历史的主要文献资料。

　　南北朝时期的"八书二史"，其中南朝四书的断限依次衔接，清晰可见；北朝四书的断限稍为复杂，由于《魏书》以东魏为正统，西魏史事便多阙如。《周书》撰著者弥补了这个不足，所以要了解西魏史事，主要应阅读《周书》。南朝四书与北朝四书所记的史事存在着纵横交叉的联系，《北史》《南史》多取材于"八书"，但在著述思想、材料取舍和文字繁简等方面又不完全同于"八书"，而是长短互见，相辅相成，形成了一个系列。它们共同的特点是反映了南北朝时期推重门阀、崇尚佛教的社会风貌。在"八书"中，《魏书》《宋书》《南齐书》《隋书》均各有志，从中可以了解这一时期的主要典章制度及其对隋唐典章制度的影响。

　　《旧唐书》《新唐书》《旧五代史》《新五代史》几部史书，都是史官奉敕修撰的正史。然而《旧唐书》和《旧五代史》的编撰都比较粗疏，存在着不少错讹和遗漏。

鉴于此，后代学者又分别编撰了《新唐书》和《新五代史》，使旧史得到了补正。不过，旧史的原始资料比较丰富，仍有重要价值，所以旧史与新史并存，同样为史学家所推重。

《宋史》全书共四百九十六卷，在前二十四史中是最庞大的一部官修史书。元顺帝至正三年（1343年）三月，下令修辽、金、宋三史，《宋史》仅用两年半即修成。在现存的宋代重要史料中，唯有《宋史》贯通北宋与南宋，保存了三百二十年间的大量历史记录，虽未免芜杂，然其叙述之详则为诸史所少见。在列传中单列道学传，反映了宋代历史的一些特点。

与《宋史》相比，同时修撰的《金史》质量更高，而《辽史》却错误百出。近代以来，根据文献和考古发现对《辽史》补正的研究成果很多。《明史》是清代康乾时期积六十年之功而修成的，体例严谨，叙事清晰，编排得当，文字简明，但碍于当时文网密布，所记常有语焉不详和失实之处。《清史稿》为民国时修撰，其中《交通志》《邦交志》为前史所无；而《畴人》《藩部》《属国》三传为新创。编纂者多为清朝遗老，对清朝统治者大加褒扬，而对反清人物及史事则一概贬乏。编纂者无力直接利用清宫中的大量档案，致使该书价值有所降低。参与撰写者前后百余人，未经复核审定便仓促成书，错漏亦较多。因此，当时官方未承认此书为正史。

什么是编年体　何谓九通

编年体是史书的一种类别。这种史书按照年、时、月、日的顺序记载史事，即以时间为中心，叙述有关史实的发生和发展过程，可以追述往事，也可以附叙来事。文中有人物的言行和事件的始末，但因按时间来叙述，所以比较分散。其中也包含著者的分析和评论。编年体亦非完全流水账那样机械地排年纪事，比较注意对人物和事件相对集中的描述。这种体裁源出于中国传世最早的一部按年、月、日顺序记录的编年体史书《春秋》。它原是鲁国的国史，全书一万八千余字，出自鲁国史官之手，经过孔子的整理而成书。此后，相继出现了一些叙述春秋战国时期史事的典籍，体裁不同，各有特色，其中《左传》《公羊传》《穀梁传》略具编年体特色，而尤以《左传》叙事详备，文笔生动，是中国最早的一部史学名著，也是先秦史学中编年体史书的最高成就。

西汉以后，由于司马迁创作了《史记》，使纪传体成为古代史书的主要体裁，编年体落到无足轻重的地位。自宋代司马光主编成大型编年体史书《资治通鉴》之后，这种体裁才重新被史家所重视，随之产生了不少编年体著作。为了弥补编年体记人记事相对分散的不足之处，由此发展出来纲目体和纪事本末体，并导致了其他几种新的史书体裁的产生，在史书编纂学上有重大意义。

史家所谓"九通"，乃指自唐代杜佑著作典制通史《通典》之后的九部通史性质的史书。杜佑的《通典》、宋人郑樵的《通志》和宋末元初马端临撰写的《文献通考》，是史学界经常提及的"三通"，都是有关典章制度的史学专著；后来又有清代乾隆年间陆续撰成的《续文献通考》《续通典》《续通志》，称为"续三通"；同时又有《清文献通考》（又称《皇朝文献通考》）、《清通典》（又称《皇朝通典》）和《清通志》（又称《皇朝通志》）为"清三通"。以上即史家所说的"九通"。后来又加上清人刘锦藻的《清朝续文献通考》，合称"十通"。明代史家王圻撰《续文献通考》，继马端临之后补续了辽金典制，也是一部典制体史书的巨制名作，但未列入"十通"之内。

杜佑著《通典》，旨在"征诸大事，将施有政"，强调人事应当适应时势，"随时立制，遇弊则变"。全书二百卷，分为《食货》《选举》《职官》《礼》《乐》《兵》《刑》《州郡》《边防》八门，自上古叙述到唐代中叶，是中国第一部典制通史。

郑樵所撰《通志》二百卷，是一部纪传体通史。其中"二十略"占全书四分之一，是全书的精华。郑樵主张"会通"之说，即"融汇"和集纳各种学术文化，"通"古今之变。他提倡"实学"，强调对史事的"核实"，反对任情褒贬，指斥五行相应说。

马端临所撰的《文献通考》，是继《通典》之后又一部典制通史，全书三百四十八卷，分为二十四考，自上古叙至宋朝嘉定之末，分类详细，内容丰富。但马端临主张通古今的典制而不涉时政，对传统的成说采取了慎重的态度，使《文献通考》更突出了史料价值。因此书以汇集考核典制为特点，故以后凡与此同类之书均称为通考。

"续三通"是乾隆年间的官修史书，由许多学者共同编撰而成。其中乾嘉学派的著名史家钱大昕在《续文献通考》中分工修订的《田赋》《户口》《五礼》诸考颇为突出。

"清三通"是记述清朝典章制度的史籍。《清文献通考》三百卷，除仍按《通考》二十四门分类外，又加群庙、群祀两考共二十六门，子目中则删去《均输》《和买》《和籴》《童子科》《车战》等，另增《八旗四制》《银色》《银直》及《回部普儿》《外藩》《八旗官学》《安奉圣容》《蒙古王公》等；而《清通典》一百卷原分九门仍旧，删去通史中所有的榷酤、算缗、封禅等目；清《通志》一百二十六卷，删去本纪、列传、年谱，除《氏族》《六书》《七音》《校雠》《图谱》《金石》《昆虫》《草木》诸略外，大致与《清通典》相同。"清三通"在乾隆五十一年至五十二年（1786—1787）间定稿，叙事断限大致以乾隆五十年为止。这几部史书虽然体例、详略不等，但因取材相同，不少篇目又相近似，所以雷同或互相抵牾之处在所难免。尽管如此，"清三通"仍各有其独自的参考价值。

什么是纪事本末　纪事本末的史书有哪些

　　纪事本末，是历史著作的一种体例，为纪传体、编年体两种主要体例的补充、说明和创新形式。这种体例肇始于南宋袁枢，嗣后沿袭者颇多，成为史书的一种重要体例。

　　纪传体因人立传而成史，突出历史人物在各朝代中的重要活动，即以人物的活动表现历史的面貌和历史事件产生与发展变化，表现当时的政治风云、经济形态、军事冲突以及各阶级、各阶层人们的社会生活；编年体以历史发展的时间顺序为线索，体例严谨，顺理成章，历史人物的活动和历史事件的演变在时序上脉络清晰，使读者对历史的时空一览无余；纪事本末体则兼有纪传、编年之长，既按时间顺序铺叙历史，又有主要人物和重要事件为主干和纲目。同时，纪事本末在记史的过程中对许多人物、事件、时间和地点都做了必要的考证和注释，便于读者对历史的了解。

　　与纪传体、编年体二者相比较，纪事本末体具有显著的特点。就整体结构而言，它以事件为中心，将在历史上有重大影响和重要意义的事件更集中、更突出地编纂起来，保存了历史的主干，既能清楚地反映历史的概貌，又比纪传、编年体简明扼要；以局部层面而言，纪事本末体以事名篇，在每一篇章中综合了与这件事有关的全部史料，对这个历史事件按时序排比，首尾完备，结构严谨，使读者对每一事件的来龙去脉整体把握，纵览无余，既避免了纪传体一事在数篇重见之烦，又避免了编年体一事隔越数卷之弊。从史学发展来看，这种体例的出现确是一大进步。纪事本末对重大历史事件的所有考证，都引经据典，有案可查，得失劝惩蕴含其中，亦为史书之特色。章学诚曾称赞这种体裁"文省于纪传，事豁于编年，决断去取，体园用神"；梁启超也说"纪事本末体于吾侪之理想的新史最为相近，抑亦旧史界进化之极规也"。

南宋袁枢所撰《通鉴纪事本末》，是我国第一本纪事本末体史书，全书四十二卷，成于宋孝宗赵昚淳熙元年（1174年）。史学家袁枢对司马光的《资治通鉴》有精深的研究，考虑到该书广博宏大，难以寻查一些历史事件的起讫，于是自创新意，将《资治通鉴》中提炼出二百三十九件史事，另有附录六十六件史事，计三百零五件，从公元前403年韩、赵、魏三家分晋起，至959年五代十国周世宗征淮南止，每件事依照发生的年代顺序整理抄录成篇，使读者一目了然。此后，模仿者越来越多，形成了史书著作中一种很有影响的流派。

纪事本末体与现代史书的体裁已很接近。继《通鉴纪事本末》之后，较为著名的有：南宋杨仲良编纂的《皇宋通鉴长编纪事本末》；明代陈邦瞻的《宋史纪事本末》《元史纪事本末》；清代有高士奇的《左传纪事本末》，马骕的《左传事纬》，李有棠的《辽史纪事本末》《金史纪事本末》，张鉴的《西夏纪事本末》，谷应泰的《明史纪事本末》，杨陆荣的《三藩纪事本末》；还有近人黄鸿寿编撰的《清史纪事本末》等。这样，纪事本末体便贯穿古今，自成系统，构成了一个从远古至清末的新的史学体系。

纪事本末体自袁枢首创之后，不断有所发展。《通鉴纪事本末》仅仅抄自《资治通鉴》一书，史料价值不高，局限明显，剪裁安排也不尽妥善，文化方面则无记述。此后继起的诸书，摆脱了光抄一部书的局限，广泛地采编其他正史、野史、传记、文集等史料，有的还增加了考辨史实、按语等形式，使史学研究达到新的水平。如高士奇的《左传纪事本末》就有"补逸""考异""辨误""考证""发明"等栏目，穿插于各个专题之中；张鉴的《西夏纪事本末》还间有按语；谷应泰《明史纪事本末》更综合多种明代史料编纂而成，其成书甚至比官修《明史》要早八十多年，这就极大地增强了它的学术价值。

在史学的发展过程中，纪事本末体起到了十分重要的作用。各种史学体裁总是互相渗透、互相补充，在发展中不断完善和提高。纪事本末体吸收了编年体、纪传体的长处而自成体系，反过来又推动了编年和纪传体等史书编撰形式的变化与发展。此后，编年体史书更加注意了对历史事件的集中叙述，纪传体也注意了对重大事件的前因后果的交代。近现代的史书，大多采用章节体，兼取了古代上述三种主要体裁之长，其主干则以纪事本末体为纲，可见纪事本末体对后世史学的深远影响。

什么是政书　政书类的史书主要有哪些

政书是中国古代史书的门类之一，专门记述一代或几代典章制度的沿革、变化，是由纪传体正史中的"志"发展而成的。《史记》中的"书"和其后正史中的"志"，都具有政书的性质。因其材料分散，有些内容亦不够详备，唐代开始由一些史家广采博收历代书志而独立撰成政书。

政书作为一种史书，大体可分为通史性的和断代史性的两类，其编写体例一般是分门别类，同时又按时间顺序排列铺叙而成，很便于查阅，是研究一代或历代典章制度的重要参考书籍，也是读史的重要工具书。

中国最早的政书，是唐代官修的《唐六典》。开元十年（722年）唐玄宗李隆基召起居舍人陆坚修《六典》，并亲自制定理、教、礼、政、刑、事六条为编写纲目，由丽正书院（后更名为集贤院）总其事。在中书令张说、萧嵩、张九龄等人的先后主持下，由徐坚、韦述、刘郑兰、卢善经等十余人参与修撰。开元二十六年（738年）撰成并注释后，于次年由宰相李林甫奏呈皇帝，因此书题为唐玄宗御撰、李林甫奉敕注。《唐六典》始撰时，原拟仿照周礼六官安排体例，但后来实际上是以唐代诸司及各级官佐为纲目。首卷为三师、三公、尚书都省；以下依次分卷叙述吏、户、礼、兵、刑、工六部；然后再叙门下、中书、秘书、殿中、内侍等五省，以及御史台、九寺、五监、十二卫和东宫官属；末卷为地方职官，分叙三府、都督、都护、州县等行政机构组织。全书共三十卷，近三十万字。由于正文记叙唐朝中央、地方各级官府的组织规模、官员编制及职权范围多直接取自当时颁行的令、式，均属第一手资料；注文所叙职官的沿革亦多取自先代典籍。这些资料和典籍至今多有亡佚，所以《唐六典》具有很高的文献价值。后来《通典》《旧唐书》和《新唐书》的作者都采用《唐六典》的材料而撰成传世之作。

与《唐六典》同时，开元末年刘秩仿周礼六官所职，根据经史百家文献资料，撰写了中国最早的政书之一《政典》。该书三十五卷，自黄帝迄唐代天宝末，以典志体记叙历代典章制度的沿革，议论得失，惜早已亡佚，仅从杜佑的《通典》中略知此书的一些情况。

继《唐六典》《政典》之后，历代的政书主要有唐代的《隋宫序录》《隋朝仪礼》《大唐仪礼》《开元礼》《太宗政要》《通典》《唐会要》《唐大诏令集》《五代会要》；宋代的《宋大诏令集》《宋会要辑稿》《文献通考》《通志》；元代的《经世大典》《通制条格》《元典章》；明代的《大明会典》《皇明制书》；清代的《三国会要》《明会典》和《明会要》等。此外，还有南宋徐天麟撰写的《西汉会要》和《东汉会要》，清代康熙、乾隆、嘉庆和光绪四朝不断重修的《清会典》，以及《皇朝文献通考》和清末民初刘锦藻撰的《皇朝续文献通考》，还有清代雍正、乾隆年间集多种政书而成的资料汇编《八旗通志》等。

在上述历代政书中，以《通典》《文献通考》《通志》《经世大典》《大明会典》《清会典》几种更为著名。

唐代杜佑撰写的《通典》三百卷，于唐德宗贞元十七年（801年）问世，内容自上古乃至唐玄宗天宝年间，议论亦及天宝之后。全书分为《食货》《选举》《职官》《礼》《乐》《兵刑》《州郡》《边防》八门，几乎包括了经济、政治、军事等所有的典章制度。由于杜佑学识渊博，并历任青苗使、江淮水陆转运使和德宗、顺宗、宪宗三朝的宰相，所以《通典》能广采历代经史，精选先哲时论，内容十分丰富翔实，保存了不少今已亡佚的书籍片段和文章、表奏、诏敕等。

宋郑樵著述的《通志》虽然是一部以人物为中心的纪传体通史，但其中的精华"二十略"则属颇有水平的政书。其中《氏族略》《都邑略》《昆虫草木略》是对唐代刘知几增加三志主张的发展；《六书略》《七音略》是他的创造；《艺文略》《校雠略》《图谱略》《金石略》均对正史《艺文志》有所创新；除《礼》《器服》《选举》《刑》等略外，其余各略也有不少新意。郑樵弥补了杜佑《通典》的某些不足之处，如《兵门》不记兵制沿革及不设《经籍门》等。特别在《校雠略》中注意到了碑文铭刻这类实物史料对研究历史的作用，都是对史学研究的重要贡献。

《文献通考》是中国古代十分重要的一部政书，宋元之际马端临撰写。全书三百四十八卷，历时二十余年写成，在元大德十一年（1307年）问世。该书以杜佑《通典》为蓝本，在此基础上加以考订和补充，门类比《通典》分得更为详细，计有《田赋》《钱币》《户口》《职役》《征榷》《市籴》《土贡》《国用》《选举》《学校》《职官》《郊社》《宗庙》《王礼》《乐》《兵》《刑》《经籍》《帝系》《封建》《象纬》《物异》《舆地》《四裔》二十四门，其中《经籍》《帝系》《封建》《象纬》《物异》几门为马端临所新创。《文献通考》的资料比《通典》更为丰富，于宋代典章尤其详备，是了解宋代以前典章制度沿革的重要工具书。

元代官修政书《经世大典》，又名《皇朝经世大典》，于元文宗至顺二年（1331年）修成。该书体例参考了唐、宋会要而有所创新，全书分为君事的《帝号》《帝训》《帝制》《帝系》四篇和臣事的《治典》《赋典》《礼典》《政典》《宪典》《工典》六篇。其中仅工典便分为二十二目，多为唐、宋会要所无。该书在明初修《元史》时多有引用。

《大明会典》又名《明会典》，是明代官修的政书，始撰于弘治十年（1497年），经正德、嘉靖、万历各朝增补、修订，成书二百二十八卷。该书辑录明代的法令和章程，对研究明代中央和地方政府的机构与执掌、官吏的任免、文书制度、民族地区管理、行政管理与监督、农业、商业和土地制度、赋税、户役、财政等经济政策，以及天文、历法、习俗、文教等都提供了比较集中的材料，是研究明代典章制度的重要文献。

记述清朝典章制度的官修政书《大清会典》，通称《清会典》，于康熙年间修成，后经雍正、乾隆、嘉庆和光绪朝四次重修，形式上仿照明代的《大明会典》，但具体类目多有增损。光绪二十五年（1899年）以前的清朝典章制度在《大清会典》中刊载极为详尽。全书除汉文本外，还有满文本，总计一千五百九十卷，凡光绪二十二年以前的典礼一律纂入，蔚为大观。

上述政书，是中国史书中非常重要的一类，文献价值超过一般的纪传体、编年体史书，是史学研究的必需工具书。

名家讲国学

第三编 子 部

子学的基本含义有哪些

按照传统国学的分类体系，诸子百家之学，皆可称为子学。"子"本来是古代社会对男人的通称，后来则被引申为对人的尊称，如对道德高尚的人称为"君子"，对士大夫称为"士子"，弟子对老师称为"夫子"，等等。先秦时期，诸子百家的著作，多是由弟子记述、编纂而成，后人相沿尊师之习，仍以某子命名其书，故而有了子书。据清代《四库全书》总纂官纪昀说："自六经以外立说者，皆子书也。"（《四库全书·子部总叙》）"六经"指《易》《礼》《诗》《书》《春秋》《孝经》等儒家经典，大多传说为尧、舜、禹、汤、文、武等圣贤所作。春秋末年，孔子删削繁复，将其整理成书。后来由于儒学地位上升，孔子、孟子的著作也成为经典。经的特点是以记述古代圣王的史实为主，后代传经者，也多遵循孔子"述而不作"的遗训，以注疏为主，形成了经学体系。而诸子之书则多以发挥议论为主，所以有一贯系统，而可以成一家之说的，则称为"子学"。

"诸子"之名，始见于《庄子·天下》和《荀子·非十二子》。司马迁的《史记·太史公自序》记其父司马炎的《论六家要旨》，将诸子分为阴阳、儒、墨、名、法、道德"六家"。两汉之际，刘向、刘歆父子，受命整理诸子之书。书成，刘歆作《七略》，将天下图书分为六艺、诸子、诗赋、兵书、术数、方技六类。此书后世失传，但班固作《汉书·艺文志》，继承了《七略》的分类方法。"艺"即"经"，属于经学系统。诸子包括：儒、道、阴阳、法、名、墨、纵横、杂、农、小说"十家"。《隋书·经籍志》，开创了经、史、子、集的分类系统，将《七略》中兵书、术数、方技以及后来形成的佛、道二教，统统归入子学体系。其后，中国图书分类系统大致定型，清代修订《四库全书》，将这个分类系统发挥到了最完善的水平。其中，子学共分儒、兵、法、农、医、天文算法、术数、艺术、杂家、谱录、类书、小说、佛、道"十四家"，基本囊括了子学的内容。

在国学体系中，子学占有很重要的地位。"儒家……助人君顺阴阳明教化者也。游文于六经之中，留意于仁义之际，祖述尧舜，宪章文武，宗师仲尼，以重其言，于道最为高。"（《汉书·艺文志》）在春秋战国时期，孔子开创的儒家只是诸子中之一家，战国下分为八派，孟子、荀子都是其中大家。汉武帝采纳了董仲舒的建议，"罢黜百家，独尊儒术"，儒家上升为唯一的官学，从此成为中国文化的主流。"儒"也成为知识分子的统称，凡研究道德教化、国家兴衰学问的思想家，都可归入此列。"道"包括春秋战国时期老庄创立的道家和两汉以后形成的道教。道家主张："清虚以自守，卑弱以自持，此君人南面之术也。"（同上书）道家提倡无为主义，以柔克刚，与儒家提倡的积极进取、刚强有为恰成互补之势，相得益彰。"儒道互补"构成中国政治及中国人精神生活的主要模式。道教创立后，钻研"长生久视"之术，有各种养生延命的仙方，也为子学中的一家。法家产生在战国时期，李悝、商鞅、慎到、申不害、韩非是其代表人物，主张通过积极的变法富国强兵。他们强调以法治国就必须"信赏必罚"，要做到"法不阿贵，赏不遗贱"，反对儒家提倡的礼乐教化，认为对人民就是应"以法为教，以吏为师"，通过严刑峻法使其不敢反抗君主专制统治。法家学说在秦始皇统一六国的过程中发挥了很大作用，但其刻薄寡恩的暴政也激起了人民的强烈反抗。汉代知识分子对法家学说进行了批判的继承，取其"以刑辅礼"，弃其蔑视教化。此后独立的法家不再存在，可法家思想却为历代统治者所重视，认为它"然其正君臣上下之分，不可改也"（司马炎《论六家要旨》）。墨家是出现在战国初期一个反映下层劳动者利益的学术团体，创始人为墨翟，主张"兼爱""节用""尚贤""非攻"。墨家对中国古代的自然科学和逻辑学都有重要的发展。后期墨家组成了严密的宗派，从事游侠活动，秦汉时期遭到统治者严厉的禁绝而中断。不过墨家思想"然其强本而节用，不可废也"（同上书）。名家是战国时期出现的一个以研究"名实"关系为己任的学术派别，主要代表人物有惠施和公孙龙，其"离坚白""合同异""白马非马"诸论，极大地深化了中国古代人的理论思维，对逻辑学的发展做出了重要贡献。所以司马炎说："然其正名实，不可不察也。"（同上书）不过很可惜，像名家这种以研究纯逻辑观念的学术派别，在中国古代极端强调政治实用的文化环境中，被视为"不法先王，不是礼义，而好治怪说，玩奇词，甚察而不惠，辨而无用"（《荀子·非十二子》），秦汉以后便失传了。阴阳家是战国时期邹衍开创的一个学术派别，以阴阳、五行学说为依据，提出了"五德终始"说。他们以此解释历代王朝的兴衰得失，预言未来社会的变化，很受争霸天下的列国诸侯的重视。不过阴阳家"则牵于禁忌，泥于小数，舍人事而任鬼神"（《汉书·艺文志》），成为社会上谶纬迷信的理论基础。兵家形成于春秋战国，主要代表人物孙武、吴起、孙膑等人，是一批职业的军事家和军事理论家。他们研究战争的战略战术问题，是政治家克敌制胜之道，历来为统治者所重视。纵横家是职业外交家，苏秦、张仪是其中的佼佼者。他们以三寸不烂之舌游说于列国诸侯之间，试图完成合纵、连横、称霸天下的历史使命。杂家"兼儒、墨，合名、法，知国体之有此，见王治之无不贯"（同上书），试图从诸家的理论体系中综合出一套治国之方术。秦朝宰相吕不韦编写的《吕氏春秋》、汉代淮南王刘安编写的《淮南子》是杂家的代表作。农家"播百谷，劝农桑，以足衣足食"（同上书），本为农业技术专家。后世将农学专门著作收集在农家之下。战国时有农家代表人物许行，提出了"君臣并耕"，人人自食其力，否定君主专制制度的主张，遭到了孟子的激烈批判。小说家代表人物不详，据说是一些专门收集"街谈巷议，道听途说"（同上书）的人，后世将《山海经》《穆天子传》等一些传奇故事放到小说家名下。天文算法家专门观测天象，编制历法。"方技者，皆生生之具"（同上书），是古代的工艺技术专家。汉代时医学包括在方术之中，后世将医学单独立为一个门类。术数则是龟卜、占蓍之类的巫术。古代科学技术落后，人在自然界面前能力低下，因而迷信各种神灵、灾异实所难免。唐代以后，将佛教的一些著作也收入了子学范畴。由于佛教本身有卷帙浩繁的经典，所以子学所集主要是有关佛教史、僧传、论文一类。

以上，大致罗列了子学的主要内容。班固认为："《易》曰：天下同归而殊途，一致而百虑。""今异家者各推所长，穷知究虑，以明其指，虽有蔽短，合其要归，亦六经之支与流裔。"（同上书）"子学"记述了诸子百家对社会人生问题的不同探讨，各有短长，可以起到补充经学的作用。今人研究国学，则摆脱了以儒家经典为正统的陈旧见解，将"子学"视为中国传统文化中必不可少的组成部分，包含着古代文明的精华。

诸子的流派和发展脉络如何

儒家由孔子在春秋末年开创，到战国时已成显学之一。韩非作《显学》一文说："世之显学，儒、墨也。儒之所圣，孔丘也……自孔子之死也，有子张之儒，有子思之儒，有颜氏之儒，有孟氏之儒，有漆雕氏之儒，有仲良氏之儒，有孙氏之儒，有乐正氏之儒。"这就是所谓孔子身后，儒分为八之说。其中所列人物，或为孔门弟子，或在孔学发展史上作出重要贡献的思想家。但真正留下著作，在中国思想史上产生重大影响的，是"孟氏之儒"孟轲和"孙氏之儒"荀况（在汉代为避汉宣帝刘询之讳，曾将荀子改称孙卿）。儒家学说在春秋战国并未见重于诸侯，被视为"迂远而阔于事情"。但封建社会巩固以后，其有利于维持宗法等级社会的特点才被统治者认识。汉代"罢黜百家，独尊儒术"后，国家只立儒学博士，只以儒家经典作为开科取士的标准，所以儒者实际成为知识分子的统称。不过由于社会形势的变化，儒家的发展大致可分几个阶段。秦始皇结束了战国时代的分裂，统一六国。为了确保君主专制统治，他采纳了李斯的意见，"焚书坑儒"。两汉时期为了恢复受到严重摧残的文化事业，首先必须收集、整理文化典籍。故两汉之儒以收集、整理经典为主，经学活跃是其特点。魏晋之际，社会再度陷入混乱，门阀氏族把持了国家政治、经济大权，儒家"学而优则仕""经世致用"的社会理想无法实现，迫使许多儒者转向老庄，寻求精神的解脱，因而社会上流行"以道注儒"的玄学。玄学的兴盛表面上看是儒家统治地位受到了挑战，但实质却是儒家与道家的一次深层结合。隋唐时期，中国政治再度走向统一，相应的隋唐儒学也将精力放到了经学的统一上，陆德明《经典释文》和孔颖达《五经通义》的编写是其代表。鉴于当时佛教、道教的蓬勃发展，儒学大师韩愈提出了"道统"说，与佛教的"法统"相抗衡，并呼吁恢复中国传统文化在思想领域内的主导地位。宋明理学家完成了融汇佛老，三教合一的任务，周（敦颐）、程（程颢、程颐）、张（载）、朱（熹）诸子，各有贡献，使中国的传统哲学发展到了一个空前的高度。又有陆（九渊）、王（守仁）侧重发挥儒家的"心性之学"，构成了宋明理学的支流。明清之际，儒学再发展出"实学"体系。先是王夫之、顾炎武、黄宗羲等大儒，反思明亡清兴的教训，反对宋明理学家的空谈性理，主张学问应"经世致用"。继而，由于清廷的"文字狱"，致使许多学者不敢研究时政，他们便在"实学"的旗号下埋头考据古代传统文献，取得了超过汉代经学的成就。同时，清儒重视"实用"的态度，也为中国知识分子接受西方新文化奠定了基础。

道家的创始人是老子，他通过对自然界万物生长及人类历史变迁的观察，提出了"清虚以自守，无为以自持"（《汉书·艺文志》）的无为之道。老子看到，事物发展都有一个由弱而强，由强变老，最终灭亡的过程，因此为了保持生命的长久，主张不要向强者的一面转化。在老子的思想中，"守柔弱"并不是无所作为，而是以柔克刚，以弱胜强的一种策略。老子身后，道家在战国中期到西汉初期，产生了许多流派，主要可分为老庄之学和黄老之学。老庄之学的主要代表是庄周和杨朱、列御寇等隐士类人物。他们的共同特点是继承并发挥了老子关于道和变的思想，在人生理论方面有所建树。庄子以道为万物之本源，认为人生与道相比是短暂而又虚幻的，并不能达到对道的体认。故他主张"齐万物""齐物我""心斋""坐忘"，超越生死，在精神上实现绝对的自由。杨朱其人著名，但著作亡佚，仅留下"拔一毛而利天下，下为也"（《孟子·尽心上》），"不以天下大利易其一胫毛"（《韩非子·显学》）等篇的论述，成为"贵生主义"的代表。黄老之学产生于齐国稷下学宫的文化环境中，宋钘、尹文、田骈、慎到、接子、环渊等人是其代表。这些人的著作早已亡佚，仅在先秦其他诸子著作中有一些零星的记载。另外，《管子》一书中《心术》《白心》《内业》《枢言》四篇，集中反映了黄老道家的观点。由于他们和社会政治的关系较为紧密，所以他们更多地发挥了老子"无为而治"的政治思想。到了西汉初年，黄老之学受到统治者的重视，一度成为统治思想。《文子》《黄老帛书》《淮南子》等书，系统总结了黄老道家的观点。西汉中期以后，道家逐渐演化为道教，道士们重在运用老庄的思想研究、探讨修命养生之道。

墨家的创始人为战国初年的墨翟，他站在下层劳动者的立场上，呼吁"兼相爱，交相利"，因而得到了出身于社会下层人士的欢迎，也成为"显学"之一，孟子曾有"天下之言不归杨，则归墨"（《孟子·滕文公上》）之说。"自墨子之死也，有相里氏之墨，有相夫氏之墨，有邓陵氏之墨。"（《韩非子·显学》）墨家弟子组成了庞大的社会团体，号称"墨者"。他们有严格的纪律，绝对服从首领"巨子"指挥，类似于以后的宗教教团。"墨子服役者百八十人，皆可使赴汤蹈火，死不还踵"（《淮南子·泰族训》）。墨门后学的思想，保存在《墨子》一书的《经》（上下）、《经说》（上下）、《大取》、《小取》六篇中，对古代逻辑思想、科技思想有较大贡献。汉代以后，墨学失传。

法家是春秋战国时期出现的一批政治思想家，以齐国宰相管仲为其思想先驱，中经子产、商鞅、申不害、慎到、吴起等人的发展，到战国末年由韩非集其大成。法家主张"以法治国"（《韩非子·有度》），反对儒家的伦理教化。他们针对当时由于社会转型而出现的混乱，主张坚决进行变法，通过"开阡陌封疆"，废除"世卿世禄"制度，"奖励耕战"而达到富国强兵。秦始皇将法家思想用于治国，扫灭群雄，完成了中国的统一。不过，法家否定礼义教化的作用，对民众及群臣一味实行"严刑峻法"，只能加剧矛盾，导致王朝的崩溃。汉代以后，法家不再作为一个独立的学派传播，但法家思想"信赏必罚，以辅礼制"（《汉书·艺文志》），被认为是不可缺少的。

阴阳家实际由战国末年齐国人邹衍所创，他以阴阳五行之理，推论历代王朝的兴衰之由，有"五德终始"说。按照此说，每一朝代主一种德行，崇尚一种颜色，实行一种历法。阴阳家的学说为王朝统治披上了一层神秘色彩，所以历代统治者都很相信邹衍的说教，齐王封他为大夫。战国以后，不知阴阳家的确切传人，不过帝王每逢改朝换代，都忙于请士人推算本朝应何运，易服色，改正朔，所修德行往往倒是被忽略了。

名家的代表人物是惠施和公孙龙。战国时期，由于社会的急剧变化，传统的礼仪规范和人们的实际行为发生了很大的差距，所谓"名，实相怨久矣"（《管子·宙合》）。为了正名，诸子中许多人都对名实关系发表了自己的见解，其中一些思想家专门研究名实关系，形成了名家。惠施是宋国人，做过魏国的宰相，知识渊博。他名辩思想的核心是讲"合同异"。其著作不存，仅在他人书中保留了十个命题，如："天与地卑，山与泽平"，"日方中方睨，物方生方死"等，通过抹杀事物的差异来强调矛盾事物的同一性。公孙龙思想的核心是"离坚白"，有《公孙龙子》一书传世。其典型命题是"白马非马"，通过论证白马概念不同于马的概念，强调一个判断双方概念必须相等。名家的论题反映了中国思想家思维水平的深化，对逻辑学的发展做出了贡献。但其中也有混淆辩证矛盾和逻辑矛盾之处，陷入诡辩论之中，受到了诸子中其他学派的攻击，秦汉之后失传。

纵横家以苏秦、张仪为代表。苏秦是战国时洛阳人，师从鬼谷子，习游说诸侯之术。学成后先去说服秦惠王而不见用，转而动员秦国的敌国燕、赵、韩、魏、齐、楚，形成反秦统一战线。秦国当时在中国西部，六国联合，恰成一纵线。苏秦由于完成了这一大业而挂六国相印。张仪是战国时魏人，与苏秦同师从鬼谷子。他说服秦惠王成功，为秦国宰相。为破苏秦的合纵之术，他游说列国诸侯，鼓吹联合抗击南蛮楚国。楚在中国南方，六国形成一条横线。纵横家没有固定的思想，一切以现实政治利益为重。

杂家以"兼儒、墨，合名、法"为宗旨，代表人物是战国末期秦国宰相吕不韦和西汉初年淮南王刘安。吕不韦掌握秦国大权的时代，秦国力强盛，兼并六国之势已经显示出来。吕不韦组织人编写《吕氏春秋》一书，就是为了融合诸子百家的思想，为统一天下进行舆论方面的准备。不过由于吕氏本人没有足够的理论修养，所以该书只是将诸家思想搜罗在一起，并没有超越诸家，形成自己的理论。淮南王刘安的情况大体类似。

农家作为一个思想流派，仅知一位代表人物——许行。许行大体与孟子同时，号称"自为神农之言者"，主张通过取消分工，"贤者与民并耕而食，饔飧而治"（《孟子·滕文公上》），最终达到消灭剥削和压迫。这显然是反映了广大被压迫劳动人民利益的呼声，但在当时并不具有现实性，只是一种空想。

兵家是军事理论家。春秋战国战争频繁，军事家人才辈出。《汉书·艺文志》收集兵书53家，790篇，数目相当可观。但后世所传，仅《孙子兵法》《孙膑兵法》《尉缭子》《司马法》等数本，其中《孙子兵法》被尊为中国的兵家圣经。此书为春秋末年吴国大将孙武所作，共13篇。孙武精辟地分析了战争与政治的关系，战争中的战略、战术问题，充满了军事辩证法思想。

小说、方技、术数等几家，或资料失传不得详考，或与思想文化史关系不大，介绍从略。

何为儒家　由何人所创

儒家是由春秋末期孔子所创的一个学派。这个学派皆崇奉孔子学说，以孔子为圣人。经弟子后学的发展，至战国时儒家已成为最主要的学术派别之一。韩非曾说："世之显学，儒墨也。"（《韩非子·显学》）西汉司马炎《论六家要旨》最早将儒家与其他学派区别开来，列儒为先秦阴阳、儒、墨、名、法、道德"六家"之一。东汉班固在《汉书·艺文志》中将儒与道、阴阳、法、名、墨、纵横、杂、农、小说并称为"十家"。

"儒家"之名得于后世。"儒"本为古代巫、史、祝、卜一类专为贵族从事典礼服务的人。这种人在古时曾有专门的官职，有一定的社会地位。春秋时期，儒赖以生存的社会秩序遭到破坏，社会地位大大下降。由于儒无其他实际技能，便多利用自己熟悉贵族典章礼仪的优势，以"相礼"谋生。这使得他们有接触、学习和传播贵族文化的机会。因儒家的创始人孔子早年曾以"儒"为业，儒家便由此得名。

儒家为孔子所创。孔子，名丘，字仲尼，生活于春秋末期。先世为宋国贵族，为避宋国内乱而移居鲁国，家道中落。鲁国为周公之子伯禽的封地，因而在别国已遭到破坏的周朝礼乐传统，在这里仍保存完好。这对孔子一生及其思想的形成影响极大。

鲁襄公二十二年（公元前551年），孔子生于鲁国陬邑（今山东曲阜）。他3岁丧父，17岁丧母，生活颇为困窘，早年曾以"儒"为业。但与当时一般儒者不同的是，孔子除通晓养生送死的常用礼仪外，还具有相当丰富的文化知识，精通礼、乐、射、御、书、数"六艺"，胸怀恢复周礼的远大抱负。34岁时鲁大夫孟僖子之嗣孟懿子及南宫敬叔向他学礼，孔子由此开创私人讲学的传统。此后学生逐年增多，竟以千计。《史记·孔子世家》记载："孔子以诗书礼乐教，弟子盖三千焉，身通六艺者七十有二人。"由此形成了一个以孔子为核心的学派，后世称"儒家"。鲁哀公十六年（公元前479年），孔子病逝，享年73岁。

孔子虽大半生都在从事教育事业，但"述而不作"。他的弟子及再传弟子将他的言行辑录为《论语》，内容为孔子谈话、答弟子问及弟子间的谈话，涉及广泛，多为如何立身处世之类。《论语》成书于战国时期，东汉列为"七经"之一，南宋朱熹将其与《大学》《中庸》《孟子》合为"四书"，至"五四运动"之前，一直为中国学者必读之书，对中国传统文化的形成影响极大，为儒家主要经典之一。

孔子在世时并不甚得志。战国时，儒家无论人数、影响，都已为先秦诸子百家中之大者。秦"焚书坑儒"，推行法治，儒家一度消沉。汉初崇尚黄老之学，但一些儒生也在为儒家的地位而奔走呼号。西汉武帝采纳董仲舒"罢黜百家，独尊儒术"之策，儒家始为正统。此后，直至20世纪初"五四运动"之前两千年间，儒家思想的正统地位一直相当稳固，成为中国传统文化中的主流，其影响之大，延续之久，在诸子百家中都是绝无仅有的。

汉以后，随时代变化，儒家思想渐与道、法、阴阳等家融合，对孔子思想多有演绎，儒术遂成为以孔、孟思想为主体，融汇百家的学术。儒也演变为一般知识分子的统称，与先秦之儒多有不同。但作为一个学派，历代诸儒之间又有共同特征。司马炎论先秦之儒时说："夫儒者以六艺为法。六艺经传以千万数，累世不能通其学，当年不能究其礼"；"若夫列君臣父子之礼，序夫妇长幼之别，虽百家不能易也"（《论六家要旨》）。班固说先秦儒者"游文于六经之中，留意于仁义之际，祖述尧舜，宪章文武，宗师仲尼，以重其言"（《汉书·艺文志》）。上述两说可以概括为，儒家一般都宗师孔子，以古之尧舜圣贤时代为理想社会，效法周文王、武王之道；以《诗》《书》《礼》《乐》《易》《春秋》等古籍为经典；倡仁义，重礼治，强调道德教化，维护君臣、父子、夫妇、兄弟等伦常关系。此外，儒家还提倡"忠恕""中庸""德治""仁政"等。

先秦儒家的分化与主脉如何

儒家为春秋末期时孔子所创的一个学派，其在先秦诸子百家中规模和影响都是比较大的，其在中国传统文化形成与发展中的地位更是其他学派所不能望其项背的。

孔子死后至秦之前的战国时期数百年间，孔门弟子分化为八个派别，或曰"八儒"。据《韩非子·显学》记载，八儒"有子张之儒，有子思之儒，有颜氏之儒，有孟氏之儒，有漆雕氏之儒，有仲良氏之儒，有孙氏之儒，有乐正氏之儒"。八儒皆本孔子学说，但各执一端，相互攻击，其激烈程度并不亚于儒家与其他学派之间的斗争。若考其主脉，则非孟轲（有谓孟氏之儒）、荀况（有谓孙氏之儒）莫属。

孟轲是战国中期人，生于孔子死后百年左右，受业于孔子之孙子思（孔伋）的学生，颇得孔学嫡传，被后世尊为地位仅次于"至圣"孔子的"亚圣"。孟轲极为推崇孔子，说孔子"之谓集大成者，自有生民以来未有孔子也"，是"圣之时者也"（《孟子·万章下》，下引此书仅注篇名）。他不仅立志学孔，说："乃所愿，则学孔子也"（《公孙丑上》），而且效法孔子率弟子周游列国，游说诸侯。因主张不见用，晚年退而与弟子万章等著书立说，有《孟子》七篇传世。

孟轲以孔子思想的继承者自任，但并不囿于孔子，而是适应时代的变化对孔子思想有所发展。在社会政治观点上，孟轲将孔子的"仁"与"德政"结合起来，提出了"仁政"的主张。在孔子看来，"仁"是规范人际关系的道德范畴，"德政"则来自古时"敬德保民"的政治理想。但在诸侯争霸的情况下，孔子要求统治者克己以复礼，通过复古达到社会秩序的稳定是不现实的。孟轲将仁推广到政治上，作为政治的原则和依据。他解释说："亲亲，仁也；敬长，义也"（《尽心上》），"人人亲其亲，长其长，而天下平"（《离娄上》）。如此，将仁作为平天下的一种手段和途径，使道德教化与诸侯的政治愿望结合起来，自然比空洞的说教要更有说服力。孟轲的仁政是包括政治、经济、道德教化、统一方略等在内的一整套理论，而"民为贵，社稷次之，君为轻"的民本思想则是一以贯之的基本线索。在伦理思想上，孟轲提出了仁、义、礼、智四项道德规范。他认为，这四项道德规范发端于恻隐之心、羞恶之心、辞让之心、是非之心等人人皆生而有之的善心，因此"仁、义、礼、智，非由外铄我也，我固有之也”（《告子上》）。孟轲因将这些道德规范归结为人的善良本性，称其为“不虑而知”“不学而能”的“良知”“良能”，遂成为中国思想史中第一个系统提出性善论的思想家。孟轲进一步将这些道德规范扩而充之到社会政治生活中就成为仁政，因而仁政也是上天的意志。不过这里的天已不是商周人格化的天命，而是道德化的精神实体了。这也是后来儒家“天人合一”思想的由来。这一过程孟轲谓之“尽心”“知性”“知天”。“尽心”是尽其善心，“知性”是保持善性。善心、善性是天赋的良知、良能，因此尽心、知性也就是“知天”。孟轲将孔子规范个人、家庭伦理关系的仁，扩充为国家天下治理原则的思想，后来被儒家发展为一套“正心、诚意、修身、齐家、治国、平天下”的人生理论。孟轲坚持孔子重义轻利的思想，主张大丈夫要养成“浩然之气”（《公孙丑上》），做到“富贵不能淫，贫贱不能移，威武不能屈”（《滕文公下》），关键时刻要“舍生而取义”（《告子上》），这些后来都成了中国传统文化中备受推崇的美德。

荀况，字卿，又称孙卿，战国末期思想家，教育家。在学术上，荀况以仲尼、子弓的继承者自任，是先秦儒家最后一位大师。他以儒为本，广采名、墨、法、道诸家之长，遂为先秦诸子百家之集大成者。春秋末期，天下大乱，孔子主张克己复礼，用复古的办法恢复社会秩序。战国中期，诸侯争霸，追求统一已成大势。孟子顺应潮流，主张以德统一天下的王道，反对以力统一天下的霸道，但他法先王的观点仍有复古倾向。战国末期，统一已成定局，荀况也主张统一，但他不满于孟子法先王的复古主义和单纯依靠道德力量的迂腐，公开主张法后王和王道、霸道相结合，周以神化的天为万物的主宰。春秋末孔子讲“天命”，不过比较强调“天”的自然和义理属性。而墨子讲“天志”，已有了将天人格化的倾向。战国中期孟子的“天”则进一步成为与人的“心”“性”相同一的道德化的精神实体。荀况也承认天的存在，但他发挥了孔子自然之天的思想，认为天就是“列星随旋，日月递炤，四时代御，阴阳大化，风雨博施”（《荀子·天论》，下引此书仅注篇名）的自然界。自然界的运行是有自身规律的，不以人事为转移，所谓“天行有常，不为尧存，不为桀亡”（《天论》）。针对儒家传统的“畏天命”的思想，荀况明确提出了“大天而思之，孰与物畜而制之！从天而颂之，孰与制天命而用之”（《天论》）等积极进取的观点。在认识论上，荀况继承并完善了孔子重视学习的观点，反对孟子只重内省的片面性，认为“天官”（即感觉器官）的作用在于“当薄其类”（《正名》），即与不同事物及其不同方面接触，以形成不同感觉，从而形成人的认识。在人性问题上，他反对孟子的性善说，提出了"人之性恶"（《性恶》）的观点。他认为，物质欲望是人的本性，放任本性会导致社会混乱，故而性恶。因此必须重视环境和教育，"注错习俗"（《荣辱》），"化性起伪"（《性恶》），使人性得以改善。改善的具体方法是儒家的礼义与法家的法治相结合，"明礼义以化之，起法正以治之"（《性恶》）。只要改善得法，"涂之人皆可以为禹"（《性恶》）。这之中我们可以明显地看到法家的影响。荀况学识深厚，精通儒家"六艺"，又毕生从事教育活动，对汉初儒学的发展起了重要作用。

战国时，孟、荀虽有相当影响，但也不过各为儒家中的一个派别。秦"焚书坑儒"，儒家几乎灭顶。汉初，两人地位大体相当，至三国时还有人并称孟、荀为"亚圣"。但大一统的封建社会秩序确立后，孟轲伦理与政治高度统一的思想则更适合长治久安的需要，孟轲的地位也就越来越高。唐以后，《孟子》被奉为经典，孟轲成为儒家正统的继承者，儒家思想也被称为"孔孟之道"。

孔子死后儒家的分化大致有孔子本人和社会环境两方面的原因。就孔子本人而言，一是他的学说本身非常丰富，二是他有时根据不同情况对同一问题有不同解释，这就造成了其学说的多面性，使其弟子后学有可能从不同角度阐发其观点。就社会环境而言，一是战国时期社会发展迅速，儒学也要顺应时代潮流才能生存；二是百家争鸣中各家观点间既有斗争，也有融合，从而导致了儒家学说传承中的演变与分化。

《荀子》一书有何价值

《荀子》是中国战国末期思想家、教育家荀况的著作。荀况，字卿，汉人避宣帝刘询之讳，又称孙卿，约于公元前325年～公元前238年在世，但具体生卒年月已不可详考。

荀况生于赵国，长期在齐国、楚国从事学术与政治活动，其间还到过赵、秦等国。他学识渊博，除精于儒家"六艺"外，又广于游历，且多年活动于齐国学术中心稷下学宫，因而有机会广泛接触名、墨、法、道及儒家各派的学术，比较诸子百家之短长。更由于他感于时事，有总结百家争鸣经验教训自成一家的抱负，遂使他成为先秦诸子百家学术的集大成者。《史记·孟轲荀卿列传》说："荀卿嫉浊世之政，亡国乱君相属，不遂大道，而营于巫祝，信机祥，鄙儒小拘如庄周等，又滑稽乱俗，于是推儒墨道德之行事兴坏，序列著数万言而卒。"可见这部著作是荀况晚年针砭时弊流俗、总结百家争鸣和自己学术思想的成熟之作。

《荀子》成书后广为传抄，虽经秦之焚书而不绝，曾以《孙卿书》之名藏于汉秘府。西汉刘向校雠时，该书共有三百余篇，但多有重复，当为不同渠道收集而来的同一篇章的不同抄本。刘向《叙录》说："所校雠中《孙卿书》凡三百二十二篇，以相校，除复重二百九十篇，定著三十二篇。"经刘向校定的《孙卿书》易名为《孙卿新书》，使《荀子》书规模初定。汉以后，荀况的著作一直不被重视。至唐时，这部书已"编简烂脱，传写谬误"，由杨倞订正作注，分三十二篇为二十卷，复易名为《荀卿子》，简称《荀子》，是为《荀子》书的第一个注本，亦即今本《荀子》。迟至清代，荀况思想开始受到重视，《荀子》书也陆续有了一些注释本。

《荀子》一书依《论语》体例，始于《劝学》，终于《尧问》，凡三十二篇，涉猎广泛，说理透辟，结构严谨，有较强的思想性和系统性。《非十二子》对先秦墨、名、道、法诸家及儒家思孟学派进行了批判与总结。《解蔽》针对"诸侯异政""百家异说"造成的"心术之公患"进行剖析，通过解百家之"蔽"，全面总结了先秦百家争鸣中包括认识论在内的一些重要哲学问题。《天论》中总结百家争鸣中的天人关系问题，否定孟子"天命"、墨家"天志"等人格化的天及道家"无为"的消极态度，倡导"制天命而用之"的积极进取精神。《正名》《解蔽》《非相》归纳出宋钘、惠施诸家"以名乱名""以实乱名""以名乱实"等"三惑"，提出"正名"中要"制名以指实"等逻辑思想。《性恶》反对孟子的性善论，提出"人之性恶"，主张礼、法结合，"化性起伪"，改造人性，谓"涂之人皆可以为禹"。《富国》不假天命神权，而以"明分使群"解释国家起源。《非相》《儒效》反对"法先王"，主张"法后王"。《王制》《王霸》《议兵》提出实现国家统一要王、霸结合，"以不敌之威，辅服人之道"。《成相》《赋篇》以民歌、散文等艺术形式宣传其为君治国之道。其中《赋篇》首创赋之名之体，对汉赋的产生、发展有重要影响。班固在《汉书·艺文志》中将荀况与屈原并为汉赋之祖，可证其在文学史上是占有一定地位的。

与先秦诸子鲜有本人亲作，多由弟子后学辑录转述，因而良莠难辨、鱼龙混杂的情况不同，《荀子》大部分为荀况自著，是先秦古籍中争议较少的一部。《大略》《宥坐》《子道》《法行》《哀公》《尧问》六篇内容、口吻与其他诸篇不同，疑为弟子记述及杂录传记，皆附于书后，颇为明了。其余《儒效》《议兵》《强国》等篇皆称"孙卿子"，或为弟子记述。《仲尼》言为臣"持宠""擅宠"之术，与《臣道》强调"谏争辅拂"的原则及荀况生平为人等多有不合，应非本人所作。

《荀子》一书就时代而言，成于百家争鸣即将结束的战国末期；就个人而言，成于荀况晚年学术成熟之际，因而能够比较全面地总结中国学术发展史上第一个大繁荣时期——百家争鸣的优秀成果。道、法、名、墨、阴阳及儒家各派等诸子百家的学术观点，礼法之争、天人之辩、名实之辩、古今之争、人性善恶之争及义利之辩等百家争鸣的主要问题，都在《荀子》中得到了集中的反映和超越前人的回答。因此，《荀子》实际上是一座包容先秦诸子百家学术精华的宝库。这正是《荀子》一书价值之所在。

孟子与荀子在人性论上有何异同

中国古代在战国中期以后出现了几种彼此不同的人性论，由此人性论成为中国古代学术中的一项重要内容。在这些人性论最有代表性的，对后世影响最大的是孟子的"性善论"和荀子的"性恶论"。二者针锋相对，但又有相通之处。二者之异主要表现在：

第一，什么是人性？人本性是善还是恶？

孟子认为，并非所有人与生俱来的东西都是人性。比如说食、色这种东西就不是人性。如果将这些动物也有的东西说成是人性，那不就等于说"犬之性犹牛之性，牛之性犹人之性"（《孟子·告子上》）了吗？人性只能是使"人之所以异于禽兽"（《孟子·离娄》）的善良的道德观念，而最基本的道德观念就是仁、义、礼、智"四德"。所以人性是善的。

荀子则说："性者，本始材朴也；伪者，文理隆盛也。无性则伪之无所加；无伪则性不能自美"（《荀子·礼论》。注：伪即人为，不作虚伪解）。在这里，荀子对过去笼统地称为人性的东西以"天人之分"的观点进行了"性伪之分"（《荀子·性恶》）。"性"指人天然生成的素质，"伪"指后天的礼义道德。由于尊君、孝亲、守法、循礼之类善的品质是伪不是性，性就是"目好色，耳好声，口好味，心好利，骨体肤理好愉佚"（《荀子·性恶》），就是"饥而欲食，寒而欲暖，劳而欲息，好利而恶害"（《荀子·荣辱》），而这些与封建礼义是违背的，因而人性是恶的。

第二，人性从何而来？人之善性从何而来？

孟子认为，善良的人性，即仁、义、礼、智是人先天就有的，所谓："仁、义、礼、智，非由外铄我也，我固有之也"（《孟子·告子上》）。例如，人看到小孩爬到井边有掉下去的危险，立刻会产生一种惊恐、同情的心理，这就是"恻隐之心"。类似的还有"羞恶之心""辞让之心""是非之心"等，它们都是人自然而然的本性，可见"仁义礼智根于心"（《孟子·尽心上》）。

荀子则认为与生俱来的只能是恶，善的品质只能靠后天的教化，所谓"人之性恶，其善者伪也"（《荀子·性恶》）。他举例说："枸木必将待檃栝、烝矫然后直，钝金必将待砻、厉然后利。今人之性恶，必将待师法然后正，得礼义然后治。"（《荀子·性恶》）

第三，人性的理想境界如何形成？修养与教化是什么关系？

孟子将人生而有之的"恻隐之心""羞恶之心""辞让之心""是非之心"称为"善端"，即善的开端、萌芽，所谓"恻隐之心，仁之端也；羞恶之心，义之端也；辞让之心，礼之端也；是非之心，智之端也"（《孟子·告子上》）。因此，只要不断地将它们"扩而充之"（《孟子·公孙丑上》），人就一定能够成长为具有完善美德的君子，所谓"人皆可以为尧舜"（《孟子·告子下》）。从这个意义上说，孟子更重视个人的道德修养。

荀子认为，由于人既有恶的本性，又可以接受善的教化，所以既要注意背弃本性，又要重视教化改造，即所谓"化性起伪"（《荀子·性恶》）。因此只要"化性"与"起伪"都尽力去做，人就一定能改造为具有完善美德的君子，即所谓"涂之人可以为禹"（《荀子·性恶》）。从这个意义上，荀子更重视环境对人的道德教化。

二者的相同之处主要是：他们都将儒家的道德观念作为区分人性善恶的标准，都认为人性中有与生俱来的内容，都相信环境与道德教育对人性向善的重要作用，都认为人人皆可成为道德完善的君子。

什么是道家

道家是中国古代主要学术派别之一，因其以"道"为宇宙万物之本原，故称为道家。道家之名始见于汉。西汉司马炎《论六家要旨》并称先秦诸子百家中阴阳、儒、墨、名、法、道德为"六家"。东汉班固在《汉书·艺文志》中并称儒、道、阴阳、法、名、墨、纵横、杂、农、小说为"十家"。道家创始于春秋末期的老子，其后关尹、庄周、彭蒙、田骈等都对道家思想有所发展。成书于战国时期的《老子》《庄子》

是道家主要经典。此外，《管子》中的《心术》上下、《白心》、《内业》诸篇，汉初的《淮南子》，晋人的《列子》及1972年长沙马王堆汉墓出土的《经法》《道原》《称》《十六经》等也反映了道家思想。

道家学术在老子主要是两个方面，一是以道为本，二是贵柔无为。

以道为本是道家思想的理论基础。道家认为，道是宇宙万事万物的本原，万事万物都是从道化生而来，又复归于道的。所谓道为"万物之宗"（《老子》四章，下引此书仅注篇名），"道生一，一生二，二生三，三生万物"，万物"复归于无物"（四十二章）。万事万物都是变动不居的，都会向自己的反面转化，而道虽然不停运行却是永恒存在的。此即所谓"反者道之动"（四十章），"独立而不改，周行而不殆"（二十五章），"天地尚不能久"（二十三章），"道乃久"（十六章）。

贵柔无为是道家思想的实际应用。一方面，道本身虽是无，但却可以化生万物，为天下母。另一方面，道所化生的万物，无不向自己的反面转化。因此，有、刚强等不是根本，不是道的本性，意味着走向失败、死亡；而无、柔弱等才是道的本性，反而会胜过有和刚强。从这点出发，道家主张贵柔不争，清静无为，以柔弱胜刚强，并以此作为普遍原则，广泛运用于个人的处世方法、认识方法及国家的军事、政治等社会生活的各个方面。所谓"夫唯不争，故天下莫能与之争"（六十六章），所谓"无为故无败，无执故无失"（六十四章）等，讲的都是这个道理。

从战国中期开始，由于对道及贵柔无为思想的不同理解和侧重，道家内部开始分化，逐步形成了老庄之学与黄老之学两个派别。《老子》《庄子》《列子》等为老庄一派的代表作。《管子》中的《心术》上下、《白心》、《内业》诸篇，《淮南子》，以及《经法》《道原》《称》《十六经》等是黄老一派的代表作。

老庄之学即老子、庄子之学。庄周是老庄之学的主要代表人物。他主要继承了老子关于道和变的学说，并将其推向极端。如他进一步强调道不可以感觉经验的虚无性质，认为老子所说可以相互转化的长短、大小、美丑、成毁、是非等之间根本没有一定界限，是所谓"万物皆一"（《庄子·异物论》）。庄周思想中最具特色的就是他"安时而处顺"（《庄子·逍遥游》）的人生哲学。他认为，既然大道本质就是一种虚无，那么人生在世就应该不为世俗所累，去追求那些看起来好的、美的、善的、有用的东西，而应该游心于物外，达到逍遥人生。人生的最高境界是所谓"坐忘"，即不仅不去追求那些身外之物，就连自己的肉体、精神等也都要忘掉，所谓"堕肢体，黜聪明，离形去知，同于大通"（《庄子·大宗师》）。

黄老之学中的黄指黄帝，老指老子。这一得名与战国时百家托古之习有关。齐国稷下先生中的田骈、接子、慎到、环渊等人是黄老之学的主要代表人物。这派学者除继承道的学说，并进一步将其解释为"精气"（如《管子·内业》）、"阴阳二气"（如《淮南子·原道训》）等更为具体的本原外，主要继承和发展了老子关于贵柔无为的思想，并将其与儒家的礼义仁爱、名家的形名、法家的法治等学说融合在一起，推崇无为而治。这种无为而治与老子纯然消极的无为而治已有很大不同，不是无所作为，而是去掉机诈巧伪，因循自然，薄税轻赋，与民生息等。司马炎在《论六家要旨》中论黄老道学之要时说其"因阴阳之大顺，采儒墨之善，撮名法之要"。尽管司马炎本人即推崇黄老之术，其说有溢美之嫌，但确在一定程度上概括了黄老之学的特点。

老庄、黄老之名始于汉。如司马迁《史记》中有《老庄申韩列传》，并屡以黄老并称。但考其实，则始于战国中期的齐宣王（前320—前302）前后。道家老庄一派在庄周在世时影响并不很大。魏晋时期，玄学兴起，玄学家把庄周说成玄学祖师，庄周地位开始上升。隋唐时期，儒、释、道三教并立，庄周与老子并称道教祖师，《庄子》书被奉为《南华真经》。更因老子李耳与李唐同姓，道家与道教的地位达到鼎盛时期。宋明理学兴起后，老庄被作为异端受到攻击。黄老之学初创之时，受齐国学术自由之惠，境遇比老庄要好得多，但也不过为诸家之一，影响有限。经秦之暴政及楚汉连年战争，人民渴望休养生息，黄老无为而治的学说受到汉初统治者的重视，被西汉文、景等帝奉为治国之道，是为黄老之学最鼎盛时期。东汉时，本为经世之学的黄老之学蜕变为"自然长生之道"。一些术士将其与神仙长生、鬼神、谶纬、符箓等方术杂糅在一起，奉黄帝、老子为神仙，形成了原始道教。

道家始于先秦，盛于隋唐，但由于自身理论的不断丰富和发展，由于其与儒学、佛学之间的相互渗透，由于其作为道教的理论基础，由于历代帝王的好恶，对整个中国古代学术思想的发展，都产生过极为重要的影响。

《老子》一书的主旨何在

《老子》，又名《道德经》《老子五千文》，向为道家主要经典，共八十一章，五千余言，分上下篇，上篇言道，下篇言德，传为老子所作。但有学者考证，《老子》当成书于孔、墨之后的战国中前期。究竟《老子》书是否为老子所作，或是后人根据老子思想编定，已很难详考。一般认为，《老子》书基本上保留了老子本人的主要思想，是研究老子思想的基本依据。

关于《老子》一书，历代学者研讨与考释数以千百计。《老子》书本已玄妙费解，诸家又多以自己观点释说，因而关于《老子》书的主旨，可谓人言人殊。这里试以司马炎在《论六家要旨》中对道家学说的概括，"其术以虚无为本，以因循为用"，说明这一问题。

所谓"以虚无为本"是说《老子》以虚无缥缈的道作为立论的根本。"道"在《老子》中是一种恍恍惚惚、无形无状、迷离不定的"无"，如"道之为物，唯恍唯惚"（《老子》二十一章，下引此书仅注篇名），又如"无状之状，无象之象，是谓惚恍"（十四章），再如"天下万物生于有，有生于无"（四十章）等。这一思想后在《庄子》中得到进一步发挥。《老子》书中以道为宇宙万物的根本和归宿，认为一切皆由道化生而来又复归于道。所谓"道生一，一生二，二生三，三生万物"，万物"复归于无物"（四十二章），所谓道为"万物之宗"（四章），"为天下母"（二十五章）等，讲的都是这个道理。

在《老子》一书中，道不仅是永恒的、绝对的、独立自在的万物本源，而且其本性是运动不息的，所谓"独立而不改，周行而下殆"（二十五章），因而道所化生的万物也是变动不居的，"天地尚不能久而况于人乎"（二十三章）。并且由于世界上的万事万物无不存在着相反相成的情况，如"有无相生，难易相成，长短相形，高下相倾，声音相和，前后相随"（二章）等，万物的变化也就往往是走向自己的反面，如"祸兮福之所倚，福兮祸之所伏"（五十八章）等。这也就是所谓"反者道之动"（四十章）。进而，由于万物的这种运动是效法、遵从道的结果，道也就是运动的原因和法则，所谓"人法地，地法天，天法道，道法自然"（二十五章）。

所谓"以因循为用"是说《老子》书以因循自然、清静无为为基本主张。《老子》认为既然道决定了事物总是向自己的反面转化，"物壮则老"（三十章），"兵强则灭，木强则折"（七十六章），"强梁者不得其死"（三十章），那么为人处世就不应该刻意追求那些现在看起来雄强、完美的东西，而应该顺应自然，贵柔不争，知足无为，这样反而会"曲则全，枉则直，洼则盈，敝则新，少则得"（二十二章）。例如"天下莫柔于水，而攻坚强者莫之能胜"（七十八章）。由于"水善利万物而不争"

（八章），"夫唯不争，故天下莫能与之争"（六十六章），所以"上善若水"（八章）。从上述认识出发，《老子》主张无为而治，所谓"道常无为而不为"（三十七章），"为无为，则无不治"（三章）。这种无为而治体现在生活中就是委曲求全，知足常乐，所谓"知其雄，守其雌"，"知其荣，守其辱"，"知其白，守其黑"（二十八章），因为"祸莫大于不知足"，"知足之足，常足矣"（四十六章）；体现在认识中就是他反对经验，提倡直觉，所谓"不出户，知天下，不窥牖，见天道"，"是以圣人不行而知，不见而名，不为而成"，因为"其出弥远，其知弥少"（四十七章），"为学日益，为道日损"（四十八章）；体现在国家关系中就是反对以战争解决争端，扩大疆域，听谓"兵者不祥之器"（三十一章），因为"兵强则灭"（七十六章），"强梁者不得其死"（三十章）；体现在统治术上就是实行愚民政策，所谓"绝圣弃智""绝学无忧"（十九章），因为"民之难治，以其智多"（六十五章）；体现在社会政治中，就是清静无为，回到所谓"小国寡民"（八十章）的上古时代，因为"无为故无败，无执故无失"（六十四章）。

"道"本指具体的道路，坦途，如《易经》中的"履道坦坦"，"反复其道，七日来复"等，以后逐渐抽象化，衍生出道理、秩序、规则、规律等含义。《尚书·洪范》中的"无偏无党，王道荡荡；无党无偏，王道平平"，已指坦荡正直的政令、法度。《左传》中的"所谓道，忠于民而信于神也"和"王禄尽矣，盈而荡，天之道也"，更有了哲学规律上的意味。而《老子》则第一次将道上升、抽象为宇宙本原和运行秩序。在《老子》以前，中国人对万物生成的本原只上溯到天。无论个人的命运，自然的变化，还是国家的兴衰，均以天为根本。只是到了《老子》，人们才开始思考决定世界兴替演化的根本究竟是什么。因而《老子》关于"道"的学说不仅标志了道家学说的产生，也标志了人类认识水平和认识能力的一个重要发展阶段。道论由此成为中国传统思想中的一个不可或缺的领域。其对后世的影响是极为深远的，并不限于道家一派。

《庄子》一书有何特色

《庄子》一书为战国时期著名思想家、文学家庄周及其后学所作，《汉书·艺文志》著录五十二篇，晋时曾有司马彪、向秀、郭象等数种注本，多佚，今仅存西晋郭象注本。其中内篇七，外篇十五，杂篇十一，计三十三篇。关于内、外、杂篇的异同、真伪、年代及郭象注的真实作者，自宋苏轼以后学界争议颇多。一般多认为，内篇为庄周所著，是研究庄周思想的主要依据；外、杂诸篇文采稍逊，笔意肤浅，有些语言和史实当晚至战国末期甚至汉初，思想内容也与内篇不尽吻合，或为庄周门人后学及道家其他派别的作品，但其中某些篇章也反映了庄周的思想，对了解庄周思想亦具一定价值。

先秦诸子书中，《庄子》一书风格独具，特色鲜明，在中国古代思想史、文学史上占有非常突出的位置。

在思想内容上，《庄子》一书的特色在于集中反映了道家老庄一派对社会、人生的观点。它宗于老子关于道为万物之本的思想，主张"道者，万物之所由也，庶物失之者死，得之者生，为事逆之则败，顺之则成"（《庄子·渔父》，以下凡引此书仅注篇名），但又在以道为本的基础上，比老子更多地将目光投向了社会与人生，通过极端的相对主义和安时处顺的人生哲学，表达出一种愤世嫉俗又只能消极避世的人生态度。《庄子》一书认为，道作为万物的根本，是充塞天地而又瞬息万变的，万物是道的表现形式，也是易变的，因此"以道观物"，则宇宙间的长短、大小、美丑、成毁、是非等这些看起来完全相反的事物、性质其实并无根本区别。"自其异者视之，肝胆楚越也；自其同者视之，万物皆一也"（《德充符》）。从这种相对主义立场出发，庄周对世间一切关于真知、永恒、圣贤、礼教、功名利禄等的追求都表现出极度轻蔑和怀疑，认为那些都是不存在的，没有价值、没有意义的。《庄子》一书认为，一切自然的都是好的，一切人为的都是对自然、对道的违背，都是不好的。人应该通过"坐忘"，即忘掉自身的肉体、精神、智慧、是非、荣辱、毁誉、利害等，学会"安时而处顺"（《养生主》），达到一种"天地与我并生，万物与我为一"（《齐物论》）的境界。那才是一种不受任何条件限制的绝对自由的境界，是"至人""圣人""神人"的境界。

司马迁说庄子"著书十万余言，大抵率寓言也"（《史记·老子韩非列传》），非常准确地道出了《庄子》一书在文体上的特色。表达玄奥的思想，阐述深刻的哲理，是先秦诸子书的共同特点。而大量地、纯熟地运用寓言，以众多生动的事、有趣的物和个性鲜明的人为载体或论据，令思想玄奥而不费解，哲理深刻却不乏味，则是《庄子》一书独具的特色。《庄子》一书中的事、物、人大多假托或杜撰，虽于史料上不可信，科学上不可考，却是文学艺术上的瑰宝奇葩。《庄子》一书多用寓言，一是由于作者认为寓言比引经据典更能让人接受深刻的思想，所谓"寓言十九，重言十七"（《寓言》）；二是因为作者认为"天下为沉浊，不可与庄语"（《天下》）。换言之，寓言既是作者认为最合适的一种文体、一种表达方式，又是作者对社会、人生的认识和态度。从后一种意义上说，寓言本身就是《庄子》思想的一个直接的、内在的、有机的组成部分。

立意高厚深远，每出愈奇；行文跌宕起伏，变幻莫测；譬喻浪漫多彩，生动形象；想象瑰丽奇特，恣意汪洋；遣词造句挥洒不羁，妙趣横生，嬉笑怒骂皆成华章，这些都是《庄子》一书在文学上的特色。唐陆德明概括《庄子》的特色时说它"多诡诞，或似《山海经》，或类占梦书"（《经典释文·序录》）。近人鲁迅对《庄子》评价甚高，认为它"汪洋辟阖，仪态万方，晚周诸子之作，莫能先之"（《汉文学史纲要》）。

《庄子》一书的影响是多方面、多层次的。它是道家思想和道教的主要典籍，它对社会和人生的看法影响了中国一代又一代的知识分子；它是中国文学史上散文与寓言等文学形式的典范，它的成语和寓言故事两千年来一直活跃于中国人民的语言之中。这种影响我们可以言其深远，却很难用"积极"或"消极"来概括，这或许是《庄子》一书的又一个特色。

墨家的基本特征有哪些

墨家是中国战国时期的一个重要学派，因创始人墨翟而得名。一般将墨家分为前后两期。墨翟在世时称前期墨家。墨翟死后，弟子分为三派，"有相里氏之墨，有相夫氏之墨，有邓陵氏之墨"（《韩非子·显学》），并称后期墨家。

墨家思想除散见于某些古代文献中外，主要保存于《墨子》一书中。《墨子》不是墨翟个人的作品，而是由墨翟的弟子及后学在不同时期根据墨翟言行及对墨翟思想的发挥，记述、编纂而成的，是一部反映整个墨家学派思想的著作集成。据《汉书·艺文志》记载，《墨子》原有七十一篇，已佚十八篇，今仅存五十三篇。从体裁和内容上看，这五十三篇大体可分为四个部分、两个时期。《耕柱》《贵义》等五篇是记载墨翟本人活动的。《备城门》《杂守》等十一篇是记载墨家研究的防御工具及战术的。《天志》《明鬼》等三十一篇是墨翟弟子对墨翟思想观点的记录。以上三部分计四十七篇。特别是第三部分的三十一篇，主要反映了前期墨家的思想，是今人研究墨翟思想最重要的资料。《经》（上下）、《经说》（上下）、《大取》、《小取》六篇主要是关于逻辑学、认识论和自然科学的知识，习称《墨辩》或《墨经》，通常被认为是后期墨家的作品。

与先秦其他学派相比，墨家的一个显著特征是形成了一个组织严密的团体。墨家学派的成员称"墨者"，首领称"钜子"。除墨翟自任第一代钜子外，以后皆由上一代钜子指定，代代相传。钜子在团体内有极高的权威，徒众皆以钜子为圣人，愿意为其献身，希望成为钜子的传人。钜子可以派门徒到各国做官。做了官的门徒除必须将所得俸禄的一部分捐献给团体外，还必须推行团体的政治主张。如果不能推行团体的政治主张，就必须辞职。如果不肯辞职，则团体会采取种种措施使其被斥退。学派纪律非常严格。钜子腹䵍的独子杀了人，虽然已经得到秦惠王的赦免，但腹䵍仍然坚持对他行"杀人者死"的"墨者之法"。学派提倡苦行。参加这个团体的人要穿粗衣草鞋，日夜劳作不休，不能吃得太饱，还要自觉地与下层社会的"贱者"为伍。学派的徒众多有舍命行道、以死尽忠的献身精神，即所谓"墨门多勇士"（《新语·思务》）。据说为墨子服役者有一百八十人，个个都可以"赴火蹈刃，死不还踵"（《淮南子·泰族训》）。钜子孟胜为楚国阳城君守城战死时，弟子至死相从者竟达一百八十三人（《吕氏春秋·上德》）。这些事实说明墨家学派既是一个弘扬墨翟观点的学术团体，又是一个实践墨翟主张的政治团体。有些学者说墨者有宗教狂热，钜子类似宗教的教主，是有一定道理的。

墨家的另一个显著特征是其功利主义。在先秦诸子百家中，儒家将"义"与"利"对立起来，并坚决反对言利。孔子明确讲过"君子喻于义，小人喻于利"（《论语·里仁》）。而墨家不仅认为"义"与"利"是统一的，所谓"义，利也"（《墨子·经上》），而且公开主张追求能使上层贵族"富且贵"、下层劳动者"暖衣饱食"的物质实利。但墨家追求的利不是为儒者所否定的一己私利，而是"上利天，中利鬼，下利人"的"天下之利"（《墨子·天志下》）。墨家不仅以利作为"尚贤""尚同""节用""节葬""非乐""非命""天志""明鬼""非攻""兼爱"十项基本政治主张的理论根据，而且从利的角度对儒家的仁、义、忠、孝作了重新解释，将这些道德范畴统统归结为追求利的具体方式，或以利为最终目的的手段。可以说，利是墨翟考虑一切问题的出发点和归宿。

注重逻辑是墨家的又一个基本特征。墨翟是中国古代逻辑思想的主要开拓者之一。他在中国逻辑思想史上最早提出名实必须相符的观点，最早使用了辩、类、故等逻辑概念，最早要求将"辩"作为一种专门知识来学习，概括并熟练地运用"三表"等推理和论证方法。由于墨翟的启蒙、示范和倡导，墨家学派形成了重逻辑的传统。后期墨家不仅继承和发展了墨翟以来的这一传统，而且吸收了名、儒等家的逻辑思想，在《墨辩》中系统阐述了墨辩逻辑，从而使中国古代逻辑无论在理论上还是在体系上都达到了较为完整的程度。《墨辩》是中国古代为数不多的逻辑专著中的杰作。

注重实际知识也是墨家的基本特征之一。《墨子》书中有不少关于自然科学、守城防御工具与技术等方面的内容，这在先秦诸子中是不多见的。这与墨翟及其弟子们从事实际劳动的经历、与墨家注重物质实利、反对战争等政治主张有着直接关系。

墨家在先秦百家争鸣中独树一帜，影响很大，曾与儒家并称"世之显学"（《韩非子·显学》）。但秦汉以后很快走向衰落。汉武帝"罢黜百家，独尊儒术"，其学遂绝。

法家的主要代表人物和主要观点有哪些

法家是中国春秋战国时期的主要学派之一，因强调法治而得名。西汉司马炎《论六家要旨》列法家为先秦阴阳、儒、墨、名、法、道"六家"之一。《汉书·艺文志》中将法家与儒、道、阴阳、名、墨、纵横、杂、农、小说并称为"十家"。

法家的基本主张是"以法治国"（《韩非子·有度》）。他们强调"各当时而立法，因事而制礼；礼法以时而定，制令各顺其宜"（《商君书·更法》）；要求巩固封建土地私有制，建立统一的君主国家，提出重农抑工商的观点，提倡耕战政策，以农致富，以战求强；厉行严刑峻法，监察官吏职守，建立官僚制度。以上述主张界定法家，则法家思想的起源可上溯至春秋时期。春秋时齐国的管仲"严刑罚""信庆赏"，郑国的子产作刑书，晋国的范宣子铸刑鼎，均可称为法家思想的先驱。战国初魏国的李悝（约前445—前395）著《法经》；战国中期商鞅（约前390—前338）在秦国变法；赵国慎到（约前395—前315）由道入法；郑国申不害（约前385—前337）主张君主独断专行等，在理论与实践上都使法家有了很大发展，他们是法家的实际创始人。战国末期的韩非综合各家观点，并吸收道家思想，著书立说，建立了完整的法治理论体系，是法家思想的集大成者。法家的理论与政治实践在春秋战国之际的封建化改革以及秦统一六国、建立中央集权的封建国家的过程中起了重大作用，成为秦王朝的统治思想。随着秦因暴政而亡，西汉以后，独立的法家学派不复存在，但法家的一些重要思想被补充和吸收到了儒学正统思想中。在漫长的中国封建社会中，统治者往往德、刑并用，法、礼并重，因而法家思想并没有完全退出中国的社会生活。商鞅的《商君书》、韩非的《韩非子》等法家著作还对后来法学思想的发展产生了很大影响。

　　"法""术""势"是法家思想的三个基本内容。"法"指公开颁布的政策、成文法令及实施法治的刑罚制度。"术"指任免、考核、赏罚各级官吏的方法、手段及驾驭臣民的政治权术。"势"指君主君临一切的地位和权势。在法家的主要代表人物中，商鞅重"法"，申不害重"术"，慎到重"势"，韩非则将法、术、势加以综合，主张抱法处势用术。韩非认为"法治"就是要规定明确的法律，并公布于众；法律要统一、稳定，并随社会情况的变化加以修订；要奖励耕战，严格执行赏罚制度，"赏厚而信，刑重而必"（《韩非子·定法》，下引此书仅注篇名）；要废除世袭贵族分封制、世袭制，实行"宰相必起于州部，猛将必发于卒伍"（《显学》）的官吏选拔制度；并要求用法律统一人们的思想，主张"以法为教"，"以吏为师"，使"境内之民，其言谈者必轨于法"（《五蠹》）。韩非认为，"术治"是保证法实施必不可少的条件。他认为春秋以来许多诸侯亡国教训就在于君主"无术"，大臣权势太重，以致弑君弑父的事层出不穷。所以"术治"的中心是"因任而授官，循名而责实，操杀生之柄，课群臣之能"（《定法》）。他认为法是公开的，术是藏于君主心中、暗自运用的。君主掌握这种统治术就可使"群臣守职，百官有常"，巩固统治阶级内部的秩序。在《内储》篇中，韩非还总结了历史上很多诸如"诈问""诡使"之类的阴谋手段，供统治者采用。韩非认为，"势治"即君主要依靠至高无上的权势实行其统治，否则就不能保证法治实施。他认为"势者，胜众之资也"（《八经》），"万乘之主、千乘之君所以制天下而征诸侯，以其威势也"（《人主》），"夫有材而无势，虽贤不能制不肖"（《功名》）。他举例说，尧舜虽然是贤能的君主，但如果没有统治者的权势，他连三个人也治理不了；反之，如果能"抱法处势"，统治者不是贤者也可以治理好国家。

　　春秋战国时期，特别是战国末期，法家学说与儒家学说是尖锐对立的。他们激烈抨击儒家的仁义之道是只讲私利而不顾国家，甚至将儒与破坏法律的侠客、害怕打仗的胆小鬼等并列危害国家的"五蠹"。法家中的不少人虽受到道家思想的一定影响，但对道家清静无为的思想也持反对态度，称其为"天下之惑术""乱世绝嗣之道"。

历史上法家多为一些富于改革精神的政治家。他们明确反对法先王一类观点，提出"治世不一道，便国不必法古"（《商君书·更法》），其中一些人因此而付出了沉重的代价。如商鞅在逃亡中被捉回，并被处以车裂之刑；韩非遭陷害入狱，最后被迫服毒自杀。法家的政治理论与实践一方面因锐意进取、富国强兵，成就了春秋时齐、晋的霸业，保证了战国时秦统一六国的成功，导致了中国历史上第一个统一的封建国家——秦的建立；另一方面也因法治的暴虐无道，术治的诡诈倾轧，势治的独裁专断，使秦二世而亡。因此历史上对法家的政治家、政治理论和政治实践一向多有争议。

《韩非子》一书提出了哪些重要的观点

《韩非子》一书是中国战国末期著名法家思想家韩非的著作集，在先秦诸子的著作中占有非常重要的地位。

《韩非子》一书是汉武帝时刘向首先结集成书的。《汉书·艺文志》著录《韩非子》五十五篇，与今本篇数相同，但从具体内容看，有些篇章未必是韩非本人之作。如《初见秦》篇中直言灭韩，与韩非劝秦王存韩的政见及韩非作为韩国使臣的身份不合。又如《存韩》篇实际上是在韩非的《上秦王书》后面混入了李斯的文章。但总的来说，在先秦古籍中，《韩非子》还是窜乱得比较少的，以《五蠹》《六反》《显学》《扬权》《孤愤》《说难》《饰邪》《亡征》《南面》《喻老》《解老》等篇为代表的大部分篇章为韩非所著是可信的。

法、术、势相结合是《韩非子》一书中所提出的最重要的观点之一。法、术、势是法家社会政治理论中的基本概念。法，即国家法令及其制定、公布和执行。韩非认为，"法者，宪令著于官府，刑罚必于民心，赏存乎慎法，而罚加乎奸令者也，此臣之所师也"（《韩非子·定法》，以下凡引此书仅注篇名）。对于法，韩非特别强调不分亲疏贵贱，赏罚严明。术，即统治者驾驭群臣的权术。韩非认为，"术者，因任而授官；循名而责实，操生杀之柄，课群臣之能者也，此人主之所执也"（《定法》）。对于术，韩非除将其解释为君主对群臣的控制、考核、防范，总结了"疑诏诡使""挟知而问""倒言反事"（《内储说上》）等一系列阴谋手段外，还特别强调法是公开的，可以"编著之图籍，设立于官府，而布之于百姓"，而术只能"藏之于胸中，以偶众端而潜御群臣"（《难三》）。势，即统治者君临天下的权势和地位。韩非认为，"势者，胜众之资也"（《八经》），"主之所以尊者，权也"（《心度》）。韩非认为，在早期法家那里，商鞅重法，申不害重术，慎到重势，他们都不懂得将三个方面结合起来，因此商鞅在秦国、申不害在韩国执政多年都不能取得更大的成就。在此基础上，韩非兼采三家，融会贯通，自成一说，即所谓"抱法处势用术"，从而成为先秦法家的集大成者。韩非的法、术、势理论，是为绝对的君主独裁服务的，即所谓"事在中央，要在四方，圣人执要，四方来效"（《扬权》）。

《韩非子》一书的另一个重要观点是将传说中的古代历史分为"上古之世""中古之世""近古之世"三个发展阶段，并将社会历史解释为从低级到高级的进化过程。这种进化论的历史观是为其"世异则事异，事异则备变"（《五蠹》）的社会政治观点服务的。韩非认为，不同的历史发展阶段有不同的具体问题，"上古竞于道德，中世逐于智谋，当今争于气力"（《五蠹》）。所谓圣人就是能够顺应历史发展，为人民解决当时最为迫切问题的人。同时，他们也因此而取悦于民，得以称王于天下。他认为既然事过境迁，每个时代有每个时代的具体情况，那么盲目颂扬和效法过去时代的圣人及其做法，即所谓"法先王"，就是愚蠢的，无异于"守株待兔""郑人买履"，必然受到"后王"即当代新圣的耻笑，"是以圣人不期修古，不法常可"（《五蠹》）。这与商鞅"治世不一道，便国不法古"（《商君书·更法》）的观点可说如出一辙。

《韩非子》一书中还提出了推行学术统一的观点。"夫冰炭不同器而久，寒暑不兼时而至，杂反之学不两立而治。今兼听杂学缪行同异之辞，安得无乱乎"（《显学》）。在《显学》篇中，他集中抨击儒墨显学，认为儒墨学说是"愚诬之学"，必须严禁。在《五蠹》篇中，他将儒（学者）、纵横家（言谈者）、侠（带剑者）与逃避兵役者（患御者）、工商业者（商工之民）并称国之"五蠹"，认为他们都是"乱法""犯禁"之徒，是"世之所以乱"的根由，必须"离法者罪"，"犯禁者诛"。"明主之国，无书简之文，以法为教；无先王之语，以史为师"（《五蠹》）。本来，随着国家统一和中央集权封建专制制度的确立，结束百家争鸣，统一学术，以强化思想控制也是历史的必然。秦"焚书坑儒"，汉"罢黜百家，独尊儒术"即是明证。韩非在这一时期将到未到之时就已看到这种必然，应该说是一种先见之明。但他主张用处罪、诛杀、毁灭文化、否定教育等方式来统一学术，不能不说是野蛮的、落后的，是为后来秦始皇大规模摧残文化的政治实践作了理论先驱。

《管子》一书是否为管仲所作

管仲的思想言行除散见于《国语·齐语》及《左传》《公羊传》《穀梁传》等书外，主要保存于《管子》书中。今本《管子》为西汉刘向编定，原为八十六篇，今实存《经言》九篇、《外言》八篇、《内言》七篇、《短语》十七篇、《区言》五篇、《杂篇》十篇、《管子解》四篇、《管子》轻重十六篇，共计七十六篇，其余十篇仅存目录。关于《管子》一书，学术界一向争议颇多。主要有《管子》究竟是否为管仲所作？如果不是，那么其中哪些篇章能够反映管仲本人的思想，以作为我们研究管仲的依据等。

第一个问题比较简单，学术界观点也较为一致。尽管这部书名为"管子"，一些篇章也以管仲与齐桓公对话的形式写成，但其内容及思想倾向均颇为驳杂，有些显然涉及了管仲以后的时代，有些则反映了阴阳家、道家、法家、儒家的思想。因此，《管子》当非管仲一人一时的作品，而是经过后人汇集编纂的一本著述集成。

第二个问题则比较复杂。既然刘向只是编定《管子》，相信他应当有一个进行编辑的底本。也就是说，可能有两本《管子》，一为古本《管子》，但今已无传；一为今本《管子》，是为刘向编定。这并不是臆测。韩非、贾谊、司马迁等都在刘向之前，而他们都记述过《管子》之书。如韩非说："今境内之民皆言治，藏商、管之法者家有之"（《韩非子·五蠹》）。这就是说，至晚在韩非之前，《管子》已广为流传了。贾谊援引过《管子·牧民》中的"礼义廉耻，是谓四维，四维不张，国乃灭亡"等观点。司马迁不仅引过《管子·牧民》中的"仓廪实而知礼节，衣食足而知荣辱，上服度则六亲固。四维不张，国乃灭亡。下令如流水之原，令顺民心"等原话，甚至还列举了《管子》书中若干有代表性的篇目。"吾读管氏《牧民》《山高》《乘马》《轻重》《九府》及《晏子春秋》，详哉其言之也。既见其著书，欲观其行事，故次其传。至其书，世多有之。"（《史记·管晏列传》）韩非、贾谊、司马迁等人不仅记述自己看到过《管子》，而且他们所引《管子》篇章及对管仲思想的概括也颇为一致。特别是他们都没有提到过今天我们认为是反映阴阳家、道家、法家、儒家思想的那些篇章，也没有对《管子》中诸家杂陈的现象提出过质疑。而以他们的学识和治学态度，如果他们看到的《管子》确有这种诸家杂陈的现象，是不可能不有所表示的。这意味着他们看到的《管子》可能根本就不是今天我们所看到的诸家杂陈的《管子》。诸家杂陈是刘向编定今本《管子》时掺杂进去了一些他认为与管仲有关，但实际上是其他学派的东西所造成的。

如果上述推论成立，那么我们就可以将刘向所编《管子》一书至今仍存的七十六篇大体分为三类。第一类是《牧民》《山高》《乘马》《轻重》等篇。这些篇章思想观点基本一致，内容、篇名也可以从刘向以前的典籍中得到印证，当为管仲遗说，是我们研究管仲思想最可靠的资料。但当时尚无学者本人独立完成著作之例，如一向不受怀疑的《论语》也是弟子及后学辑录而成，因此我们无法断定《管子》是否为管仲本人所作。其成书或与管仲同时，为管仲本人或弟子听作；或略晚于管仲，为管仲弟子及后学所作。第二类是《立政》《幼宫》《枢言》《大匡》《中匡》《小匡》《水地》等篇。这些篇章基本上是对管仲言行的记述，其思想观点与第一类基本一致，也是我们研究管仲思想比较可靠的资料。其成书当晚于管仲，为管仲弟子及后学所作。第三类是《心术》上下、《白心》、《内业》等篇。这几篇另成体系，成书晚于管仲，思想观点与管仲有一定出入。它们究竟是管仲学派、齐法家对管仲思想的发挥和发展，还是稷下先生宋钘、尹文遗著，学术界尚有不同看法。所谓今本《管子》书中诸家杂陈主要指的就是这几篇，应为刘向编定《管子》时所补入。

至于刘向为什么会将一些本非管仲本人或管仲学派的东西编入《管子》一书，当与齐国稷下学宫有关。稷下学宫是战国时齐国的学术中心，因设在齐都临淄（今山东淄博）稷门附近，故名稷下。稷下的学术活动始于齐桓公在位之时，经齐威王，至齐宣王时最盛，常有数千学者聚集在那里自由讲学、辩论、著书、授徒。这些学者被称为"稷下先生"。驺衍、淳于髡、田骈、接子、慎到、环渊、荀况等都曾为稷下先生。由于稷下的学术自由，稷下先生中道、儒、法、名、阴阳等都有，形成了一种百家争鸣的局面。他们的著作或保留于齐国官方文献中，或流散于齐国民间，为刘向编定《管子》一书时所用，于是形成了今本《管子》诸家杂陈的复杂情况。当然，这只是我们的推论，是否如此还有待详考。

综上所述，我们可以大致地说，《管子》一书不是管仲一人一时的作品。它原为管仲及管仲学派的著述集成，约成书于战国时期。今本《管子》是经西汉刘向编定的，其中混入了一些战国时齐国其他思想家的作品。但全书主要反映的仍是管仲及管仲学派的思想，其大部分篇章仍可作为我们研究管仲思想的基本依据。

什么是名家

名家是战国时期形成的一个专门研究名实关系以及名词、概念、命题等逻辑关系的学术流派。战国时期是中国从宗法分封制向君主专制制度的过渡时期，社会的急剧转型，使传统的礼仪规范（名）与人们的实际行为（行）发生了严重背离。一方面，反映旧制度的"名"阻碍新制度之"实"的发展；另一方面，代表新制度的"名"又遇到了旧事物之"实"的激烈反抗，出现了"名实相怨久矣"（《管子·宙合》）的情况。于是，代表各个社会利益集团的"士"，纷纷出来"正名"，要求社会的现实符合自己阶级的"名"，形成了一股所谓的"名辨思潮"，出现了大批"辨者"。在"名辨思潮"中，儒、墨、道、法诸家多是从政治角度谈名实关系，但有一批人则把谈论的侧重点放到了名词、概念本身的推敲上，试图通过改善人们的主观认识能力，使名词更加严谨，判断更加准确，推理更加合理，并最终达到解决社会上存在的"名实"之争。后人称这批思想家为"名家"。

名家以邓析为始祖，《汉书·艺文志》首先录"《邓析》二篇"。不过邓析的著作早已失传，仅知他是郑国人，与子产同时。《吕氏春秋·离谓》载："子产治郑，邓析务难之。与民有狱者约，大狱一衣，小狱襦裤。民之献衣襦裤而学讼者，不可胜数。"可见邓析大约是当时的讼师，助民从事法律诉讼活动，利用推敲法律条文名词、概念的方法获得法庭上的胜利。结果搞得执政的子产十分为难，终于杀了邓析。不过邓析"以非为是，以是为非"的思辨本领，受到了后世辨者的崇拜。

名家真正留下了观点或著作的人物是惠施和公孙龙。前者主张"合同异"，后者主张"离坚白"。

惠施（约前370—前318），宋国人，曾在魏国执政十五年。《汉书·艺文志》录"《惠子》一篇"，但已亡佚，仅在《庄子·天下篇》保存了他的十个观点。其中，"至大无外，谓之大一；至小无内，谓之小一"，是讲宇宙从宏观上看是无限大的，从微观上看是无限可分的，这是惠子的宇宙观。"大同而于小同异，此之谓小同异；万物毕同毕异，此之谓大同异"，集中阐述了惠施相对主义的思想方法。在他看来，具体事物的同或异不过是"小同异"，而从天地万物的角度看，这些差异又算不了什么，这才是"大同异"，也就是他所主张的"合同异"，"无厚不可积也，其大千里"，"天与地卑，山与泽平"，"南方无穷而有穷"，"我知天下之中央，燕之北，越之南是也"等数条，是从空间上说明"万物毕同毕异"。从纯粹几何学的角度讲，面积就没有厚度，但可以其大千里。一般讲天和山高，地和泽低，但在特殊的地区和特殊的观察视角下，两者又可以是同高的。例如，高原上的湖泊就可能高出平原上的山峰；遥望远方的地平线，天地相合而同高。从理论上讲南方是无穷的，但具体到中国，南方是大海，国土又是有限的。从中国范围看，天地的中心在燕之南，越之北，但如果超出中国的范围，天地之中央就可能在燕之北、越之南，一切都是相对的。"日方中方睨，物方死方生""今日适越而昔来"两条，是从时间角度说明万物差异的相对性。太阳在天空不停地运动，刚到正中就又开始偏西了。一切生物也是在生命运动中就包含着死亡，生死变化无常。今日到达越国的一刹那，立即变成了过去，所以也可以说是"昔来"。因而时间的差异也都是相对的。从"合同异"的哲学立场出发，惠施得出了他的政治结论："泛爱万物，天地一体"，主张各诸侯国"去尊""偃兵"，和平相处。由于惠施只留下了这十个命题，并没有论证及推演，所以很难窥其理论全貌。但如果把这些命题普遍化，完全否认事物间存在的差异，也难免成为诡辩。

公孙龙（约前320—前250），赵国人，曾为平原君的门客，游说于赵王。他曾经利用辩论术取得了一场外交斗争的胜利。秦国与赵国曾有条约："秦之所欲为，赵助之；赵之所欲为，秦助之。"（《吕氏春秋·淫辞》）后来秦国发动了侵魏战争，赵国发兵救魏。秦国派使臣来责问赵国为何违约，赵王让平原君出面回答。平原君求教于公孙龙，公孙龙便利用合约的条文指出："赵国想救援魏国，现在秦国却不帮助赵国，这是违反盟约的"。以此驳倒了秦使。公孙龙名辩思想的核心观念是"离坚白"，即强调名词、概念的差异性。他认为一块石头的坚固和白色两种属性可以分离，因为"视不得其所坚而得其所白者，无坚也；拊不得其所白而得其所坚者，无白也"（《公孙龙子·坚白论》）。从感觉的专一性上讲，各类感官各有专能，不相替代。看一块石头只能发现其白，抚摸它则知其坚固。但看时不知其坚，抚时不知其白，所以他认为石头的"坚"性和"白"性是独立存在的，坚、白可离。从事物与概念差异的角度，他提出了著名的论题"白马非马"。"马者，所以命形也；白者，所以命色也。命色者非命形也，故曰白马非马。"（《公孙龙子·白马论》）马是说明某种动物形状的，而白马的概念则加进了颜色的规定。此处，他从马和白马概念的内涵上证明，白马不等于马。

"求马，黄、黑马皆可致；求白马，黄、黑马不可致。"（同上书）他又从概念的外延上说明，马的概念大于白马的概念，还包括了黄马和黑马，两者不相等。"白马非马"的论题，从判断的主词和宾词的关系出发，揭示了判断系词两边的关系必须相等。同时指出属概念和种概念存在着差异，使中国人的逻辑思维有所深化。不过，他的这个命题也有夸大属概念和种概念的差异、否定其一致性的倾向，进而否定了一般包含个别的思维辩证发展过程，最终导致诡辩。按照他的逻辑，也可以说：公孙龙非人。

黑格尔在评价古希腊诡辩论流派时指出：他们的共同特征"是尽力量以任何一种方式使感觉到的东西和思维到的东西对立起来"（《哲学史讲演录》第三卷第22页），是人类思维深化的一种标志。司马炎也说："名家使人俭而善失真；然其正名实，不可不察也"（《论六家要旨》见《史记·太史公自序》），充分说明了名家的思想价值。

什么是阴阳家

阴阳家是战国末期齐国人邹衍创建的一个学术流派，他们运用阴阳五行之理，推演社会历史发展的规律，颇具神秘色彩，为秦汉的天人感应学说提供了理论依据。《史记》记载邹衍曾作《主运》《终始》《大圣》等篇十余万言。《汉书·艺文志》著录《邹子》四十九篇，皆已亡佚。阴阳家其他人物的著作今已不存，仅可于其他人的著作中见到一些有关邹衍活动的史料，转述一些他的观点。

邹衍的生卒年月不详，《史记·孟轲荀卿列传》记载了一些有关他的材料。他曾活动于齐、赵、魏、燕诸国，颇受当权者的礼遇。据说他具有丰富的天文、地理、历史方面的知识，时人称之为"谈天衍"。他提出了"大九州""中九州"和"小九州"说。他说大禹所划中国的九州，只是小九州。中国本身又称"赤县神州"，只是中九州之一，外有裨海围之。"有大瀛海环之，天地之际"，还有大九州，包含九个中九州。所以中国仅是天下八十一分之一。邹衍的思想有助于开阔人们的思想，鼓励开疆拓土。他提出大、中、小九州之说，有赖于当时人们的航海活动，更得力于他"其语闳大不经，必先验于小物，推而远之，至于无限"（《史记·孟轲荀卿列传》）的思想方法。司马迁又说："邹衍睹有国者益淫侈，不能尚德，……乃探阴阳之消息而作怪迂之变，……然其要归，必止乎仁义节俭，君臣上下六亲之施。"（同上书）他把以小推大的方法运用于社会领域，从阴阳五行学说建立了"五德终始"说。

　　古代经典《周易》提出阴阳相对、相感、相生的思想。《尚书·洪范》则提出："五行，一曰水，二曰火，三曰木，四曰金，五曰土。水曰润下，火曰炎上，木曰曲直，金曰从革，土爰稼穑。润下作咸，炎上作苦，曲直作酸，从革作辛，稼穑作甘。"中国古典哲学的五行说，不是侧重于对五种基本元素的结构探讨，而是注重对其功能的研究。后人进一步从五行推出"五色""五季""五方"。他们认为："木"代表植物，逢春发生，具有东方和青的颜色，具备生长的性能；"火"代表着南方和红的颜色，具有热的性能，象征夏天；"金"可以制造兵器，具有砍伐的作用，如同秋天大风西来，使大地金黄，万物肃杀；"水"具有寒冷的性能，就形成了冬天、北方和黑色；"土"具有生养万物的德性，在五行中居于主导地位，象征着中央、季夏和黄的颜色。（参见《史记·天官书》）邹衍继承了前人的研究成果，又提出了"五德"说。他把"五行""五色""五德"和历代王朝的兴衰结合起来："凡帝王之将兴也，天必先降祥于下民。"（《吕氏春秋·应同》）英明的君主应根据上天的启示，决定本朝的服色及所主德行。如黄帝时天现大螾大蝼，黄帝说：现在土气盛，所以朝廷尚黄色，行土德；到大禹时，秋冬之时草木不枯，大禹说：现在木气盛，故夏朝尚青色，主木德；商汤之时，见金生于水，汤说：现在金气盛，故商朝尚白色，主金德；至周文王，见火赤鸟衔丹书集于周朝的社稷坛上，文王说：现在火气盛，故周朝尚红色，主火德。按照五行相生相克的原理，将来代替周朝者，必将主水德，尚黑色。在人类的社会历史发展过程中，每逢发生王朝的更替兴衰，政治策略总会发生重大变更，似是在相克，这就是邹衍提出"五德循环"的依据。不过水德在政治上有何表现，火德在政治上有何表现，邹衍没有说，也根本没法说。因为社会运行有和自然界不同的规律，用"五行"套"五德"，只能是牵强附会，制造神秘主义。秦始皇得天下后，按照邹衍之说，尚黑色，人们都戴着黑色的帽子，故称百姓为"黔首"。

　　汉代以后，阴阳家不再以独立学派的形式继续传播，但其思想为儒生们所继承，将其融合在自己的思想体系之中。不过思想家中也有人不信这一套，如司马炎指出："大祥而众忌讳，使人拘而多所畏。"（《论六家要旨》）班固则说："及拘者为之，则牵于禁忌，泥于小数，舍人事而任鬼神。"（《汉书·艺文志》）历史上一些腐朽的统治者则对邹衍这套神秘主义的东西最感兴趣，他们得天下、保天下不求修德，而是专在推时运、易服色、造祥瑞上下功夫，每逢开国，都要找儒生为其推算当主何德，尚何色。后代皇帝所发诏书，开头都写着"奉天承运皇帝诏曰"，其中的承运，也就是五德终始之运。在这里，我们仍可以看到阴阳家思想的影响。

纵横家和杂家有何作为

纵横家是战国时期出现的一个专以游说诸侯为己任的政治家派别。《汉书·艺文志》称："纵横家者流，盖出于行人之官。"大约从他们的活动方式，把他们看成是一批职业的外交家。纵横家前有苏秦、张仪，后有苏代、苏厉、蒯通、邹阳，尤以苏秦、张仪闻名于后世。《艺文志》著录了他们著作的篇名，但今已失传，仅《史记》的《苏秦列传》《张仪列传》记载了他们的事迹。

苏秦是战国时洛阳人，生卒年月不详，青年时代曾师从鬼谷子，习纵横之术，学成后游说数载，一无所成，归家后为兄弟嫂妹妻妾所耻笑。苏秦不为所动，闭于密室，潜心钻研《阴符经》，头悬梁，锥刺骨，揣摩其术，认为："此可以说当世之君矣！"（《史记·苏秦列传》）他先游说于秦惠王，不为所用。转而游说燕、赵、韩、魏、齐、楚六国，结成反秦联盟。苏秦反复向六国诸侯宣传："安民之本，在于择交。择交而得则民安，择交而不得则民终身不安"（同上书），强调了外交活动的重要性。苏秦以其能言善辩打动了六国之主，得以佩六国相印，统一协调六国的行动，使"秦兵不敢窥函谷关十五年。"（同上书）由于山东六国联合对付西方的秦国，在地图上看形成了一条纵线，所以苏秦是纵横家中的"合纵"派。苏秦晚年长期住在燕国，与燕易王母私通，为王所妒，只得出走齐国。齐宣王时，重用苏秦为相。宣王卒，湣王继位，苏秦劝说厚葬久丧，并大兴土木以为宫殿，以便削弱齐国国力而有利于燕。苏秦的反间计被齐人识破后，被刺身亡。

张仪是战国时魏国人，与苏秦同师从鬼谷子先生，苏秦自愧学术不及张仪。张仪年轻时曾去游说楚王，遭楚人痛殴。被送回家后，他让其妻先看看舌头还在不在。"其妻笑曰：'舌在也。'仪曰：'足矣。'"（《史记·张仪列传》）其后张仪继续以游说诸侯为己任。当时苏秦已佩六国相印，名显于世，可就担心秦国有能人出面破坏六国联盟。苏秦先智激张仪出山，到秦国谋职，又暗中派人资助张仪，同张仪达成默契，苏秦在任时不破坏合纵之术。后张仪游说诸国，拆散六国联盟。他先离间六国中力量最强的齐、楚两国，以许地六百里的利益，诱使楚怀王与齐断交。但齐、楚断交后，他又推说仅以自己的封地六里相许，使楚怀王怒而兴兵伐秦，大败而回。以后，他又分别游说齐、燕、韩、赵、魏等国，结成了反楚联合战线。从地图上看，这是一条自西向东的横线，所以他被认为是纵横家中的"连横"派。秦惠王卒，武王继位，张仪不见悦于武王，只得出走魏国为相，六国又回复了合纵联盟。到魏国一年后，张仪去世。

纵横家在先秦诸子中，以没有固定的政治见解、不受传统道德束缚而著名。司马迁详细记述了苏秦、张仪游说列国的言辞，但除了陈说利害关系，我们看不到什么明显、一贯的政治主张，这和儒、墨诸家的游说是明显不同的。同时他们也不受当时社会上流行的忠、孝、信、义等道德信条的约束，没有爱国、卖国之类的国家观念，哪里的君主重用他，他就为谁卖力气。"人有毁苏秦者曰：'左右卖国反覆之臣也，将作乱。'"（《史记·苏秦列传》）苏秦却直言不讳地向燕王解释说：当今孝如曾参，廉如伯夷，信如尾生，被人们视为楷模。但如果臣子都如曾参之孝，谁舍家为君主奔波于千里之外？人人如伯夷之廉，谁为王千里之外进取于齐？如果像尾生一样迂腐而死守信用，又怎么能上阵作战，却齐之强兵呢？这倒是坦率地说出了政治家们"言不必信，行不必果"的处世哲学。由于纵横家有上述两个特点，所以受到后世儒生的耻笑。司马迁对此颇为不平，指出："夫苏秦起闾阎，连六国从亲，此其智有过人者。吾故列其行事，次其时序，毋令独蒙恶声焉。"（同上书）

杂家以秦国宰相吕不韦的《吕氏春秋》和西汉初年淮南王刘安的《淮南子》为代表。《汉书·艺文志》指出他们的特点是："兼儒、墨，合名、法，知国体之有此，见王治之无不贯。"杂家产生在战国末期至西汉初期，当时中国经历了数百年的战乱，正在通过兼并战争走向政治统一。相应地，思想文化也在百家争鸣中加强了彼此间的渗透融合。这种文化的融合既是政治统一的产物，又为秦汉中央集权大帝国的建立创造了思想条件。文化的统一是通过两种方式实现的：一是以一家学说为主，兼容吸纳其他诸家，如荀子作《非十二子》、庄子作《天下篇》；另一种则是跳出学派的圈子，对各家学说进行综合的概括、整理，杂家走的就是后一条路。概括诸子百家，需要有一种合适的文化环境，即各派学者云集，实行兼容并收的政策。吕不韦是秦国的宰相，秦始皇称其为"仲父"，执政十几年，权倾朝野，门下食客三千人，形成了当时一个学术中心。淮南王刘安广揽天下人才，招致宾客方术之士数千人，在江淮间形成了一个很大的学术中心。因此，他们有能力编写出鸿篇巨制《吕氏春秋》和《淮南子》。

据《史记》记载，在写《吕氏春秋》时，"吕不韦乃使其客人著所闻，集论以为八览、六论、十二纪，二十余万言"。当时他门下所养之士，属于诸子中哪一家的都有，所以最后所成之书，就是一部杂家著作。不过，吕不韦并不仅仅是个挂名主编，他为此书设计了一个完整的系统。全书分成纪、览、论三个大的部分，在每一部分中又各统子目，形式上整齐划一。如纪中包括春、夏、秋、冬四季，每一季又分成孟、仲、季三纪，以象天时十二个月。每一季中包含五篇文章，分别讲述与季节天象有关的内容。春季生育万物，故讲养生；夏季万物繁荣，长养壮大，联系到树人，故探讨教育、教化、音乐；秋季万物肃杀，所属文章多谈对外用兵，对内用刑；冬季草木枯槁，人息粮藏，因而联想到死亡、丧葬、忠臣、节士。在这里，明显地可以看到阴阳家的影响。不过就指导思想来说，《吕氏春秋》则是采用了道家的"清静无为之道"，把"道"看成是宇宙的本源和万物运动的普遍规律。同时，《吕氏春秋》的《不二》篇又指出："老聃贵柔，孔子贵仁，墨翟贵廉，关尹贵清，子列子贵虚，陈骈贵齐，阳生贵己，孙膑贵势，王廖贵先，儿良贵后。此十人者，皆天下之豪士也。"努力做到兼取百家之所长，内容涉及政治、经济、思想、军事、法律、教育、养生、音乐等方面，是古代一部难得的百科全书。

《史记》的《淮南衡山列传》说："淮南王刘安为人好读书鼓琴，不喜弋猎狗马驰骋，亦欲以行阴德拊循百姓，流誉天下。"所以他在自己的封地内"招致宾客方术之士数千人"（《汉书·淮南衡山济北王传》），讲论诸子百家之学，在江淮间形成了一个大的学术中心，"天下方术之士，多往归焉"（高诱：《淮南子·叙目》）。刘安作此书的个人目的是在"八王之乱"后的中央、地方紧张局势中避祸求福，养生保真，得到一个安身立命的精神支柱。如他所说："欲一言而寤，则尊天而保真；欲再言而通，则贱物而贵生；欲参言而究，则外物而反情"（《淮南子·要略》），从中可以看到道家对他的重要影响。但是中国的士人总是难忘忧国忧民之情，作者"纪纲道德，经纬人事，上考之天，下揆之地，中通诸理"（同上书），都是为帝王探索治国治民之道。《淮南子》全书包括正文二十篇，由不同学派的学者分头撰写，最后有人加以贯通，并归纳出《要略》一篇。二十一篇文章各有主题，分别讲述作为宇宙本源之道如何演化运动；天文、地理、四时运行的规则；生命与养生之学问；为人处世的道德；为君治国的方略；历史兴衰的教训；人性修养的箴言……总之，《淮南子》是《吕氏春秋》之后又一部试图概括、总结先秦诸子的百科全书式的著作。建元二年（前140年），刘安将此书献给了汉武帝，希望能为最高统治者采纳。但是汉武帝在元光元年（前134年）却采纳了董仲舒"罢黜百家，独尊儒术"的建议，将此书束之高阁。以后，刘安因莫须有的谋反罪名被迫自杀。

《吕氏春秋》和《淮南子》虽然是经过了系统的加工，建立了自身的体系，但毕竟出自多家学者，多人之手，内容难免有重复、繁杂，自相矛盾之处。其弊端正如《汉书·艺文志》所说："则漫羡而无所归心"，主导思想不够突出。因此中国文化从春秋战国的百家争鸣走向大一统，不是杂家的"百家殊方"，而"殊途同归"于儒。

农家和兵家的文化贡献有哪些

子学中的农家和兵家，是诸子中的农业专家和军事家，他们留下了大批农学和兵学著作，对中国的古代科技和军事理论的发展做出了重要贡献。除此之外，他们对社会生活的其他方面也曾发表过自己的见解，对中国文化思想史有所贡献。

《汉书·艺文志》收集农家著作，有《神农》二十篇。其注曰："六国时，诸子疾时，怠于农业，道耕农事，托之神农。"战国时的农家，都以神农氏为其始祖。可惜，班固所辑录的农家著作多仅剩篇名，后世子学中收集的农家著作又多是农业技术著作，与文化思想史有关者，仅孟子书中提到的许行。《孟子·滕文公上》载："有为神农之言者许行"，他主张君臣"并耕而食，饔飧而治"，反对统治阶级利用国家机器对广大农民实行剥削和压迫。为了避免商人的中间盘剥，许行主张物价应当整齐划一，"布帛长短同，则贾相若；麻缕丝絮轻重同，则贾相若。"他认为这样"则市贾不二，国中无伪，虽使五尺之童适市，莫之或欺。"许行的思想，反映了当时农民反对剥削和压迫的合理要求，对社会改良有所助益。不过，许行所设想的绝对平均主义的大同空想，消灭分工和交换的改良方案，又反映了农民的狭隘性和落后性。孟子对此有所批评，他利用许行种田但不能同时织布、冶铁的事实，说明社会管理与生产的分工也不能取消。"百工之事，固不可耕且为也"，"然则治天下独可耕且为与？"《汉书·艺文志》则说："欲使君臣并耕，悖上下之序。"

春秋战国是一个战争频繁的年代，涌现了大量的杰出军事统帅和军事理论家，兵学空前发达。《汉书·艺文志》收集先秦、两汉军事著作"凡兵书五十三家，七百九十篇，图四十三卷"，分为"兵权谋""权谋""兵形势""阴阳""兵技巧"五大类。除了谈论军事的战略、战术问题，还广泛涉及社会政治、文化和哲学等方面，成为中国文化思想史的重要组成部分。

首先，中国的军事理论家都不是简单地就战争说战争，而是将战争放到具体的政治、经济环境中。《孙子兵法》开篇就讲："兵者，国之大事，死生之地，存亡之道，不可不察也。"（《计篇》）所以他主张"安国全军"的慎战观，反对轻易发动战争，"主不可以怒而兴师，将不可以愠而致战"（《火攻篇》）。战国时的军事家尉缭将战争区分为"挟义而战"与"争私结怨"两种，支持"诛暴乱，禁不义"的正义战争，反对"杀人之父兄，利人之货财，臣妾人之子女"的非正义战争（参见《尉缭子·攻权》）。因此中国著名的军事家无不反对穷兵黩武，提倡"不战而屈人之兵，善之善者也"（《孙子兵法·谋攻》）。

其次，提倡实事求是，反对鬼神迷信。孙武讲："先知者，不可取于鬼神，不可象于事，不可验于度，必取于人，知敌之情者也。"（《用间篇》）尉缭则反对"考孤虚，占咸池，合龟兆，视吉凶，观星辰风云之变"（《武议》）。在当时宗教迷信十分流行的时代，能提出这样深刻的见解，对于政治家解放思想，哲学家探讨天地之奥秘，都是有所启示的。血火无情的战场要求军事家们，非常客观地研究敌我双方的情况，不能有半点虚假和主观。孙武说："知彼知己者，百战不殆；不知彼而知己，一胜一负；不知彼不知己，每战必殆。"（《谋攻》）这话中所包含的哲理，已经成为普遍的人生格言。

最后，兵家思想中蕴含着丰富的军事辩证法思想，是中国传统哲学中的重要组成部分。孙武、吴起、孙膑等军事家，在烽火连天的战场上，看到了普遍存在的矛盾，如胜负、强弱、安危、治乱、勇怯、正奇……他们认为这些矛盾都是会相互转化的。孙武说："乱生于治，怯生于勇，弱生于强。"（《势篇》）"投之死地然后存，陷之死地然后生。"（《九地篇》）他认为善战的将帅应当灵活地把握战场上的形势，创造条件，使矛盾向有利于己的方向转化。"凡战者，以正合，以奇胜。故善出奇者，无穷如天地，不竭如江河。"（《势篇》）兵家的军事辩证法思想，其意义已经超出了中国以及军事指挥的范围，可以应用到政治、经济、文化等其他领域。当今企业家将《孙子兵法》用于商战，就是最典型的例证。

汉初黄老之学的基本内容是什么

黄老之学是西汉初期的官方社会政治哲学。其中黄指黄帝，老指老子。老子，春秋时实有其人，并有《老子》书传世。但黄帝只是传说中的华夏始祖，不可能留下什么学说或典籍。取名黄老完全是出于战国时百家托古之习。

黄老之学从学术渊源上可上溯春秋时的老子，但作为一个学派或一种学术思潮则发端于战国中期，兴盛于西汉初年。汉武帝"罢黜百家，独尊儒术"，经学社会地位上升，黄老之学开始走下坡路。东汉时，本为经世之学的黄老之学蜕变为"自然长生之道"，与神仙长生、鬼神、谶纬、符箓等方术杂糅在一起，奉黄帝、老子为神仙，形成了原始道教，逐步失去其积极的社会意义。

黄老之学在汉初的兴起有着特定的背景。秦之暴政及秦汉之际的连年战争导致社会经济的大破坏，人口锐减，民生凋敝，人民渴望休养生息；皇室和主要政治家的大力提倡，身体力行；思想领域的相对宽松和诸子学术的复苏等，都为黄老之学的兴起提供了社会条件。

汉初黄老之学最基本的内容就是"无为而治"，所谓"载其清静，民以宁一"（《史记·曹相国世家》）。这种"无为"是对秦代法家以严刑峻法、繁役重赋、仗威用力等为特征的"有为"政治的否定。秦以战国七雄中一个贫弱边远的落后国家竟能灭掉六国，成就一统天下的千秋大业，力不可谓不强，却又二世而亡。这不能不令刚刚坐定江山的汉初统治者和政治家们认真总结经验教训。汉初著名政治家、思想家陆贾认为，"秦始皇帝设为车裂之诛，以敛奸邪；筑长城于戎境，以备胡越。征大吞小，威震天下；将帅横行，以服外国。蒙恬讨乱于外，李斯法治于内"，不能不说是大大的"有为"。然而"事逾烦天下逾乱，法逾滋而奸逾炽，兵马益设而敌人逾多"。这是为什么呢？结论是，"秦非不欲为治，然失之者，乃举措暴众而用刑太极故也"。因此，必须否定"有为"而行"无为"。"夫道莫大于无为，行莫大于谨敬"。"寂若无治国之意，漠若无忧民之心，然天下治"（以上均见《新语·无为》）。陆贾不是汉初"无为而治"的最早的策划者和最大的实践者，但他的这些话确实道出了汉初实行"无为而治"的初衷和黄老之学盛行的历史必然性。

仅就崇尚无为、反对恃力等观点来看，汉初黄老之学确实与老子"无为而无不为，取天下常以无事，及其有事，不足以取天下"（《老子》四十八章）的观点相似，与老子"我无为而民自化，我好静而民自正，我无事而民自富，我无欲而民自朴"（《老子》五十七章）的愿望相似。秦的灭亡似乎验证了老子"为者败之，执者失之"（《老子》二十九章）的预言。汉初"无为"对秦"有为"的否定也似乎体现了老子"反者道之动"（《老子》第四十章）的思想。从这个意义上，黄老之学确实渊源于老子，黄老之学的倡导者们也乐得通过托古以提高身价和说服力。但毕竟汉与春秋时代不同了，作为天下一统的大汉统治者和位高权重的政治家与作为学者的老子看问题的角度和方式也不会完全一样，至少老子"绝圣弃智"的办法在当代行不通，"小国寡民"的政治理想大汉皇帝更无法接受。为此，黄老之学采取了兼容百家的办法，在继承和发展老子贵柔无为思想的基础上，将道家的无为与儒家的德政、法家的法治以及阴阳家的阴阳学说、名家的形名学说等融合在一起，推行于社会生活之中。司马炎在《论六家要旨》中说黄老之学"因阴阳之大顺，采儒墨之善，撮名法之要"。尽管司马炎本人即推崇黄老，其说有溢美之嫌，但确在一定程度上概括了黄老之学的特点。

汉初黄老之学本质上是一种经世之学，而不是一种纯粹的学术。因此黄老之学对老子道学的改造完全是以为现实服务为目的和标准的。经过这种改造，黄老之学的"无为而治"与老子纯然消极的"无为而治"已有很大不同，"非谓其凝滞而不动也"（《淮南子·主术训》），而是"因其自然而推之"（《淮南子·原道训》）。老子"无为"反对法治，刘邦则立足未稳就"约法三章"，以后又让萧何定律令，韩信定军法，张苍定历法及度量衡程式，叔孙通定礼仪。老子"无为"反对礼义教化，开启民智，陆贾则将"兴辟雍庠序而教诲之"，"在朝者忠于君，在家者孝于亲"（《新语·至德》）也列入"无为"。老子"无为"绝圣弃智，绝仁弃义，《淮南子》则说："何谓无为？智者，不以位为事；仁者，不以位为惠；勇者，不以位为暴，可谓无为矣。"（《淮南子·诠言训》）最根本的是，"无为而治"在老子看来是一种政治理想，在汉初统治者和政治家们则是一种巩固政权的手段。了解了这一点，我们也容易理解为什么黄老之学在汉初有那么多的皇室贵族、名相重臣、大政治家、大思想家倡扬，又取得了"文景之治"那么好的成效，却只时兴了六七十年就被经学取而代之了。

汉初的文帝、窦太后、景帝及名相重臣盖公、曹参、陈平以及学者司马炎等都是黄老之学中的重要人物。陆贾是汉初黄老之学最重要的理论家。陆贾的《新语》、淮南王刘安组织编撰的《淮南子》等则是汉初黄老之学的主要著作。

《淮南子》是怎样一本书

《淮南子》又名《淮南鸿烈》，由西汉淮南王刘安组织门客集体编写，是一本集先秦诸子百家之大成的杂家著作。刘安（前179—前122）为汉高祖刘邦的孙子，袭承父职而为淮南王。刘安是一位好学博洽的封建贵族，颇有文采，《汉书》本传称他"好书、鼓琴，不喜弋猎狗马驰骋"，以"辩博善为文辞"著称。刘安曾招致方术之士数千人，在江淮间形成了一个大的学术中心。正是在这个基础上，他们共同完成了《淮南子》这部二十余万字的《内篇》，"新出，上爱秘之。"这说明在刘安献书之时，汉武帝还是尊重他的。不过书藏之于秘府，并没有流行。武帝元狩元年（前122年），伍被告发刘安欲谋反，刘安被迫自杀，《淮南子》一书也被打入了冷宫。由于刘安的特殊经历，所以后人对此书的写作目的也作了不同的推断。有人认为这是一本与汉武帝"独尊儒术"唱对台戏，为封建割据制造舆论的书。也有人认为书成之时汉武帝刚刚执政，尚未提出"独尊儒术"的问题，没有唱对台戏的可能。而且刘安谋反本身就是一个冤狱。因时代久远，材料不充分，故一时难以定论。

刘安组织人写《淮南子》，总的原则是："纪纲道德，经纬人事，上考之天，下揆之地，中通诸人。""故著书二十篇，则天地之理究矣，人间之事接矣，帝王之道备矣。"（《淮南子·要略》，以下引本书仅注篇名）也就是说，本书是为了究天人之理，通古今之事，为汉室帝王献上的治国之道。

从书的内容看，《淮南子》包容了先秦儒、墨、道、法、阴阳诸家的思想，但在各家之间，又有所侧重。就指导思想而言，应当说该书是以道家为主的。汉人高诱注《淮南子》时便指出："其旨近老子，淡泊无为，蹈虚守静，出入经道。"此论应该说是基本准确的。在汉初以黄老之学为治国指导思想的大形式下，刘安等人的思想向道家有所倾斜是完全合理的。全书采撷老子思想最多，不过又有所发挥。《淮南子》说："夫太上之道，生万物而不有，成化象而弗宰。"（《原道训》）道是宇宙万物的派生者，所以它又无所不在。"道者一立而万物生矣，是故一之理，施四海；一之解，际天地。"（同上书）宇宙间万物都按照道的原则运行，人也应该师法自然，依道而行。《淮南子》一书的内容涉及政治、经济、伦理、教育等诸多方面，但其中贯穿的基本精神，就是依道而行。"夫道有经纪条贯，得一之道，连千枝万叶。"（《仿真训》）

《淮南子》又大量吸取了儒家思想，多篇称颂三皇五帝等古圣王之德，以尧、舜、禹、汤、文、武为圣贤，赞美孔子的人格和事业。针对秦始皇的"以吏为师，以法为教"，轻视道德教育的偏失，《淮南子》指出："民不知礼义，法弗能正也"，"法能杀不孝者，而不能使人为孔曾之行。"（《泰族训》）故他们重视儒家教化对人心灵的熏陶，《泰族训》甚至开出教育所需的书目："温惠柔良者，《诗》之风也；淳庞敦厚者，《书》之教也；清明条达者，《易》之义也；恭俭尊让者，《礼》之为也；宽裕简易者，《乐》之化也；刺几辨义者，《春秋》之靡也。"这和当时儒者的学习范围已经大同小异了。不过《淮南子》又讲："仁义之不能大于道德也，仁义在道德之包。"（《说山训》）仍是以道家为本，儒家为末。

因秦始皇的暴政，法家在汉初虽受到一定程度的批评，但在政治思想领域中仍然有重要的影响。《淮南子》在谈到君道如何循名责实，因材授官，群臣守职，百官有常时，仍大谈以法治国。"太上神化，其次使不得为非，其次赏贤而罚暴。"（《主术训》）"治国太上养化，其次正法。"（《泰族训》）受道家影响，《淮南子》将远古的混沌未开之世视为无上美好的道德之世。但他们也敢于面对现实，承认在现实道德丧失的情况下，治国不可离开明法。他们还强调："法籍于时变、礼义与俗易"（《泛论训》），不可拘泥于古礼古法，从中可以看到商鞅、韩非的影子。鉴于秦朝的教训，《淮南子》讲法治时特别注意强调法不避贵，不以君意行赏罚，不以私意入公道。如他们讲："法籍礼义者，所以禁君使无擅断也"（《主术训》），提到了法对君主的限制，反对个人专断独裁，这是对先秦法家思想的发挥。

《淮南子》一书中多处提倡节俭和薄葬，显然与墨子的思想有关。《主术训》中瞽师有以言白黑，无以知白黑之取，其文字无疑出自《墨子·贵义》。《说山训》关于利之中取其大，害之中取其小的观念，则采自《墨经》。

阴阳家的思想，在《淮南子》一书中也有反映。《时则训》将《吕氏春秋》以阴阳五行为骨架搭起的世界图式，作了更进一步的发展。《本经训》讲阴阳气化，天人感应。《泰族训》则将阴阳五行的思想与儒家的三纲五常结合了起来，处处体现了杂家融合诸家的特色。

《淮南子》在汉初，可以说是一部内容极其丰富的百科全书式著作。其长在于兼容百家，博采众长；但其短也在于杂驳重复，有体系的内在矛盾，故后世学者多有批评。

董仲舒的《春秋繁露》如何论述天人感应学说

《春秋繁露》是中国汉代著名思想家、政治家、经学大师董仲舒（前179—前104）的主要学术著作。汉景帝时，董仲舒任博士，专门讲授《公羊春秋》，曾作《玉杯》《举要》《蕃露》等数十篇以说春秋。蕃、繁通，《蕃露》篇即今《春秋繁露》一书。"蕃露"本为古时冠冕的饰物，缀玉而下垂。唐贾公彦说："前汉董仲舒作《春秋繁露》。繁：多；露：润。为《春秋》作义，润益处多"（《十三经注疏·周礼义疏》），认为《春秋繁露》是对《春秋》大义的引申和发挥，这个观点是比较符合实际的。今本《春秋繁露》共十七卷，八十二篇，但篇名与《汉书·艺文志》所记不尽相同，或疑曾经后人附议修改。

天人感应学说是《春秋繁露》一书的主要内容之一。所谓"天人感应"是中国古代学术思想中一种认为天人之间可以交相感应、互为因果的神秘主义的学说。天人感应的思想在先秦时已露端倪，《尚书·洪范》中就谈到过君主的施政态度可以影响天气的变化，春秋时的占星术则是这种思想的实际运用，战国时阴阳家邹衍的"五德终始"说使这种思想开始成为系统化的学说。董仲舒的《春秋繁露》以论证"春秋大一统"为根本宗旨，以融合了"阴阳""五行"学说的"天人感应"学说为论证工具与理论核心，提出了包括"性三品"的人性论、"三纲""五常"的伦理学说、"三统"循环的社会政治历史观等在内的一整套有利于中央集权封建政治统治的理论。这不仅使天人感应学说具有了空前成熟、完备的形式，而且使其为汉代统治者接纳为官方思想，汉代也因而成为天人感应学说的主要流行时期。

在《春秋繁露》的天人感应学说中，董仲舒直接继承了周以来以天为本的传统观念，认为："天者，万物之祖，万物非天不生。"（《春秋繁露·顺命》，以下凡引此书仅注篇名）他还进一步将天奉为至高无上的神，所谓"天者，百神之大君也，王者之所最尊也"（《郊义》），"天者，百神之大君也，事天不备，虽百神犹无益也"（《郊祭》）。与传统的、较为简陋的天的观念不同的是，董仲舒借助阴阳家关于"阴阳""五行"的学说创造了一个天生万物的完整模式，即所谓"天地之气，合而为一，判为四时，列为五行"（《五行相生》）。在这里，由天而阴阳而五行而四时万物，阴、五行相生是天在表现自己的刑罚，阳、五行相生是天在表现自己的恩德，春夏秋冬四时更替是天在表现自己的喜（春育）怒（秋杀）哀（冬藏）乐（夏养）。可见，世上万物的生长变化无不是天的意志。

董仲舒认为不仅四时万物是天创造的，人类也是天创造的，所谓"为人者天也。人之人，本于天，天亦人之曾祖父也"（《为人者天》）。既然人是天创造的，所以天与人本是相通的。例如"天以终岁之数，成人之身，故小节三百六十六，副日数也；大节十二分，副月数也；内有五脏，副五行数也；外有四肢，副四时数也；乍视乍瞑，副昼夜也；乍刚乍柔，副冬夏也；乍哀乍乐，副阴阳也"（《人副天数》）。又如"人之形体，化天数而成；人之血气，化天志而仁；人之德行，化天理而义；人之好恶，化天之暖清；人之喜怒，化天之寒暑；人之受命，化天之四时。人生有喜怒哀乐之答，春夏秋冬之类也"（《为人者天》）。可见，人无论是身体血气，还是道德性情，都是来自天的，这就是所谓"人副天数"。"人副天数"说明"天人同类"。既然天人同类，那么天人之间就会像动物中"马鸣则马应之，牛鸣则牛应之"，医学上"天将阴雨，人之病故为之先动"，"病者至夜而疾益甚"等那样，存在着所谓"同类相动"的关系（《同类相动》）。因此，统治者如果按照天意行事，所谓"圣人法天而立道"（《天人三策》），天就会降下祥瑞。反之，统治者如果逆天行事，天为了爱护他就会降下灾害怪异，以谴告之，警惧之。统治者见到灾异须自省改过，以免招致更严重的后果。这就是所谓"天人感应"。

天人感应学说在董仲舒有两方面的意义：一是为统治者进行论证。天人感应学说是一种典型的君权神授论。既然君主的统治及以三纲五常为代表的封建秩序皆出自天意，而天意是任何人都不能违背的，所以天下人应该像对待自己的父母一样归顺封建君主的统治。二是对统治者进行约束与警告。一国之君当然在万人之上，但国君之上还有天。国君如果不能按天意行事，同样会自取大祸的。

天人感应学说开两汉谶纬迷信之先河，为君权神授论提供了系统的理论依据。使儒学神学化、宗教化等是其消极的一面。但在当时的社会历史条件下，它又是一种虽然曲折，却较为现实的谏净方式，对君主有一定的约束劝诫作用，因而也有一定的积极意义。

《盐铁论》中讨论了什么问题

《盐铁论》一书由汉宣帝时汝南人桓宽，集汉昭帝时盐铁会议的论稿而成，全书共十卷，六十篇。

汉武帝时，为了反击匈奴的侵略，开拓边疆，连年与匈奴进行战争，财政、经济发生了很大困难。他采纳了桑弘羊等人的建议，实行盐铁官营、均输、平准、榷酤、统一铸币等一系列措施，打击了一部分工商业主和豪强势力，保证了反侵略战争的进行，是有历史功绩的。但事物的发展往往是物极必反，反侵略的胜利助长了地主阶级中的大汉族主义，穷兵黩武。盐铁官营也养肥了一群官商，他们"攘公法，申私利，跨山泽，擅官市"（《盐铁论·刺权》，以下引此书仅注篇名），操纵国计民生，牟取暴利。其最终结果，就是加重了人民的苦难，使农民的反抗斗争一波未平，一波又起，汉王朝面临着严重的危机。汉武帝晚年，已经开始认识到问题的严重性，停止了对匈奴的战争，但是整个统治阶级尚未从思想上解决如何继续延续统治的问题。汉昭帝始元六年（前81年），执政的大臣霍光召集并主持了盐铁会议，从讨论盐铁官营问题入手，全面反思了汉代统治思想中儒法两家的关系。当时与会的一方是以御史大夫桑弘羊为代表的大官僚，另一方则是以汝南朱生、茂陵唐生、鲁国万生、中山刘子推、九江祝生等人为代表的贤良、文学之士。《盐铁论》一书把他们简称为"大夫""文学"，主要讨论了如下问题：

第一，义利之辩。这是儒法两家在治国思想上根本的对立之点。文学说："古者贵德而贱利，重义而轻财"（《错币》）。而桑弘羊"崇利而简义，高力而尚功"，是"开利孔为民罪梯也"（《毁学》），结果是人人求利，搞得国家不宁。桑弘羊则直言不讳地说："商君相秦也，内立法度……外设百倍之利，收山泽之税，国富民强"（《非鞅》），法家的重利政策是富国之道。在辩论中，文学为了突出礼义的重要性，不惜将义、利对立起来，显得有些迂腐。但在汉中叶国家政权已经稳固后，要求国家及时将统治思想转向注重教化，也不失其合理性。

第二，本末之争。这是本次论战的直接主题。文学要求"罢盐铁，退权利，分土地，趣本业，养桑麻，尽地力也"（《水旱》）。强调"理民之道，在于节用尚本，分土井田而已"（《力耕》）。这是符合小农经济以农为本、以工商为末的传统观念的。而大夫则说："富国何必本农？足民何必井田也？"（《力耕》）桑弘羊等实际执政的大夫，从切身经验感受到，从工商业国家可以找到更多的财政来源。不过，他们的意见并不代表工商业主的利益。他们所说的重工商，是垄断更多的国营工商业，其实对工商业的发展并不起促进作用。文学主张：国家放弃盐铁官营，让利于民，"下藏于民，远浮利，务民之义。"（《禁耕》）儒家这种藏富于民，先富民而后富国的主张，实际上更符合统治阶级的长远利益。

第三，刑德之选。针对当时社会矛盾不断激化的情况，大夫认为应当加强法治，"令者所以教民也，法者所以督奸也。令严而民慎，法设而奸禁。网疏则兽失，法疏则罪漏。"（《刑德》）因此他们坚持先秦法家的观点，主张实行严刑峻法。而文学则充分利用秦王朝亡国的历史教训，说这是由于采用了商鞅的峭法盛刑，使"秦人不聊生"，是"弃道而用权……以虐戾为俗"（《非鞅》）的亡国之道。因为"法能刑人而不能使人廉，能杀人而不能使人仁"（《申韩》）最根本的办法是"王者设庠序，明教化，以防道其民，及政教之治，性仁而喻善"（《授时》）。历朝历代的统治者，无不具备教育与刑罚两手，在一般情况下，应当是以教化为主。从春秋战国的几百年战乱，经汉初百余年的巩固，国家已经走上了正轨，统治之术应及时将以镇压为主的法家，换上以教化为主的儒家。文学的意见，就反映了这种历史的呼声。

以上，是《盐铁论》中所记载桑弘羊和贤良、文学之士争论的主要问题。在争论中，双方都有言过其词、思想偏激之处。不过总体而言，桑弘羊所代表的一方，反映了在汉武帝积极推进抗匈奴战争期间兴起的、依靠皇权的大官僚阶层的利益，而文学之士反映的则是普通地主阶级的利益。当国家的总政策发生根本转变后，统治思想也要发生相应的变化。文学之士的主张，正是变化的先声。盐铁会议争论的结果是，执政大臣霍光在相当程度上采纳了文学之士的建议，停止了对匈奴的战争，部分取消了盐铁官营，清除了官吏中"严刑峻法"的高压政策，对农民作了让步，"轻徭薄赋，与民休息"（《汉书·昭帝纪》），缓和了社会矛盾，稳固了统治。从思想上看，终止了汉初的儒、法合流，恢复了先秦的孔孟传统。

王充的《论衡》如何以"疾虚妄"为宗旨

王充（27—约97），东汉时期著名的思想家。他只有一本著作《论衡》，共八十五篇。《论衡》一书的根本宗旨是"疾虚妄"，所涉及的内容都是围绕着这个主题展开。王充所说的"虚妄"，就是当时社会上广泛流行的谶纬神学。"谶"是"诡为隐语，预决吉凶"的宗教预言，它以神启的方式为某些社会集团制造舆论。如秦朝末年，社会上就曾流行"亡秦者胡也"的谶语。"纬"是用宗教迷信的观点对儒家经典的神秘解释，其中既包括一些社会生活常识和自然科学知识，但更多的则是神学家对时政的借题发挥。如《春秋纬·文耀钩》针对汉代后妃专权的情况，编造纬书说："慧入斗，辰守房，天库虚，狼弧张，期八年，王伯起，帝产亡，后党嬉。"董仲舒的今文经学重《公羊》，明天人感应，更是为谶纬神学提供了理论依据，促其迅猛发展。到了两汉之际，儒生们编造的纬书已经铺天盖地，荒诞不经；图谶满天飞，搞得人心惶惶。东汉政权在建立的过程中，也广泛地利用谶语，如"刘秀发兵捕不道，四夷云集龙斗野，四七之际火为主"（《后汉书·光武帝纪》）等，东汉统治者对之仍然迷信甚深。汉章帝建初四年（79年），皇帝亲自主持了"白虎观会议"，重新编定五经，统一天下图谶。最后由班固整理为《白虎通》一书，使谶纬迷信获得了钦定法典的地位。在谶纬迷信的歪曲解释下，儒学已经严重偏离了孔子时代对"怪力乱神"存而不论的理性主义方向，越来越向神秘化的方向发展。王充对之疾恶如仇，故作《论衡》一书以纠其偏。《论衡》一书反"虚妄"，其思想方法是"证验以效实然"（《论衡·知实》以下引本书仅注篇名）的实在论。他说："凡论事者，违实不引效验，则虽有甘义繁说，众不见信"（《知实》），只有能用客观事物证明的理论才是正确的。故他重视感觉器官直接感知，"如无闻见，则无所状"，"须任耳目以定情实"（《实知》）。但是他又反对单纯迷信感知，因为人的感觉中往往会包含某些错觉，"信闻见于外，不诠定于内，……独为失实。"（《薄葬》）所以他认为还需要"留精澄意""以心原物"，开动理性思维，剔除虚假表象，把握事物的本质。

　　《论衡》反对在"天"的问题上神学家所散布的"虚妄"。董仲舒认为："天者，百神之大君也。"（《春秋繁露·郊义》）天有意志，有情感，有作为，是万物及人类的创造者和主宰者，可以与人世相感应。王充则把天还原为自然界，他指出："天去人高远，其气茫仓无端末。"（《变动》）天地间万物的生长变化，不过是一种自然现象，并没有谁在背后支配。他说："天地合气，万物生焉。犹夫妇合气，子自生矣。"（《自然》）这完全是气运动的结果，而不是神有意的安排。

　　灾异符瑞是神学家们制造谶纬的最好论据，王充重点加以批判。纬书上说：尧之母与赤龙交而生尧，刘邦之母梦与龙通而生刘邦。王充根据万物"因气而生，种类相产"的原理，说明人与龙是异类，不能相交而得子，驳斥了各种君权神授的神话。纬书上还说：圣君受天命时，必有祥瑞出现。如文王时有朱雀之瑞，武王时有白鱼之瑞。王充指出："自然无为，天之道也。""文王当兴，赤雀适来，鱼跃鸟飞，武王偶见，非天使雀至白鱼来也。"（《初禀》）各种祥瑞，不过是些偶然的巧合而已。自然灾害是神学家最喜欢利用来证明天人感应的证据，说是天神对人君的"谴告"。王充指出："末世衰微，上下相非，灾异时至，则造谴告之言矣。"（《自然》）在王充看来，自然界有其自身的运行规律，与人世无涉，谴告之言都是别有用心的人利用朝代末世编造出来的。

谶纬神学打着尊儒的幌子编造宗教预言，自然也要神化孔子本人。如纬书《春秋演孔图》说孔子：首类尼丘山，长十尺，大九围。《孝经·钩命诀》说：仲尼海口、牛唇、舌理七重、虎掌、龟背，俨然是一个半人半神的怪物，以此证明他有神性。他们说孔子生前就预言：秦始皇要登孔子之堂，上孔子之床，至沙丘而亡。又说孔子已经预见到"董仲舒，乱（整理之意）我书"。王充认为这也是"虚妄"，他说："前知千岁，后知万岁，有独知之明，独听之聪，事来则名，不学自知，不问自晓，故称圣……此皆虚也。"（《实知》）因为"天地之间，含血之类，无生知者"（同上书）。任何人都必须经过学习才能获得知识，"所谓圣者，须学以圣"（同上书），他们不过比平常人善于思维，"温故而知新"，"能类推以见方来"而已。

东汉时期鬼神迷信非常流行，王充认为这也是一种"虚妄"。他认为："然则人生于天地也，犹鱼之于渊，虮虱之于人也，因气而生，种类相产。"（《物势》）人也是自然中的一物，"物死不为鬼，人死何能独为鬼？"（《论死》）根据当时的医学知识，王充分析了死的生理现象，他说："人之所以生者，精气也……能为精气者，血脉也。"（同上书）"人死血脉竭，竭而精气灭，灭而形体朽，朽而成灰土，何用为鬼？"（同上书）在现实生活中并不存在鬼，人们关于鬼的观念，是疾病、恐怖之时，精神错乱，头脑中出现的一些幻象。"凡人不病则不畏惧，故得病寝衽，畏惧鬼至。畏惧则存想，存想则目见虚。"（《订鬼》）在两千年前的汉代，中国哲人能对各种迷信观念作这样深刻的心理分析，实在是难能可贵。

王充的《论衡》激烈地抨击各种"虚妄"理论，对纠正谶纬的偏失，促使古文经学的兴起，有直接的促进作用。同时，他坚定的无神论立场，对后世思想家反对宗教迷信则产生了深远的历史影响。

何晏与王弼代表的"玄论派"有何理论贡献

何晏（190—249），字平叔，魏国南阳（今河南省南阳市）人。他是东汉末年灵帝时的国舅，大将军何进之孙，少年以才秀知名，在魏国尚曹魏公主，官至尚书，赐爵为列侯。何晏生活孟浪，动静粉白不离手，有"敷粉何郎"之名。曹魏政权末年，司马氏集团势力膨胀，何晏因与曹氏的姻亲关系，亦被杀害。王弼（226—249），字辅嗣，魏国山阳（今河南修武县）人。《三国志》称他"幼而察慧，年十余好老氏，通辨能言"。他所作《老子注》一书,何晏看后大加赞赏,说:"仲尼称后生可畏,若斯人者,可以言天人之际乎?"以后何晏将王弼推荐给执政的大将军曹爽,官至尚书。在曹爽、何晏被杀的同一年,王弼受牵连入狱,出狱后不久就去世了。

何晏、王弼是魏晋玄学的首倡者,他们的学派以其内容被称为"玄论派"。玄学家多以注疏《周易》《老子》和《庄子》这三本精巧玄妙的哲学著作的形式阐发自己的观点,三书又称"三玄",玄学由此而得名。表面看来,玄学家们谈论的问题虚玄古奥,与世无涉,但是实质上,玄学家们是在以源于生活、高于生活的方式参与现实的政治争论。三国时期迫切需要解决的问题是如何处理中央政权与门阀士族关系。孙权的"施德缓刑"具有黄老道家色彩,诸葛亮倾向于儒法合流,而曹操则以法家的刑名之学为主导。曹魏政权的方法虽然取得了很大成就,但也造成了上下离心、政局不稳的弊端。当时的有识之士都提出了自己的见解,有人主张刑德并用,儒法合流;有人主张纯用儒家,任德不任刑;有人主张清静无为,奉行黄老。何、王二人则要站得高一点,他们认为这种谈论不应是就事论事,仅仅局限于政策的方面,而应当上升到哲学的层面。王弼说:"夫以道治国,崇本以息末;以正(政)治国,立辟以攻末。"(《老子注》五十七章)那么,究竟什么是治国之本呢?限于当时的思想资料,何、王二人也只能是归本于黄老。

何晏的著作有《道德二论》《无名论》和《论语集解》,但大多已经亡佚,仅可从其他人的著作中见到一些转引。如张湛《列子》注引何晏的话说:"有之为有,恃无以生,事而为事,由无而成。夫道之而无语,名之而无名,视之而无形,听之而无声,则道之全焉。"可见何晏已经确立了"以无为本"的思想,所以他才会如此看重并提携对老子之学有深刻研究的年轻后生王弼。王弼的代表作是《老子注》《周易注》《周易指略》《论语释疑》等书,全面阐述了"以无为本"的玄学思想。他说:"凡有皆始于无,故未形无名之时,则为万物之始。"(《老子注》一章)这里他所说的"无"也就是"道","道者,无之称也,无不通也,无不由也,况之曰道,寂然无体,不可为象。"(《论语释疑》)他的理由则在于,具体有形的事物只能生出另一个有形的事物,而只有无形之物,才能生出万物。王弼如果仅仅是到此为止,那他并没有比老子前进多少,他的重要贡献恰恰在于,他用"本末""体用""一多""动静"等一系列哲学范畴进一步说明了"以无为本"。他说:"母本也,子末也。得本以知末,不舍本以逐末。"(《老子注》五十二章)道生万物就如同母生子,把握了道就可以把握具体事物的规律，不能舍本以逐末，光致力于政治的细枝末节。他又用"体用"范畴"一"来说明有和无，"夫无不少以无明，必因于有"，"必有之用极而无之功显。"（《周易·系辞传》韩伯康注引王弼《大衍义》）作为本体的"无"，也不能离开具体事物的"有"而存在，无之体必在有之用中体现出来。王弼进一步用"一多"范畴对有无关系进行说明，他说："万物万形，其归一也。何由致一？由无乃一，一可谓无。"（《老子注》四十二章）由于代表具体事物的"多"是由代表道的"一"生出来的，所以，"夫众不能治众，治众者至寡也。"（《周易略例·明象》）"以一治多""以寡治众"就是王弼所要说明的"治道"。最后，王弼还讲到了"动静"关系。《老子》中就有"归根曰静"的命题。因为万物是运动的，而道则是静止的。以一治多，以道御万物，就是以静治躁。他说："夫静为躁君，安为动主。故安者，止之所处也；静者，可久之道也。"（《周易注》恒卦）王弼的"贵无"论哲学，通过这套复杂的论证，为中国古代哲学引入了一系列新范畴，使之上升到了一个新的水平。

王弼"以无为本"的玄论，最终还是要回到现实中来。他先说："老子之书，其几乎可一言以蔽之。噫！崇本息末而已矣。"（《老子指略》）"崇本息末"是要人们放弃对政治策略上的争执，回归政治的根本——道。但在把握了"以无统有""以寡治众""以静制动"之道后，还要"守母以存子，崇本以举末，则刑名俱有而邪不生"（《老子注》三十八章）。那么，如何崇本举末呢？王弼虽然重视老庄的"无为"之学，但是无为是为了"无不为"。玄论哲学是为了说明"名教出于自然"。他说："始制，谓朴散始为官长之时也。始制官长，不可不立名分以定尊卑。"（《老子注》三十三章）"朴"即是老子所说万物的原始状态，脱离了本源"道"，还是得有儒家的名教作为治国的依据。不过在他看来，道家为本，儒家为末，道家哲学是儒家纲常的理论根据，这也就是玄学家"以道注儒"的特色。

阮籍与嵇康代表的"旷达派"为何名垂千古

阮籍（210—263），字嗣宗，陈留尉氏（今河南尉县）人。阮籍生当魏晋兴代之际，曾官至散骑常侍，转步兵校尉。他是一位诗人，也是思想家，一生著作宏富。嵇康（223—262），字叔夜，谯国经（今安徽宿县西南）人。他自幼博览群书，长好老庄，曾与曹魏通婚，官拜中散大夫。司马氏篡权后，因拒绝与之合作而被杀。他是一位文学家，音乐家，又是一位思想家。

　　阮籍和嵇康生当曹魏与西晋禅代之时，社会动乱不定。青年时代，他们都有济世报国之志。《晋书·阮籍传》载："籍本有济世志，属魏之后，天下多故，名士少有全者。籍由是不与世事，遂酣饮为常。"他们的早期作品与何晏、王弼等玄学主流派一样，也是在努力探索如何使名教与自然相结合，以期匡正曹魏政权之失。司马氏篡权以后，高扬起名教的旗号，实则罗织罪名、诛除异己，把名教变成了政治斗争的工具。残酷的现实粉碎了魏晋名士们的梦想，现实与理想的巨大反差把许多人逼上了"越名教而任自然"（嵇康《释私论》）之路。阮籍、嵇康与山涛、向秀、王戎、刘伶、阮咸结成了所谓的"竹林七贤"，他们隐遁山林，抚琴赋诗，嗜酒长啸，不拘礼节，不事王侯，任性放达，形成了玄学中的"旷达派"。

　　阮籍、嵇康等人不是一般的闲人隐士，而是具有深刻头脑的思想家。他们不仅以自己的实际行动对社会的黑暗表示抗议，而且为自己的行为建立了一套理论。嵇康讲："六经以抑引为主，人性以从欲为欢。抑引则违其愿，从欲则得自然。"（《难自然好学论》）他尖锐地指出，儒家的六经都是违反人的本性的，不过是统治者为了一己之私利压迫人民思想的工具。嵇康用极为刻薄的语言讽刺了统治者所提倡的尊儒诵经，他说："以明堂为丙（病）舍，以讽诵为鬼语，以六经为芜秽，以仁义为腐臭，睹文籍则目瞧，修揖让则变偃，袭章服则转筋，谭礼典则齿龋。"（同上书）阮籍则讽刺迷信儒家礼教的人说："且独不见夫虱之处于裤中乎？逃于深缝，匿乎坏絮，自以为吉宅也。行不敢离缝际，动不敢出裤裆，自以为得绳墨也……汝君子之处寰区之内，亦何异夫虱之处裤中乎？"（《达庄论》）嵇康甚至自称："轻贱唐虞而笑禹"（《卜疑》），"非汤武而薄周孔"（《与山巨源绝交书》），实乃惊世骇俗。

　　在中国古代社会，名教并不是指儒家思想，也不是某一统治集团的治国方略，而是一种不以人的意志为转移的社会政治伦理实体。阮籍等人提出了超越名教的破坏性口号，但他们受当时历史条件的限制却找不到名教的替代物，唯有逃避现实，寻找个人精神上的"桃花源"。嵇康说："心无所矜，而情无所系，体清神正，而是非允当……寄胸怀于八荒，垂坦荡于永日。斯非贤人君子高行之美异者乎？"（《释私论》）他又赋诗云："采薇山阿，散发崖岫，永啸长吟，颐性养寿。"（《幽愤诗》）他们希望能够遨游于山林之间，放浪于形骸之外，做一个神仙般的隐士。然而现实生活的规律是残酷的，在司马氏政权的严密统治下，容不得有人逃遁于名教之外，"竹林七贤"小集团很快瓦解了。嵇康因与曹氏的姻亲关系，不到四十二岁便被司马昭杀害。阮籍为了避免司马氏的求婚，曾"醉六十日，不得言而止"，但最终仍不得不出山做个闲官。王戎、向秀，经不住利禄的引诱，自动做了晋朝的高官。阮咸、刘伶成了纵欲放荡、玩世不恭的颓废派。刘伶以好饮酒而著名，"常乘鹿车，携一壶酒，使人荷锄而随之，谓曰：'死便埋我。'"（《晋书·刘伶传》）《世说新语·放诞篇》说他终日裸体喝酒，客人来了，也不隐避，还笑着说：我以天地为屋，以屋为衣，"诸君为何入我裈"，在后世竟成为笑柄。

玄学中的"旷达派"所以能名垂千古，一方面，是由于他们对封建礼教的尖锐批判。他们当时虽然还提不出可以取而代之的新型社会制度，但其犀利的笔锋，尖刻的言辞，对于后世批判现实的思想家有所启迪；另一方面，他们"寄胸怀于八荒，垂坦荡于永日"的潇洒的情怀，恢宏的气度，符合中国士大夫阶层儒道互补的心理结构。在漫长的封建社会中，"不如意事常八九"，碰到了仕途的挫折，小人的谗言，读一读阮籍、嵇康的著作，可以起到开阔心胸、缓释心灵压力的作用。因此尽管他们书中多有非毁圣人的言语，但仍保存了下来。另外，阮籍有大量精美的诗词传世，嵇康的"声无哀乐论"在文学理论上有较大影响，二人在文学史上也具有很高地位。

魏伯阳的《参同契》在道教史上有何重要影响

《参同契》是东汉末年魏伯阳的著作，因其书主要借助《周易》之理，演说道教炼丹秘法，所以也称为《周易参同契》。

魏伯阳其人于正史无考，在古籍中较早记载魏伯阳的是葛洪的《神仙传》。其书说："魏伯阳，上虞人。贯通诗律，文辞赡博，修真养志。约《周易》作《参同契》。桓帝时，以授同郡淳于叔通。"以后诸家的说法，大致相差不多，可见葛洪之说大体是可信的。

关于《参同契》一书的得名，宋人朱熹作《周易参同契考异》指出："参，杂也；同，通也；契，合也；谓与《周易》理通而义合也。"也就是说，该书是一部融会贯通之作，主要包括"大易""黄老""炉火""三道由一，俱出径路"（《参同契》）。魏伯阳从《周易》中取阴阳和合之道，从黄老道家取顺应自然之法，合而讲解炉中炼丹之事，是道教史上第一部丹经。至于魏伯阳所说的丹是内丹还是外丹，道教门徒和史家一直存有争议，皆因《参同契》书中有矛盾之处。一方面，书中有大段讲解内丹气功的文字；另一方面，又有独赞外丹，贬斥其他修养之术的地方。对此，有些现代学者认为：《参同契》一书上、中、下三卷，内容有明显的差异，故造成了上述歧见。据此推论，此书原始作者未必是一人，最后由魏伯阳总纂其成。所以在后代，此书既是外丹派的丹经，也是内丹派的丹经。

关于外丹道，《参同契》系统论证了金丹使人长生的道理。"巨胜尚延年，还丹可入口。金性不败朽，故为万物宝。术士服食之，寿命得长久……金砂入五内，雾散若风雨。熏蒸达四肢，颜色悦泽好。发白更生黑，齿落出旧所。老翁返丁壮，耆妪成姹女。改形免世厄，号之曰真人。"道教的炼丹术，是从古代的炼金术发展而来。道士们惊异于黄金耐高温和耐腐蚀的化学稳定性，想像服中药一样，直接将黄金中的某种神性移入人身，从而达到长生不老的目的。但是黄金、丹砂都是有剧毒的物质，不能直接服用，所以道士们又设想运用阴阳五行相生相克之理，在炉鼎中锻炼，将其转化成无毒而有益的金丹。《参同契》还提到朱砂、铅汞、水银等药物，"金以砂为主，禀和于水银"，"白虎（铅）为熬枢，汞日为流珠，青龙（汞）与之共"。这些药物的配合要非常注意分量，同时还要严格遵守锻炼的火候，"二八应一斤，易道正不倾。铢有三百八十四，以应火候交象之计"。只要遵阴阳相推之道，顺四时变化之节，合五行相关之序，应晦朔隐显之律，就可炼出使人服后成仙的金丹。

关于内丹道，《参同契》认为：人体与宇宙相一致，也是一个阴阳协调的整体。要想长生，必须努力维持体内的阴阳平衡。同时，万物的生化，皆是阴阳交媾，使精气得以发舒的结果。人如果根据阴阳变化的规律，掌握《周易》六十四卦的运行路线，便可依此修炼。《参同契》说："二气玄且远，感化尚相通。何况近存身，切在于心胸。阴阳配日月，水火为效征。耳目口三宝，固塞勿发扬。真人潜深渊，浮游守规中……三者既关键，缓体处空房。委志归虚无，无念以为常。"这里讲的真人，是指人身中的真气。"守规中"，指意存丹田，再加之精神上意存虚无，即可在体内炼出金丹。如宋代朱熹所说："以神运精气，结而成丹。"（《周易参同契考异》）不过有一点需要提醒读者，"内丹"这个词出现较晚，大约是隋唐年间。在此以前，道教的"服气""导引"之术，称内炼而不称内丹。

朱熹在《周易参同契考异》一书中指出：此书文字古奥，多恍惚之辞，类比之喻，使人感到"无下手处，不敢轻议"。正因为如此，所以给了后代学者诠释发挥以很大的余地，推演出许多丹鼎学说。其中，既有外丹派，也有内丹派，两派皆将《参同契》视为丹经之王。如宋代著名道士张伯端所言："叔通受学魏伯阳，留为万古丹经王。"（《悟真篇》）元代陈致虚作诗赞《参同契》说："端是长生不死方，常人缘浅岂承当。铅银砂汞分斤两，德厚恩深魏伯阳。"不过从时间上看，从魏晋至隋唐，道士们多从外丹的角度研究、发挥《参同契》。而宋元之后，则多是从内丹的角度阐发《参同契》。显然，这是和道教自身发展的历史有关。早期道教之中既有"服食"之术，也有"导引"之术。秦汉至隋唐的帝王、贵族们急于成仙，不惜重金请道士炼制金丹。然而残酷的事实是，服金丹者不但没有长生成仙，反而中毒暴死，迫使道教从外向内转化，注重内功的修炼。但不管从哪个方向研究，《参同契》皆可以给人们以启示。

葛洪的《抱朴子》提出了哪些重要观念

葛洪（283—363），字雅川，号抱朴子，丹阳句容（今江苏江宁）人，是晋朝著名的道教思想家。他出身于江南名门，祖、父两代在东吴历任要职。葛洪十三岁时家道衰落，他躬耕稼穑，刻苦自学，博览经史百家，后跟其从祖葛玄学道。葛洪还精通武略，晋惠帝太安三年（303年），扬州发生了石冰起义，葛洪为将兵都尉，因破石冰有功，升伏波将军。但他无意于功名，弃甲归田，锐意修道学仙。遇"八王之乱"，避居广州，专心著述，《抱朴子》就是这个时期写成的。东晋时，朝廷念其前功，赐爵关内侯。因听说交趾产丹砂，遂求为句漏（今广西北流县）令。路过广州时，为刺史所留，遂止于罗浮山修道，至81岁仙逝。

葛洪一生著作宏富，而《抱朴子》则是其代表作。《抱朴子》一书包括内篇二十卷，外篇五十卷。他自称："其内篇言神仙方药，鬼悸变化，养生延年，禳邪却祸之事，属道家；其外篇言人间得失，世间臧否，属儒家。"（《抱朴子·自序》）这本书包括了道教的宇宙观、人生哲学、政治思想、宗教理论、炼丹术和养生学，可以概括为如下几点：

第一，对道教"长生久视"理论的系统证明。首先，他用经验归纳的方法证明世界上确有神仙存在。有人用直接经验否认神仙的存在，而葛洪则指出：除直接经验以外，还有间接经验，"邃古之事，何可亲见？皆赖记籍，传闻于往耳。"神仙虽未必亲见，但典籍多载，必非虚言。其次，他论证了神仙可学而至。有人问：神仙是天生而成的，还是刻苦修炼而成？他回答："彼莫不负笈随师，积其功勤，蒙霜冒险，栉风沐雨……性笃行贞，心无怨式，乃得升堂入室。"此论等于为全体信仰者打开了长生不老、肉体成仙的大门。再次，葛洪认为人通过"行气导引"，变化气质，可至长生。因为"人在气中，气在人中，自天地以至万物，无不赖气以生"。气是生命的根源，所以"宝精行气"可以祛病延年。最后，他论证了金丹大药使人长生的原理。"夫金丹之为物，晓之愈久，变化愈妙。黄金入火，百炼不消；埋之，毕天不朽。服此二物，炼人身体，故能令人不死不老。"他设想借助黄金和丹砂耐高温、耐腐蚀的化学稳定性，使人经得起岁月的消磨。他得出一个结论："我命在我不在天，还丹成金亿万年。"

第二，葛洪系统研究了道教的长生修仙之术。一曰"积善立功"，修道者必须遵从封建礼教。"览诸道戒，无不云欲求长生者，必欲积善立功，慈心于物。"二曰"草木药饵"，先须除去身体疾病，方可为进一步修道打下基础。他说："古之初为道者，莫不兼修医术，以救近祸。"三曰"屈申导引"。这是修道所必需的身体锻炼，"朝夕导引，以宣动营卫，使无辍阂。"四曰"宝精行气"。他受古代房中术的影响，认为："欲成神仙，唯当得其至要，至要者在于宝精行气。"宝精者，即清心寡欲，使人不为色欲所伤；行气者，即用呼吸吐纳之法，使入气多，出气少，最后达到胎息状态。五曰"金丹大药"。这是成仙的根本。"服神丹令人寿无穷，与天地相毕，乘云驾龙，上下太清。"从葛洪所列的修习次第看，他还是属于外丹派，把锻炼金丹视为根本。在《抱朴子》中，他对炼丹所用药物、丹炉的尺寸、炼丹时的火候、各种药物的变化都进行了详细的观察与记录，成为世界史上最早的化学家。

第三，"玄道合一"的宗教哲学。成仙不仅追求肉体的长生不朽，而且必须在精神上与天地合一。他借助老庄及玄学的范畴，论证"玄""道"为宇宙的本体。"玄者，自然之始祖，而万物之大宗也。""道者涵乾括坤，其本无名。论其无，则影响尤为有焉；论其有，则万物尚为无焉。""玄道"是天地万物的派生者，所以是永恒的存在。修道者所追求的终极目标，就是与道同一，"其为玄道，可与为永"，"玄之所在，其乐无穷；玄之所去，器弊神逝。"修道者通过"守一存真"，心通玄道，这样就能突破有限个体的束缚，在精神上实现永恒。

第四，葛洪创立了为封建统治者所认可的道教政治哲学。道教初创时，是以"太平道""五斗米教"等民间宗教、农民起义的形式出现的，所以在汉魏之际受到朝廷的严厉罢禁。葛洪的《抱朴子》外篇，将道教与儒学相汇通。他认为："道者，儒之本也；儒者，道之末也"，儒道两家是本末关系。但是，两者却同等重要，"若儒道果有先后，则仲尼未可专信，而老氏未可孤用"。儒道互补，才是良好的政治，完善的人生。他抨击了张角等早期道教中的农民起义军领袖，反对鲍敬言的"无君论"，大力弘扬儒家的"三纲五常"，主张"刑德并举"，举贤任能，恢复封建社会的法治。

总之，由于葛洪的概括提炼，道教理论趋于完善，促进了道教的普及发展。《抱朴子》一书，在道教史上具有奠基意义。

什么是"格义"之学

"格义"是佛教初传中国之时，中国僧俗信众用来解释佛教观念的一种方法。据南北朝高僧慧覩所撰《喻疑论》讲："汉末魏初……寻味之贤始有讲次，而恢之以格义，迂之以配说。"（《出三藏记集》卷五）也就是说，"格义"之法始于汉代末年。当时佛教作为一种全新的观念传入中国，有自己的一套独特的概念范畴体系，与中国原有的诸子百家之学很不相同。可是来华弘教的僧人以及最早信教的人们又希望周围的民众能够接受佛教，于是便用中国传统的观念和语汇来解释佛教范畴的内涵，这就是"格义"之学。如用秦汉时期社会上流行的神仙方术来说明佛之万能："天竺有得道者，号曰佛，轻举能飞，殆将其神也。"（《四十二章经序》）"阿罗汉者，能飞行变化，旷劫寿命，住动天地。"（《四十二章经》）西域高僧安世高等人，用道家的最高范畴"无"，对译佛教的最高范畴"空"，把"真如"译成"本无"，把"涅槃"译成"无为"，把"五戒"称为"五常"等。康僧会把"安般守意"四字，解释成"安为清，般为净，守为无，意为名，是清净无为也"（《大安般守意经注》）。

东晋时，和道安同为佛图澄弟子的竺法雅，正式使用"格义"的概念。"竺法雅……少善外学，长通佛义。衣冠士子，或附谘禀。时依雅门徒，并世典有功，未善佛理。雅乃与康法朗等，以经中事数，拟配外书，为生解之例，谓之'格义'。"（《高僧传·竺法雅传》）据《高僧传》载：竺法雅是河间（今河北献县东南）人，幼年时擅长儒家等世俗学问，出家后精通佛教义理，当时许多士人向他求学。针对那些人熟悉儒家、道家经典的情况，竺法雅与康法朗商议，用中土人习用的名词、概念和义理，去比附佛经中的概念。另据《高僧传·慧远传》记载："远年二十四，便就讲说。尝有客听讲，难实相义，往复多时，弥增疑昧。远乃引《庄子》为连类，于是惑者晓然。"应当承认，在两种文化交流之初，这种简单的、外在的相互比附，尽管有可能导致对外来文化的误解，但又是一个必不可少的过程。

随着佛教传播的普及和中国僧人对佛经理解的深入，渐有一些高僧对"格义"方法提出了诘难。《高僧传·僧光传》引道安的话说："先旧格义，于理多违。"因为佛教与儒家、道教毕竟是两个东西，无论在价值取向还是修养方法上，都存在着本质差异。魏晋南北朝时期佛教内部出现的"六家七宗"之争，从根本上讲就是由于以道家之"无"解佛教之"空"引起的。"本无宗""本无异宗""心无宗"等，都是把"空"理解成了一无所有，陷入了另一种"执"，而未体会到"空""非有非无"的本质。不过道安虽对"格义"学有所批评，但他本人解经时也未能完全避免"格义"的方法。例如上引慧远之事，他就非常赞赏，"是后安公特听慧远不废俗书"（《高僧传·慧远传》）。

真正使"格义"方法被淘汰的是西域高僧鸠摩罗什。罗什是龟兹人，自幼出家，不仅精通大小乘佛学，而且熟悉梵文和西域诸国文字。前秦苻坚曾派大将吕光率兵到西域迎请罗什，但吕光在得到罗什后，却在凉州自立为王，罗什因此也在凉州滞留了十七年。在这十七年中，他刻苦学习中国文化，精通汉文典籍。所以当他在后秦弘始三年（401年）到达长安后，可以建立庞大译场，高质量地译出多部佛经。罗什译经时，佛教已经传播了相当长的时间，中国人对其已有较多的理解，因此他不再简单地用儒、道两家的现成概念去与佛经比附，而是用中国人可以明了的词语直接说明佛理本身。实在无法意译的概念，则坚持用音译，如"般若""涅槃"等，使中国人能更接近佛经的原意。罗什的弟子慧轈在《喻疑论》中，将"格义"之学斥之为"迂而乖本"，此后佛学界无人再用。"格义"法被淘汰，说明中国僧人对佛经的理解又上了一个新的水平。

三论宗以何为本

三论宗是中国佛教的一个宗派，因其以宣扬大乘空宗的《中论》《百论》和《十二门论》为主旨，故此得名。三论宗的统绪为：龙树、提婆、罗睺罗、青目、须利耶苏摩、鸠摩罗什、僧肇、僧朗、僧诠、法朗、吉藏。龙树等印度高僧是三论宗的思想先驱，龙树著《中论》和《十二门论》，发挥大乘佛教缘起性空的学说，是空宗的缔造者。龙树传法给提婆，提婆著《百论》等书，将空宗的学说发扬光大。经罗睺罗、青目等人，将其学说传至西域诸国。鸠摩罗什（344—413），龟兹人，早年出家学习小乘佛法，后在须利耶苏摩门下学习般若性空之教，转入大乘。罗什于后秦弘始三年（401年）来到长安，被姚兴封为国师，组织了庞大的译经场，翻译了七十余部、三百余卷佛教经典，也是中国佛教史上四大译师之一。他在译经的同时，特别注意弘传大乘空宗之学。僧肇（384—414）是罗什门下"四哲"之一，先协助罗什译经，后独立著书阐发大乘空宗般若性空之理，被罗什誉为"秦人解空第一"。他的著作《肇论》也成为三论宗的传世之作。罗什和僧肇死后，长安发生了战乱，译场散伙，三论之学由僧朗传入南方。僧朗长期在摄山栖霞寺传法，被尊为"摄山大师"。当时江南盛行成实之学，三论玄纲几乎断绝。僧朗破斥《成实》，使三论学风重盛，深得梁武帝的赏识。僧朗的弟子僧诠，终生只在摄山止观寺传法，有"山中师""止观诠"的雅号。他一生只讲三论和《摩诃般若》，门徒数百，三论已成为一个学派。僧诠门下法朗（507—581），在陈武帝永定二年（558年）奉旨进京，二十年间，讲《法华》《华严》及三论二十余遍，对大乘空宗的教义理解精辟透彻，影响遍及全国。法朗弟子达千人，其中佼佼者"二十五哲"，吉藏便是其中之一。吉藏（549—632），生于金陵，随父结识真谛法师，真谛为其取此名。他师从法朗，对三论之学有独到的见解。陈隋之际，江南寺院荒芜，他曾在各寺中收集文疏，浏览涉猎，见解大进。隋平定百越后住浙江会稽嘉祥寺传法，听者千余，被世人呼为"嘉祥大师"。唐初被请入长安弘法。高祖设"十大德"管理佛教事务，他也是其中之一。吉藏平生讲三论百余遍，著有《大乘玄论》《二谛义》《三论玄义》《中观论疏》《十二门论疏》《百论疏》等二十六部书籍，完成了三论宗的创立大业。此后三论宗成为一个宗派，吉藏是其真正的创始人。

三论宗以大乘空宗的诸法性空实相论为核心理论，认为世间万法皆是由众多因缘和合而成，缘起即有，缘散即无，离开了因缘、条件就没有事物独立不变的实体。因此他们说万物无自性，故"性空"。为了说明空宗这个理论，吉藏立破邪显正、真俗二谛、八不中道三种法义。

一为破邪显正。即破有所得，显无所得。吉藏主张破而不立，除去一切离情别见，便显现了言诠不及、意路不到的无名之道，即是对中道的体悟。三论宗要破除的邪见有四：第一，外道人不明人法两空，执著诸法为实有，故起种种邪念。第二，小乘《毗昙》虽已达人空，而执著法有。第三，《成实》虽已达人法两空，但还没有除去偏空的情见。第四，堕于有所见的大乘，虽除偏空，但仍执著涅槃有得。可以说，三论宗将大乘空宗的"毕竟空"思想发挥到了极致。

二为真俗二谛。为立"毕竟空"的思想，就需要用真、俗二谛的言教来诠释它。佛说"二谛"均为引导众生的言教，为执着空者依"俗谛"明有，为执着有者依"真谛"明无，令其体会超越有、无，妄言绝虑的诸法实相。二谛皆是说教上的方便，不是实际存在的两种境界。

三为八不中道。三论宗依《中论》所列不生、不灭、不一、不异、不常、不断、不来、不去的"八不法门"说明二谛义。生、灭、断、常是人们在时间上的计执，一、异、来、去是人们在空间上的计执。三论宗都冠以不的否定词，使众生体会缘起性空、不生不灭、不常不断、不一不异、不来不去的中道实相，不要在任何方向上有所偏执。

三论宗认为众生皆有佛果觉体，因被客尘所蔽，所以生死流转，不得解脱。只要依法修习，拂去客尘，湛然寂静的佛果本体莞尔显现，即可成佛。吉藏以后，三论宗虽有一些弟子传人，但势力很快衰弱下去。这主要是由于大乘有宗的传播所致。有宗对空宗一味偏空的倾向进行了批评，认为属于"执著虚妄法"，使人们对三论宗兴趣大减。不过吉藏门下有高丽僧慧灌，传三论宗于日本，使三论宗在日本奈良时代相当流行。

天台宗在理论上有何特色

天台宗是隋朝初年创立的一个中国佛教宗派，因其祖庭在浙江天台山而得名。其教义特重《妙法莲华经》，故也称"法华宗"。

天台宗以印度大乘空宗的龙树为其始祖，说明其思想受空宗影响较大，但并无史实根据。二祖慧文和三祖慧思是天台宗的思想先驱，而真正的创始人则是陈隋之际的高僧智顗（yǐ）。北齐慧文最初主修禅观，后读龙树的《大智度论》，始悟"一心三观"之要。《大智度论》中讲到：人有"道种智""一切智"和"一切种智"这三种超乎寻常的神秘智慧，慧文悟解到三智"一心中得"的道理。慧思（515—577），俗姓李，十五岁出家，云游四方，后依止于北齐慧文，受"一心三观"之要。学成后进光州（今河南光山县）大苏山传法。他不仅重视宗教理论，而且也重视宗教实践，"昼谈义理，夜便思择"，"定慧双开"，启天台宗"止观并重"的学风。智顗（536—597），俗姓陈，出身在南朝一个大官僚家庭中，父母死于侯景之乱。他十八岁出家，到大苏山慧思门下求法，体悟法华三昧，这便是所谓的"大苏开悟"。陈光大元年（567年），智顗到金陵开讲《法华经》，博得僧俗信众的尊敬。陈太建七年（575年），智顗率徒众到天台山修头陀行，天台宗由此创立。陈宣帝敕割始丰县（今浙江天台）之"调"供给寺用，尊智顗为天台大师，天台宗的影响迅速扩大。隋开皇十一年（591年），智顗为晋王杨广主持受"菩萨戒"仪式，杨广尊其为"智者大师"。智顗一生著作宏富，其中《法华玄义》《法华文句》《摩诃止观》各二十卷，被后人尊为"天台三大部"，奠定了天台宗的理论基础。

天台宗理论的最大特色，在于宣扬"止观并重"，调和南北宗风。从汉代佛法初传之时，南北方佛教流派便形成了不同的风格。北方重禅定，南方重义理，南北朝的政治分裂更加重了这种学风的对立。隋朝的统一为佛教南北风格的会同、形成全国性宗派创造了条件。智顗正是适应了这个形势，系统论证了止观不可偏废的原则。他指出："泥洹（涅槃之旧译）之法，入乃多途，论其要不过止观二法。所以然者，止乃伏结之初门，观是断惑之正要；止是爱养心识之善源，观是测发神解之妙术；止是禅定之胜因，观是智慧之由借。"（《修习止观坐禅之法要》）他比喻说，止观二法如车之两轮，鸟之双翼，"若偏修习，即堕邪倒"。所以天台宗把"止观并重"看成宗教修行的最重要原则。

在世界观上，天台宗宣扬"一念三千"说，即"世界无别法，唯是一心作"（《法华玄义》卷二十）。万法起于一心，"夫一心具十法界，一法界又具十法界，百法界。一法界具三十种世间，百法界即具三千种世间。此三千在一念心，若无心而已，介而有心，即具三千"（《摩诃止观》卷五上）。十法界指地狱、饿鬼、畜生、阿修罗、人间、天上、声闻、缘觉、菩萨、佛。十法界一一互具，即成百法界，每一法界又具有五阴、众生、国王三种世间。十法界就具有三十种世间，百法界便具有三千世间。三千世间包括了佛教时空观上的一切存在，天台宗将其统统归结为心中的幻相。智顗将"一念三千"说与慧文的"一心三观"说相结合，又提出了"三谛圆融"说。大乘空宗认为万法皆由因缘而起，故无自性，本质是空。但空并不等于无，而是一种虚假不实的存在，亦名假。如果认识了万法的虚假不实，非有非无，即为中道。智顗发展了空宗的中观思想，认为了知一切诸法皆由心生，空、假、中道互影不离，即达到了

"三谛圆融"的境界。他把这称为"一念三千空假中"，见空为一切智，见假为道中智，见中为一切种智，所以"三谛圆融"也称"三智圆融"。通过圆融三谛，达到圆证三智，断灭三惑，即可获得涅槃的觉悟。

智顗以后，天台宗的弟子灌顶得其真传，在天台山建国清寺，并发挥师说，著《涅槃玄义》《涅槃经疏》《天台八教大意》《官心论疏》等书。其四传弟子湛然称为天台宗的"中兴大师"，著有《法华玄义释签》《法华文句记》和《止观辅行传弘诀》等书，对智顗的"天台三大部"进行了权威性解释，统一歧见。同时，他提出了"无情有性"说，将佛性论推及于草木砖瓦等非生命物质，极力扩大佛教的影响范围。湛然的弟子为道邃、行满。日本"传教大师"最澄向道邃学习，将天台宗远播东瀛。唐武宗"会昌灭佛"，对天台宗的影响很大，几成绝学。五代时义寂，通过信奉佛教的吴越王钱镠，派人到高丽、日本寻回大批天台经典，史称"去珠复还"，使天台宗于北宋一度中兴。义寂的再传弟子知礼，著有《金光明经文句记》《金光明经文义拾遗记》等书。他与同门的悟恩因对智顗的《金光明经玄义》的理解不同，发生了"山家"与"山外"之争，社会影响广泛。此后天台宗影响减弱，虽代有传人，但法系衰微。

何为法相宗

法相宗又称唯识宗，是中国佛教的一个宗派，以传播印度佛教大乘有宗的法相唯识说而得名。其实际创始人是唐代高僧玄奘。玄奘西行取经回国后，唐太宗令其在长安慈恩寺译经、传法，所以该宗亦称慈恩宗。

玄奘（600—664），俗姓陈，幼年出家，投身佛门义海。他曾经游学于洛阳、四川等地，向许多高僧问难，但感到经典中仍有很多疑难未能解决，所以决心赴印度求法。他于贞观二年（628年）离开长安，途经新疆及中亚诸国，历尽艰辛，终于到达了中印度摩揭陀国的王舍城，在那烂陀寺向大乘有宗的传人戒贤学习瑜伽行一系的学说，同时也研习佛教其他各部以及俗典（如吠陀、因明、声明等）。玄奘在印度时，也因博学多识、擅长辩论而"声震五竺"，被尊为"三藏法师"。贞观十九年（645年），玄奘携带六百五十七部梵本佛经回到长安，受到朝廷极高的礼遇。在此后的十九年中，他与弟子们高质量地翻译了七十五部、一千三百三十五卷佛教经论，成为我国最伟大的佛教翻译家。在译经的同时，玄奘不断向弟子们介绍大乘有宗的思想，开创了法相宗。窥基（632—682），俗姓尉迟，是玄奘的上座弟子，也是法相宗创始人之一。他十七岁投入玄奘门下，二十八岁在译《成唯识论》时担任笔受，并写有《述记》《枢要》，发挥精义。另外，他还著有《瑜伽论略纂》《百法论疏》《因明大疏》《弥勒上经疏》《法华玄赞》等著作，有"百部论主"的美誉。玄奘一生忙于译经，著述较少，法相宗的思想主要通过窥基的著作得以阐发。

法相宗思想的核心是万法唯识说。窥基说："唯谓简别，遮无外境；识谓能了，诠有内心……识性识相，皆不离心。心所心王，以识为主。归心泯相，总言唯识。"（《成唯识论述记》卷一）客观世界的一些存在，都是心识的变现。为了说明这个命题，法相宗对人的认识进行了复杂的分析。他们把人的主观意识分成"八识"，前六识为眼、耳、鼻、舌、身、意，分别对外境起"了别"作用。第七识称为"末那识"，是联结前六识与根本识的桥梁，亦称"转识"。第八识称"阿赖耶识"，是一切诸识活动的根源。进一步，法相宗把人的认识活动分成了"见分"和"相分"两类，认识主体是"见分"，客体是"相分"。他们认为人所以能获得对外部世界的感觉，就是因为"见分"对"相分"有所观照。但不论"见分"还是"相分"，都不能离开心而存在，所以说："三界唯心之言，即显三界唯识。"（同上书）

在阿赖耶识之中，还有一种永恒的实体，即"阿赖耶识种子"。其实质有"净""染"之分，又称"有漏种子"和"无漏种子"。前者是世间诸法之因，后者是无世间诸法之因。人要想摆脱现世的苦海，就必须经过累世善行的熏习，使有漏种子逐渐转化为无漏种子，证得佛果。法相宗严守从印度取回的"真经"，不承认人人皆可成佛。他们持"五种姓说"，认为"声闻乘种姓"属于小乘，只可修成阿罗汉；"独觉乘种姓"也属小乘，只可修成"辟支佛"；"菩萨乘种姓"可以修得佛果；"不定乘种姓"可上可下；"无种姓"即一阐提人，心中没有佛性，无论如何修行也不能成佛。

法相宗还向中国介绍了印度的古逻辑学"因明"。古印度因明学者，用宗、因、喻"三支"构成一个逻辑三段论，宗是论题，因是论据，喻是例论。印度学者还研究了逻辑推理的规则以及可能出现的错误，因而用因明的方法讨论哲学、宗教问题可以更加清晰、准确。玄奘翻译了《因明入正理论》《因明正理门论》等著作，对中国逻辑学的发展起了促进作用。

隋唐时期，门阀士族制度衰落，法相宗仍坚持在印度种姓制度上产生的佛教学说，与中国国情不合。而且"八识"学说也过于烦琐，不合中国人的思维习惯，所以法相宗数传之后便衰落了。不过唯识宗创立的佛教学说，在中国佛教史上一直有人传习。另外窥基传慧周，慧周传智绍，在智绍门下有新罗僧人智凤、智鸾、智雄，日本僧人玄昉，他们将法相宗传到日本，使之成为日本奈良六宗之一。在朝鲜，也有法相宗流传。

华严宗有哪些重要理论

华严宗是中国的一个佛教宗派，因其以《大方广佛华严经》为宗经而得名。它的实际创始人法藏被唐朝女皇武则天赐名"贤首"，故也称贤首宗。另外，该宗以发挥"法界缘起论"为旨趣，所以也叫"法界宗"。

《华严经》是印度大乘佛教的一部经典，东汉时就有译本，东晋时由佛陀跋陀罗再译出六十卷本，影响渐大。华严宗以南北朝时高僧杜顺（557—640）为始祖。杜顺原名法顺，十八岁出家，隐居终南山，宣讲《华严经》，著有《华严法界观门》《华严五教止观》等书，开华严宗的思想先河。二祖智俨（602—668），甘肃天水人，12岁出家，从杜顺处受具戒，学习《华严经》，很有心得，著有《华严经搜玄记》《华严宗一乘十玄门》《华严五十问答》等书，华严宗理论至此初具雏形。三祖法藏是华严宗的实际组织者，其祖先是康居国人，17岁入太白山求法，听智俨讲《华严经》，28岁时武后请他到长安太原寺讲《华严经》。后获悉地婆诃罗从中印度带来了《华严经·入法界品》，法藏又参加了该书八十卷本的翻译工作。书成，武后亲自为之作序。法藏经常入宫为武后讲经，他曾指宫门金狮子作喻，其讲义就是有名的《华严金狮子章》。他的著作还有《华严经探玄记》《华严教义分齐章》《华严经旨归》等，使华严宗的理论基本完成。中唐时期由于武后的推崇，华严宗盛极一时。法藏传慧苑、慧苑传法铣、法铣传澄观（736—839）。此时华严宗虽然发达，但也生出许多歧义。澄观著《华严经疏》《三圣圆融观》《法界玄镜》等书，纠正歧义，社会影响很大，被誉为"清凉国师"。澄观传宗密（780—841），宗密以诵经、修禅为业，提倡华严宗与禅宗的融合，所以他也被称为"圭峰禅师"。宗密死后四年，发生了唐武宗灭佛事件，华严宗从此一蹶不振。五代及末明虽代有传人，但社会影响不大。

华严宗的基本理论是"法界缘起论"。他们认为世间一切存在，都可囊括在"一真法界"之中，而法界又是"唯心缘起"。"尘是心缘，心是尘因，因缘合和，幻相方生"（《华严义海百门》）。宇宙万法皆是心中幻相，故无自性。为了说明这个命题，华严宗又提出了"六相圆融"的相对主义命题。"六相"是总相、别相、同相、异相、成相、坏相。以总相为例，总相是全体，别相是部分，华严宗用房屋和建材的关系说明之。"何者是总相？答：'舍是。''此但椽等诸缘，何者是舍耶？''椽即是舍。''何以故？''为椽全自独能作舍故，若离于椽，舍即不成，若得椽时，即得舍矣。'"（《华严一乘教义分齐章》卷四）也就是说，房屋由椽、瓦等诸种建材共同构成，建材不全，也就没有房屋，有了建材，也就有了房屋，所以他们认为建材即等于房屋，局部等于全体，总相等于别相。华严宗"六相圆融"的观法，就是要人们看淡社会上的矛盾和差异，"是故大小随心回转，即入无碍"（《华严义海百门》），看破红尘即可获得解脱。

华严宗又用"十玄门"来描述这种没有矛盾、圆满无缺、诸方协调的境界：一是同时俱足相应门，二是一多相容不同门，三是诸法相即自在门，四是因陀罗网镜门，五是微细相容安立门，六是秘密隐显俱成门，七是诸藏纯杂俱德门，八是十界隔法异成门，九是唯心回转变成门，十是托事显法生解门。"十玄门"是华严宗追求的最高境界。

否定现实世界的存在和意义，把人们的精神引向彼岸天国，这是佛教诸宗派的共同点。但是华严宗与唯识宗又有不同。唯识宗把彼岸设置在现实世界之外，必须经过对阿赖耶识种子的累世熏习方可达到，使人感到遥不可及。华严宗则通过"四法界"理论，将天国就安置在现实世界之中，大大增加了对信徒的吸引力。"四法界"是：第一，事法界，"界是分义，一一差别，有分齐故"（《法界观门注》）。这是现实的世界，存在着无尽的矛盾和烦恼。第二，理法界，"界是性义，无尽事法，同一性故"（同上书）。在真如佛性之中，一切事物皆圆融无碍，同一相即。第三，理事无碍法界，"具性、分义，性分无碍故"（同上书）。理在事中，事界的矛盾无碍理界的同一，互不干扰，平安相得。第四，事事无碍法界，"一切分齐事法，一一如性通融，重重无尽故"（同上书）。在获得了佛性圆融无碍的真理以后，再反观现实的事法界，诸种矛盾也就圆融无碍，不再干扰我们的生活了。由于理在事中，所以成佛不在于离境它求，只要通过诵经、坐禅，转换思想方法，即可舍迷入真，流入菩提苦海，获得涅槃。显然，华严宗较多地吸收了中国文化的因素，将佛教的宗教义理和中国式的天人合一，体用无间的思维模式相结合，成为一种中国化的佛教流派。同时，他们提出的"理在事中"的思想，也对宋明理学产生了很大的影响。

为什么禅宗称为"教外别传"

禅宗是一个彻底中国化的佛教宗派，因其创始人主张修习禅定而得名。同时，由于该宗在参究方法上以"直指人心"、"彻悟心源"为宗旨，所以又称佛心宗。

按照禅宗自己的说法，它与佛教其他宗派不同，属于佛祖"教外别传"。据说一日灵山法会上，佛祖拈一枝金婆罗花示众，门徒皆不得要领，默然不语，独大迦叶尊者破颜微笑。世尊曰："吾有正法眼藏，涅槃妙心，实相无相，微妙法门，不立文字，教外别传，咐嘱摩诃迦叶。"（契嵩《传法正宗记》）这就是"释迦拈花，迦叶微笑"的著名公案，在拈花微笑之间形成了禅宗特殊的宗风。禅宗自称在西土共有二十八位祖师，于史无考，不过是为了强调自己区别于其他宗派的特性。

西土第二十八祖，也是东土初祖的菩提达摩，却是实在的历史人物。他于梁武帝普通年间（520—526）到达中国，先在洛阳弘传佛法，但并未得到僧众的认可，于是入嵩山少林寺，面壁七年，创造出了以"二入四行"为主要内容的新禅法，流行于世。慧可和尚投入达摩门下，达摩授以《楞伽经》四卷，是为禅宗二祖。慧可隐居于舒州皖公山，传法于僧璨，是为三祖。僧璨得法后隐居于舒州司空山，密不传法，唯道信追随九年，得其衣钵，是为四祖。由于禅宗当时都以《楞伽经》传心，所以在社会上也被称为楞伽师。道信得法后到湖北黄梅的双峰山传法三十余年，弘忍得其衣钵，是为五祖。弘忍得法后到黄梅山东山寺传法，门徒日众，形成了所谓的"东山法门"。弘忍常劝弟子修持《金刚经》，于传统稍有变化。弘忍晚年欲传法时，命门下弟子各作一偈以明心意。上座弟子神秀曰："身是菩提树，心如明镜台，时时勤拂拭，莫使惹尘埃"（《坛经·行由品》），表达了他重视宗教修习的渐悟倾向。当时仅为伙头僧的惠能并不识字，请人带写一偈曰："菩提本非树，明镜亦无台，本来无一物，何处染尘埃？"（同上书）弘忍觉得惠能的见识更高，便将衣钵传给了惠能。但惠能因惧怕上座神秀势力巨大，加以迫害，便连夜逃回广东家乡隐藏山中。从此禅宗分化成南、北两支。

北宗神秀（606—706），俗姓李，少年出家，投于弘忍门下，为七百众之首。武后闻其高名，请到长安传法，在内道场供养。中宗对其更为敬重，时人称其为"两京法主""三帝国师"。但是由于北宗在思想理论、修习方法等方面都缺少发展，故数传而亡。倒是不识字的惠能，将禅宗发扬光大。惠能（638—713），俗姓卢，广东新会人，出身贫苦，靠打柴养母度日。一日听人念诵《金刚经》，似有所悟，出家投入弘忍门下。得衣钵后在深山隐居十五年，创造了一套"直证本心"、"顿悟成佛"的思想体系。长期在社会下层的生活经历，使他十分不满佛教诸派日益脱离广大平民的贵族化倾向。他出山后相继在广东韶关大梵寺、曹溪宝林寺传法，宣扬"见性成佛"的简单法门。

禅宗的禅字是由梵文Dhyāna音译而来，意译则为"思维修""弃恶""静虑"，是佛教的"六度"之一。印度和中国的佛教徒对它都很重视，借助禅定的修养方法，思虑自身的佛性，尽扫尘迷，与真如合一。惠能继承前代禅师注重参禅的倾向，但又抛弃了他们所设定的诸种烦琐仪规，提倡不拘形式，单刀直入，直示心中佛性。他说："本性是佛，离性无别佛。"（《坛经·般若品》）"汝今当信，佛知见者，只汝自心，更无别佛。"（《坛经·机缘品》）既然真如就在心中，成佛就是一件极简单的事。"万法尽在自心，何不从心中顿见真如？"（同上书）惠能反对大量读经念佛，"菩提只向心觅，何劳向外求玄，所说依此修行，西方就在眼前。"（《坛经·疑问品》）他更反对出家苦行，西行求法，"东方人造罪，念佛求生西方。西方人造罪，念佛求生何国？凡愚不了自性，不识身中净土，愿东愿西。悟人在处一般，所以佛言随所住处恒安乐。"（同上书）甚至名为禅宗，他连坐禅也反对，"生来坐不卧，死去卧不坐，一付臭骨头，何为立功课？"（《坛经·顿渐品》）觉悟只在反身内照的一瞬间，"前念迷，即凡夫，后念悟即佛。前念着境即烦恼，后念离境即菩提。"（《坛经·疑问品》）这些发聋振聩般的语言，一扫千百年来佛教徒大量译经、读经，大搞宗教仪式，长时间坐禅修炼的方法，在僧俗中间产生了极大的震动，实为一次猛烈的宗教改革。惠能的宗教改革，才是中国禅宗的真正创源。

惠能门下，分出南岳怀让、青原行思和菏泽神会三大支系。菏泽神会（？—760）在惠能门下学成后，到北方去传法，在河南滑台大云寺无遮大会上宣扬南宗宗旨，著有《南宗定是非论》，论证了惠能在禅宗中的正统地位。唐德宗时他被定为禅宗七祖，但其法系不长。南岳怀让（677—744）在惠能门下修习十五年，问答契机。得法后在南岳般若寺观音台传法三十余年，弟子中以马祖道一（709—788）最为著名。道一门下，有百丈怀海、西掌智藏、南泉普愿等高僧一百二十九人，到全国各地建立丛林，禅宗从此大盛。从怀海门下，又分出了沩仰宗和临济宗。青原行思（？—740）出家受戒后投于惠能门下，为上座弟子，得法后回到家乡青原山静居寺弘法。从他的门下，分出了曹洞宗、云门宗和法眼宗。

唐末武宗会昌灭佛，佛教受到了很大的打击，其他依靠大量读经、拜佛、举行法事为生的宗派从此一蹶不振，只有禅宗提倡"不立文字""不读经""不拜佛""运水搬柴，即是般若"的世俗化佛教才能迅速恢复起来。入宋之后，禅宗弟子遍天下，禅与佛几乎成了同义语。禅宗的临济门下，又分出了杨岐和黄龙两个小的支系，与原来的五家有"五家七宗"之称。禅门五宗虽然宗派不同，但"直证人心"的宗旨却是一致的，只是接引学人的方法略有差异。如"机锋""棒喝""四宾主""四照用""五位君臣"等，这些独特的教学方法，皆是印度佛教中所未见到过的，"教外别传"之说，也就在此时出现。

北宋初年，由于有的僧人过分强调"师心自用"，戒律废弛，所以法眼宗的延寿集佛经及历代祖师语录，编成《宗镜录》一百卷，提倡"禅、教合一"，即禅宗与其他佛教流派相调和。云门高僧契嵩，著《辅教编》，倡导"儒佛合流"，使佛教理论与占支配地位的儒学更加协调。杨岐宗人佛果克勤，编写《碧石集》《击节录》，使禅宗从传统的"内证禅"向"文字禅"方向发展。克勤的弟子宗杲反对其师"文字禅"的倾向，焚其书，而倡导"看话头"。宋中叶以后，禅宗唯临济宗和曹洞宗得以传播，临济势力尤其壮大，有"临天下，曹一角"之说。元代临济有海云印简、云峰妙高等。曹洞宗则出了高僧万松行秀，元朝开国重臣耶律楚材曾向他求法。明朝临济宗名僧有楚石梵琦、笑岩德宝、密云圆悟、汉月法藏等。曹洞宗有无明慧经、博山元来、鼓山元贤等。到了清初，由于帝王的推崇，禅宗一度又相当兴盛，临济宗的木陈道忞、玉林通琇出入宫廷，声名显赫。同时在江南形成了金山、高旻、天童、天宁"四大名刹"。不过由于雍正皇帝著《拣魔辨异录》干预僧争，强行取缔在江南最有势力的法藏弘忍法系，使禅宗受到很大打击。清后期由于社会动乱，禅宗逐步衰落。

禅宗8世纪传入朝鲜，12世纪传入日本，在那些东亚国家都有很大发展。

律宗在佛教发展中的地位如何

律宗是中国佛教史上以研习和传持戒律为主的宗派，故因此而得名。又因中国律宗以《四分律》为主要依据，所以又称"四分律宗"。

律是佛教徒的行为规范，有了统一的规范，教团组织才能团结有力，教徒行为才能整齐划一，在群众中产生较大影响，故佛教一向重视戒律的作用。从典籍上说，律是经、律、论三藏之一；从教义上讲，律是戒、定、慧三学之首。律宗特别强调："金科玉律，唯佛能制"，戒律出自佛祖之手，神圣不可违背。但是实际上，释迦牟尼在世的原始佛教时期，只有"五戒""十戒"等一些简单的禁条。后世汗牛充栋的"律藏"，大多出于印度的部派佛教时期。曹魏正元二年（255年），印度僧人昙柯迦罗来到我国，他见中国僧人只是剃发，但并未真正受戒，便译出《僧祇戒心》，并正式剃度中国僧人。此乃中国传戒之首，所以中国律宗尊他为始祖。此后一段时间，又陆续译出昙无德部的《四分律》，萨婆多（一切有）部的《十诵律》，弥沙塞部的《五分律》，上座、大众部的《摩诃僧祇律》。

在一段时间内，中国僧人遵照各部律典行事，规范并不统一。但其中以宣扬《四分律》的四分律师最为有名。法聪、道覆、慧光、道云、道洪、道首等人师徒传承，作了许多注疏《四分律》的工作。到唐代，道首的弟子道宣（579—667），潜心研究《四分律》，著《四分律含注戒本疏》《四分律删补随机羯摩疏》《四分律拾毗尼义钞》，被后世学者称为律学三大部，对四分律进行了定于一尊的解释，律宗从此创立。由于他长期在终南山隐居传道，故其宗派也被称为南山律宗。与道宣同时并弘《四分律》的还有相州日光寺的法砺（569—635），他开创了相部宗。法砺的弟子怀素（625—698），在西太原寺东塔开创了东塔宗。唐代律宗三宗并立，互有争论，繁盛一时。但不久相部、东塔后继乏人，唯南山一系独承法系，绵延不绝。

律宗将佛教的全部戒律归纳为"止持"和"作持"两类。比丘、比丘尼二众制止身、口、意作恶的"别解脱戒"为"止持戒"，《四分律》的前半部分是讲"止持戒"的。僧人安居、说戒、悔过及衣食坐卧等生活规范，称为"作持戒"，是《四分律》后半部的内容。律宗又将教理分成了戒法、戒体、戒行、戒相"四科"。戒法是佛祖制度的各种戒律；戒体是弟子受戒时领受在心的法体，即在心理上形成的制止作恶的能力；戒行是受戒后随顺戒体，防止三业罪恶的诸种如法行为；戒相是由于戒行坚固而表现于外，可作轨范的相状。四者之中，戒体是问题的核心，唐代律宗三派对此存在着争议，主要讨论戒体属于精神性的"心法"，还是物质性的"色法"。东塔怀素从《俱舍论》，倡"色法戒体论"。相部宗的法砺从《成实论》，倡"非色非心戒体论"。南山道宣曾参加过玄奘的译场，受唯识宗影响，以阿赖耶识种子为戒体，倡"心法戒体论"。这一争论的实质是道德源泉来自外界还是来自内心，最后道宣一系取得了胜利。

道宣以后，律宗内部未再产生出派别，发生激烈的争论。但由于传戒行律的需要，律宗始终也未断流。道宣下传周秀、道恒、省躬、慧正。唐代律宗门人鉴真，东渡日本传法，为日本律宗之祖，受到了天皇的欢迎。他还把中国建筑、医药等方面的著作带到日本，成为中日两国人民友好交往的使者。宋代律宗有允堪、元照，写过许多律学著作，使律宗受到社会的重视。律宗僧人赞宁，撰写《宋高僧传》，名扬朝野。明代有律宗传人如馨在南京古林寺建立了著名的道场。清初，寂光从古林寺分出，在宝华山弘扬律学，其门人读体、戒润最为有名。读体的弟子甚多，以德基、书玉贡献最大。书玉的四传弟子福聚，奉雍正皇帝之诏入京，主持法源寺，并著《南山宗统》十卷，详细记载了律宗发展的历史。

为什么说净土宗是佛教中的"方便法门"

净土宗是中国佛教中专修往生阿弥陀佛西方净土的法门。净土信仰在中国流行很早，东晋慧远就曾和弟子123人结白莲社，在庐山精舍阿弥陀佛像前宣誓，共期往生西方净土，所以净土宗也称为"莲宗"。净土宗后世将慧远尊为始祖，以后代有传习者。东魏昙鸾（476—542），早年向道士陶弘景学过长生术，后得菩提流支所译《观无量寿经》，改信净土，著有《安乐净土义》《赞阿弥陀佛偈》。其后，灵佑、颙青、吉藏等人也提倡净土信仰，但净土宗的真正创始人还是隋唐之际的道绰和善道。

道绰（562—645），原是涅槃学者，后见到昙鸾的碑文而改信净土。他专念阿弥陀佛名号，日限七万遍。唐贞观年间，讲《观无量寿经》二百遍，著有《安乐集》。他广劝念佛，教人以小豆记念佛次数，当时积豆竟达"数百万斛"。又教人以念珠计数，"人各掐珠，口同佛号，每时散席，响弥山林"（《续高僧传·道绰传》）。善道（617—681），初学《法华》《维摩》，后在山西玄中寺听道绰宣讲净土宗旨，改持净土信仰。他一生抄《阿弥陀经》几十万卷，画净土变相图三百幅，著有《观无量寿经疏》《转经行愿往生净土法事赞》《观念阿弥陀佛相海三昧功德法门》《往生礼赞偈》等书籍。至此，净土宗的理论和行仪趋于完备，正式成为一个流派，一直传至现代。

净土宗属于重信仰、轻理论的佛教流派，他们以"三经一论"为典籍。三经是《无量寿经》，叙说阿弥陀佛因位的愿行和果上的功德；《观无量寿经》，说往生西方净土的行业；《阿弥陀经》，说净土的庄严和执念名号诚证护念的利益。一论是世亲所作《往生论》，总摄三经往生净土的宗旨。《无量寿经》向人们描述了西方净土世界的极乐图景："其佛国土，自然七宝——金、银、琉璃、珊瑚、琥珀、砗磲、玛瑙合为地，光赫焜耀，微妙奇丽。""七宝诸树，周遍世界……行行相植，茎茎相望。""讲堂、精舍、楼观皆七宝庄严，自然化成。""若食时，七应器，自然现前……百味饮食，自然盈满……事已，化去；时至，复现。"如此美好的彼岸世界，在现实苦难中煎熬的芸芸众生孰不向往之？而且，到达西方净土世界的方法又极其简单。传说阿弥陀佛是主持西方世界之佛，在他成佛之前，曾发有弘愿大誓，只要世人称念他的名号，他便会来接引。净土宗主张以念经行业为内因，以弥陀愿力为外缘，内外相应，往生西方极乐净土。在道绰和善道以前，净土宗修习方法稍繁，念佛还有称名念佛、观想念佛、实相念佛之分。他们将其统统简化，只存称名念佛这一种简单法门，所以得到广大没有文化的贫苦农民的欢迎。

宋明以后，净土宗成为天下共宗，各宗僧人都有修习净土信仰者。而且，净土信仰还因其简便易行，得到了封建士大夫的欢迎，居士中结社念佛的风气也很盛。在净土宗传人中有"七祖""九祖""十二祖"之说，但皆非确切的传承谱系，而只是净土宗在各个朝代的著名人物。因为净土宗从来也没有形成过严密的组织。在唐代，善道以后有承远、怀感、法照、少康等人继续弘扬净土信仰。至宋代，天台宗、禅宗中皆有倡导净土信仰的著名僧人。天台宗的四明知礼，禅宗的永明延寿，皆因虔诚信仰净土而闻名。专修净土的则有省常和宗赜。元代有普度、明本、怀则等人。明末"佛教四大家"中，袾宏、德清、智旭都是弘扬净土的大家。清代，则有实贤、际醒等人弘传。近代则有印光继承前辈事业。而且越是后期，净土宗越是与其他宗派，甚至一些民间信仰相混合，成为高度世俗化的宗教。

密宗有哪些主张

密宗是在中国弘传印度瑜伽密教的佛教宗派。密教是印度佛教发展后期出现的一个教派，既保留了大乘佛教的基本信仰，又从传统的印度教中吸收了祭祀、供奉、拜火等仪式而形成。密宗认为佛教的最高真理称为"真言""秘密号"，不可见诸文字，只能对受过灌顶礼的弟子秘密传教，以此与其他"显宗"教派相区别。密宗也称"密教""瑜伽密教""真言宗"。

密教经典早在三国时期就开始在我国流传，但唐以前都属于"杂密"。系统性的"纯密"则由"开元三大士"——善无畏、金刚智、不空传入中国。善无畏（637—735）出身于南印度贵族家庭，出家后在那烂陀寺学习密教，开元四年（716年）到达长安，受到唐玄宗的礼遇，被尊为国师，设内道场，为皇族授灌顶礼。他在长安传播"胎藏界"密法，译出《大日经》（全称《大毗卢遮那成佛变加持经》）。金刚智（669—741），南印度人，出家后先习律藏，后攻密教，开元八年（720年）从海上来到中国，到长安后亦被尊为国师，主传"金刚界"密法，译出《金刚顶瑜伽中略出念诵法》等轨仪四部，七卷。不空（707—774），师子国（今斯里兰卡）人，自幼出家，十五岁时投入金刚智门下，到长安协助译经。天宝元年（742年）秉承其师遗命，到印度和师子国寻求密教经典。天宝五年（746年），不空携带1200卷密教经籍回到长安。据《开元释教录》载，不空共译出密教经典111部，143卷，也是我国佛教四大翻译家之一。他又在皇宫中设内道场，为玄宗、肃宗、代宗三帝授灌顶礼，成为"三代国师"。他所译《金刚顶经》（全称《金刚顶一切如来真实摄大乘现证大教王经》），是密教"金刚界"的主要经典。

在中国密宗僧人中，以一行、惠果两人最为著名。一行（637—727），学识渊博，初学禅、律、天台，后投入善无畏门下，协助译经，并作《大日经疏》二十卷，对密宗的发展起了推动作用。另外，他也是当时著名的天文学家。惠果（？—805），先从善无畏学胎藏界密法，后从金刚智学金刚界密法，成为密宗的主要传人。他曾为代宗、德宗、顺宗授灌顶礼，也是"三代国师"。他的门下弟子众多，日本僧人空海曾向他求法，回国后创立日本的密宗教派，称为"东密"。

密宗认为，其秘密法由法身佛大日如来所传。大日如来初传金刚萨埵，次传龙树，再传龙智。龙智活了700多岁，等金刚智出世后传于他，由他将秘密真言带到中国。密宗的世界观称，宇宙万物、佛、众生皆由地、水、火、风、空、识"六大"所构成，所以佛与众生本性相同。众生依法修习，与佛身、口、意三密相应，便可即身成佛。所谓的"三密相应"又称"三密加持"，即"身密"（手结契印）、"语密"（口诵真言）、"意密"（心观佛尊）。在修行"三密加持"时，还必须有礼拜、供养、念诵等仪轨相随。如"修曼荼罗"，"曼荼罗"也译为坛，或"圆轮俱定"，在坛上悬挂诸佛活菩萨像，供众人膜拜。"护摩"是一种拜火仪式，在祭坛上设置火炉，焚烧乳香木，供物，以求本尊用智慧之火烧烦恼之薪，保佑息灾增福。另外，受婆罗门教祭祀万能观念的影响，密宗特重供养，主张向寺院大量布施。

密宗"无上瑜伽部"的修习仪轨中还有一种很特殊的方式，即"男女双修"。受古婆罗门教"性力崇拜"的影响，印度的密教从传统佛教逃避欲望求解脱，转而在欲望之中寻求解脱。他们说："随诸众生种种欲望，令得欢喜。"（《大日经》）"主宰者能调，大染欲大乐。"（《金刚顶经》）"一切佛菩萨，尽为染爱妻。"（《金刚峰楼阁一切瑜伽瑜祇经》）为此他们还制造了一套理论，说："女是禅定，男是智慧"（《大日经疏》卷四），如同"鸟之双翼，车之两轮"，不可偏废。男女双修，通过一系列仪轨，最后在性交中体悟空的感受，密宗将其视为修习的最高境界。他们把陪同修习的女性称为"明妃""佛母""天女"，在殿堂中供奉男女裸体相抱的"欢喜佛"，这些都与汉族传统的儒家伦理强烈抵触。唐代中后期的帝王生活荒淫，将密宗引入内廷，实为学习"房中术"，但在社会上却无法广泛传播。唐武宗灭佛后，密宗在中原基本绝迹。宋初国家组织了庞大的译经场，但译出的佛经多为印度后期密教作品。宋朝儒学的社会地位上升，君主命令担任译经官的儒家官员严格检查所出经文，发现文辞邪僻、淫秽者，立即举报销毁。这说明中国对外来文化的输入，是有很强的选择性的。

在我国的西藏地区，由于没有强烈的宗法家族观念，密教得以广泛传播，形成了世界上最为完整的"西密"系统。

道教在唐宋时期有哪些重要发展

唐宋时期，传统道教的天师、上清、灵宝诸派，由于帝王的崇拜和推崇，都继续流行。此外，唐宋道教也出现了一些显著的变化，即清修无为理论和内丹道形成派别，获得了长足的发展，并成为道教内的主流。

唐代道教中出现了一批文化素养较高的学者，他们隐遁山林，潜心经典，自修自悟，对道教理论的发展做出了重要的贡献。这些人物有：

成玄英，唐初道教学者，陕州人，注《老子》《庄子》影响很大。他提出了"重玄之道"，对传统道教的修习理论和方法进行了根本性的扭转，从重视肉体成仙转而重视心性修炼。他认为长生久视之方不是金丹、符箓，而是通过忘情，了悟"夫森罗万象悉皆虚幻"，从而使精神"与道归一"。道乃世界的本体，得道的方法是排遣"滞于有"

和"滞于无"的俗见。这种"遣之又遣""玄之又玄"的道，就是"重玄之道"。

王玄览（626—679），广汉绵竹人。他在援佛入道方面，表现十分突出。他的主要著作《玄珠录》说："心生诸法生，心灭诸法灭，若证无心定，无生亦无灭"，这是运用法相宗的"万法唯识"论来解释世界和人生，其内在超越的方向和方式，与大体同时创生的禅宗有异曲同工之妙。

司马承祯（646—735），字子微，河南温县人。他上承茅山宗陶弘景，是著名的道教理论家。他的学说以老庄为主体，兼收儒、释，阐发的"主静"和"坐忘"的修真方法。此理论首先肯定人心"以道为本"，不过在现实生活中"心神被染"，"遂与道隔"，所以修真之要在于清除心垢，"使与道相守"。具体方法就是"坐忘"，"安坐收心离境，住无所有，不著一物，自入虚无，心乃合道"。这种静心坐忘理论被后世道教清修派所发扬，成为道教中的主流。

隋唐之时的帝王推崇道教，意在个人长生，统治者为此不惜耗资巨万。加之前代的积累，外丹道在隋唐进入了一个鼎盛时期。但历代服丹者都是中毒身亡。有唐一代崇道最盛，帝王、重臣中毒身亡者也最多，太宗、宪宗、穆宗、敬宗、武宗、宣宗之死，都与服食道士进贡的金丹有关。残酷的现实不能不引起人们的冷静思考，怀疑和否定外丹的思潮遍布朝野，教外之士纷起抨击，外丹道遇到了严重的危机。

外丹道的屡屡失败，迫使道教内部的有识之士独辟蹊径。道教求"长生久视"，除了炼金丹外，自古还存在着导引、行气、胎息等道术，到隋唐时期无论在理论上还是实践上都积累了丰富的成果，为外丹向内丹的转化准备了条件。一般道教史著作都把隋代道士苏元朗看作内丹道的实际开拓者。据《罗浮山志》载：其弟子论服灵芝得仙，元朗曰："灵芝在汝八景中，盍向黄房求诸？"于是他借外丹术语说明内丹，"身为炉鼎，心为黄室，津为华池"，天铅、婴儿喻"身中坎"，砂汞、姹女喻"身中离"，黄婆喻"身中意"，以修炼自身之精神谓之"还丹"。总之，他用外丹的术语对传统的气功修炼方法作了新的解释，开内丹之先河。

唐末及五代，内丹道从理论到实践都获得了长足的发展，道士们多将其成果托于钟离权和吕洞宾。在道教神仙谱中，钟离权是汉朝人，故又称汉钟离，以明其长寿。可今人考据他是五代后汉人，吕洞宾是其弟子，号华阳子，世称吕祖或纯阳祖师。这两人都是"八仙"中的仙人，事迹不可详考，著作也多仅存篇名。洞宾弟子中施肩吾作《钟吕传道集》流传了下来，基本反映了五代时期的内丹道的主要成果。《传道集》认为："天道以乾为体"，故能长久坚固。人若效法天道，便要使肾水与心火相交。心为离，名曰阳龙；肾为坎，名曰阴虎。心肾交态，即为龙虎交媾，便出黄芽，即金丹大药。"保送黄庭"为采药，且配合以水火，而养胎仙。至胎圆神足，则可成为神仙。钟、吕的思想，为日后内丹道的发展奠定了基础。

钟、吕内丹道门下四传，至宋初的陈搏（871—989），字图南，亳州真（今安徽亳县）人。他是个比较可信的历史人物，据《宋史·陈抟传》载：他自幼习儒，通经史，唐末举进士不第，遂隐居华山，修习道术。后移于少华山石室，每觉可百日不起，世人目为异人。陈抟在道教史上的主要理论贡献是根据道教经典及自身体验，画出了一幅《无极图》，包括"玄牝之门""炼精化气，炼气化神""五气朝元""取坎填离""乃成圣胎""炼神还虚，复归无极"等内容。陈抟《无极图》虽对内丹功法的说明尚嫌简单，但描述了内丹修炼的几个主要阶段，为日后内丹道的进一步发展奠定了基础。

张伯端（987—1082），字平叔，浙江天台人，少年时曾为太学士，举进士不第，屈居幕僚。后"坐累谪岭南兵籍"，遂绝仕途，潜心道教。他82岁时游蜀，遇刘海蟾，得金丹还液火候之诀，修炼成功，著《悟真篇》阐扬内丹学。他以《道德经》和《阴符经》为祖经，吸收"三才相盗"和"虚心实腹"的观念，又融摄禅宗和儒学，形成了独特的"先命后性"的内丹修养理论。他继承了道教追求肉体长生的传统，认为："命之不存，性将焉附？"主张宗教修养当从锻炼身体入手，"先以修命之术顺其所欲，渐次导之于道。修命之要，在乎金丹。"他用81首诗词，对内丹功法作了详细的描述。这个修炼过程，基本和当代气功家练习气功的方法类同，其健身强体的功效被实践所证明。在"修命"的基础上，张伯端又借用佛教禅宗的思想，大谈"修性"之功，这是传统道教所没有的。他认为："既性命之功未修，则运心不普，又焉能究竟圆通，回超三界？"身体锻炼得再好，也只是健康长寿，精神上还不能达到无限，成为神仙。所以，"丹是色身至宝，炼成变化无穷。更能性上究真宗，决了无生妙用。"张伯端从道教的角度，吸收大量禅宗思想来"修性"，把三教融合推向了一个高潮。

金元之际的"新道教"包括哪些主要派别

　　河北新道教包括全真、太一和大道三个流派，尤以全真在后世影响最大。由于全真道领袖们的发展，使道教从理论到活动方式都发生了重大变化，所以被称为道教史上的"鼎革"。河北新道教异军突起，与当时中国北方沦为异民族统治区的现实有关。许多汉族士人不甘心于"亡国奴"的地位；但南宋小朝廷偏安一隅，无心收复中原，使他们彻底失望。因此他们需要一种具有正宗华夏文化色彩的思想作为精神的慰藉，道教恰恰符合了人们的心理需要。金、元统治者及时加以利用，结果使新道教反而成了他们辅助统治的工具。

　　全真道的创始人是王喆（1113—1169），字重阳，陕西咸阳人。他幼习儒业，长入府学，本希望以儒术经世。青年时代恰逢宋金战争，报国之望破灭。在金代他也曾几次试图从科举出身，但皆未能如愿，心灰意懒，遁入教门。王喆出家修道经历了一番痛苦的磨炼。他掘地穴居，内修丹道，外伴疯狂，人称"王害疯"。后他云游到山东半岛，打出了全真旗号，发展门徒，先后收留了马钰（1123—1183）、孙不二（1119—1182）、谭处瑞（1123—1185）、刘处玄（1147—1203）、丘处机（1148—1227）、王处一（1142—1217）、郝大通（1140—1212）七大弟子。他们长期追随王喆从事创教活动，成为全真道的骨干。传统道教讲究个人修炼，因而组织松散。全真道借鉴佛教的丛林制度，在山东建立了"三教七宝会""三教金莲会""三教玉华会""三教平等会""三教三光会"五个教团组织，道风朴素，纪律严明，在民众中获得了好评。王喆死后，相继由马钰、王处一、丘处机掌教，教团队伍不断扩大。金廷也转而从压制改为拉拢。金、元之际，南宋、金和元三派政治势力都派使者来邀请丘处机，他以一个政治家的远见作了一番权衡，最终决定接受元太祖成吉思汗之邀，不顾七十高龄，远赴雪山绝域，到蒙古军队的大营所在地和林拜谒太祖，因而得到了蒙古贵族的支持，为全真道在元代的大发展创造了良好条件。元代全真道有了很大发展，成为与南方正一道相对峙的两大教派之一。丘处机得意地对弟子说："千年以来，道门开辟，未有如今日之盛。"（《北游语录》卷一）

全真道的主要特点是倡导三教合一，顺应了当时的社会大潮流。他们以内丹道为基础，但是宣扬"先性后命"，以此与金丹南宗相区别。他们更多地接受了禅宗的"直证本心"和理学的"主静立诚"，认为："人之修行，先须识取性命宗祖，然后真以保命。"（《晋真人语录》）修性功夫就是要在反观内省上着力，因为人之真心圆满自足，清净不染，只要反身识取，"全其真性"，即可获得一个圆满的人生。王喆将新道教命名为"全真"，就是取"全本无亏，真元无妄"之意。从全真哲理出发，他们对"成仙悟真"进行了新的证明。王喆认为传统道教所宣称的肉体成仙是根本不可能的，因为"唯一灵是真，肉身四大是假"（《立教十五论》），"欲永不死而离凡，大愚不达道理也"（《金关玉锁诀》）。真正的长生，乃是对真性的识取，精神的超越。丘处机说："所以不言长生，非不长生，超之也……真性不乱，万缘不挂，不去不来，此是长生不死也。"（《重阳受丹二十四诀》）这样的"长生不老"，和佛教的"顿悟涅槃"、儒家的"存诚立性"已经相去不远了。

太一道创始人萧抱珍（？—1166），生于宋金交兵激烈之时，摆脱异民族统治的强烈愿望和南宋王朝的腐败无能，在他心中恰成反照，对现实的无望使他转向宗教，欲效法汉代道祖张陵，创教以号召人心，积蓄力量，以图将来。太一教以崇拜太一神而得名。太一本是先秦古籍中对天地开辟之前宇宙混沌状态的描述，汉武帝时才上升为人格神，具有主宰四方之神的至上权力。萧抱珍的用意是十分明显的，可是创教之后，金廷迅速召见了他，并赐以观额，使之在维持现行统治的轨道上发展。萧抱珍去世以后，其徒韩道熙（1156—1189）成为第二代祖师，并按照本教规则改姓教主之姓。三祖萧志冲（1151—1216）、四祖萧辅道（1191—1251）、五祖萧居寿（？—1280）、六祖萧全佑、七祖萧天佑，以下传承世系不详。总体来讲，太一道在金代还是保持了相当的规模，在元初曾兴盛一时。不过由于其自身理论缺乏创新，道徒文化素质不高，数传之后便难以为继了。

大道教入元以后又称真大道，由刘德仁（1122—1180）创于金初。刘德仁本是一名举人，适逢靖康之变，他不愿仕金为官，但也无力组织抗金，唯有创教以慰藉心灵，以教团联络自保。大道教以重视宗教伦理而著名，他们吸收儒、释而订九条戒法，在社会上很有影响。刘德仁又以祈禳治病称名于世。据记载他"治病不用药，仰面视天，病无不愈"，所以在朝野很有名气，吸引了大批教徒。大道教的快速发展引起了金廷的注意，金世宗曾召见过刘德仁，赐号"东岳先生"。刘德仁以后下传二祖陈师正、三祖张信真、四祖毛希琼、五祖郦希诚、六祖孙德福、七祖李德和、八祖岳德文、九祖张清志等。在郦希诚时，正逢金元之交，由于他的杰出活动，大道教曾兴盛一时，至元末逐渐衰落，教徒并入全真。大道教衰落的主要原因也是未能建立起独特的宗教理论体系，仅仅依靠宗教领袖的个人品质和魅力，终难流传久远。

道教在明清时代有哪些重要派别

道教在明清时代主要分成正一和全真两大派系，分别在大江南北流传。在这两个大派系中，又有一些小的宗派产生、变化，以下分述之。

正一道在明代比较受到皇帝的重视，因此地位显赫。从明洪武初年起，正一道天师即掌管全国道教事务，其地位超过全真。从第四十二代天师张正常，到第五十一代天师张显庸，代代袭封为大真人，赐银印，官秩二品，为全国性宗教领袖。尤其是明世宗朝，宠幸道教，正一天师邵元节以术媚君，显贵一时。但是由于正一道在理论上缺少发展，所以至清代以后逐渐走上了下坡路。其间较有作为者是张宇初、赵宜真和娄近垣。

张宇初（？—1401）是第四十三代天师，博学能文，道贯儒释。针对正一教门内戒律废弛的状况，他写《道门十规》，力图驳正宗风，并且阐发了一些重要思想。由于道教史上仙人混杂，所以模糊不清。他强调老子才是道教真正的始祖，"虽有道经师三宝之分，而始自太上授道德五千言于关令尹"。同时他又吸收了全真南北二宗的内丹功法，以性命双修为一切教门修习之旨。"凡符箓经教斋品道法之传，虽传世之久，各尊所闻，增减去取，或有不同，而原委为一，内而修之，则有内外丹之传。"他还引入全真戒律，提倡远离尘俗，草衣木食，磨砺身心，以求正果。

赵宜真（？—1382）是元明间道士，上承全真、清微、净明忠孝教法，又受到正一派的礼遇，正一道士多师事之，著有《原阳子法语》《灵宝归空诀》等书。他的丹法与全真派略同，以"自性法身"为本，以"摄情归性""摄性还元"为修行之要，以"粉碎虚空"为最高境界。同时他又相信外丹，认为日月精华炼成丹药，可以点化肉身，使之脱胎换骨，白日飞升。他的雷法主张内炼，"天地大天地，人身小天地"，两者可以相互感通，将内功发为雷电。

娄近垣（1689—？）是清代正一道士，曾被雍正皇帝封为四品龙虎山提点，被乾隆皇帝封为通议大夫。他的重要贡献在于，重新整理、刻印《黄箓科仪》十卷，集清初以来道教斋醮科仪、牒文、符箓之大成。经他的整理，使道教门徒做法事有所遵循。

全真道在元初曾因蒙古统治者的推崇而盛极一时，但其后因与佛教的两次辩论败北而转入山野，潜心钻研内丹功法，仍保存了相当的实力。入明后反倒在功法上创出了一些新的派别。

明初最先出现的是张三丰所创的"武当派"。张三丰的生卒年月不可详考，大约为元明之际人，据其自述，在元代曾为中山博陵县令，后弃官入道，为全真道士。他在云游终南山时遇火龙道人，传以丹诀，赴湖北均县武当山修炼。明初太祖、成祖闻其高名，派人往武当山寻之不遇，遂于此建立了庞大的道观，武当派从此创立。张三丰留有《金丹直指》《金丹秘诀》各一卷，后人又附以其他文字，编为《三丰全书》。武当派除传全真性命双修的内丹功法外，突出特点是崇祀"真武大帝"，传武当拳法。真武大帝又称玄武大帝，是主宰北方的天神。武当山世代为祭祀玄武大帝之所，因此武当派继承了这一传统。武当拳法传说为张三丰所创，特点是以静制动，以柔克刚，与雄劲豪放的少林拳南北对应。

全真道本有南北宗之分。南宗张伯端是宋代内丹大师，下传石泰、薛道光、白玉蟾等人，形成了清修派。另传弟子刘永年、翁葆光，形成了双修派。元代以后，清修派因方法一致，与北宗全真道合流。清修与双修的分野在于，清修派主张禁欲苦行，贬斥房中术，而双修派则提倡男女同修。入明以后，双修派有所发展，又分出了东、西两派。东派创始人是陆西星（1520—1606），扬州化县人，自称得吕洞宾秘传，著有《宾翁自记》《道缘汇录》等书。他的丹法主张从性功入手，但在筑基炼己、摄心修性之后，取坎填离、炼精化气则需男女双修，方可得真药。因为坎中真阳藏于同类"彼体"之中。西派创始人是清代的李涵虚（1806—1856），四川乐山人，托言得吕祖及张三丰丹道秘要，著《太上十三经注解》《三车秘旨》等书。其功法也是从清静立基入手，然后事阴阳双修。

其余全真道士理论上基本属于清修派，做出突出贡献者有：王常月（1622—1680），全真龙门派（丘处机派）第七代律师，以重振律法、整顿教团组织而闻名，被称为全真道的"中兴之祖"。全真创教时本以戒律严明而享誉天下，但元、明两代随着寺观经济的发展，教团首领的生活开始腐化，道众戒律松弛。王常月作《龙门心法》，阐明修道之要，特别突出戒律的重要作用，"唯有一法，能制此身，须是行持戒律"。他在北京的白云观六次开坛讲戒，"圣祖皇帝闻之，赐号'抱一高士'"。在他的带动下，全真道恢复了昔日清修的好名声，重振教团。刘一明（1734—1821）为龙门派第十一代道士，号悟元子，山西曲沃人。他勤修苦炼，成为一代内丹大师。其著作后人刻为《道书十二种》，在理论上融儒、释入道，另创新词。他把修道丹功分为：勘破世事、积德修行、尽心穷理、访求真师、练己筑基、和合阴阳、审明火候、外药了命、内药了性九个步骤，最后以"粉碎虚空"为了当。

什么是理学

理学是儒家学说的哲学形态。它起于北宋中期，成于南宋朱熹，在中国封建社会后期，一直处于意识形态主流地位。

理学的名称有一个演变过程，初称道学，后来才称理学。中国古代学者要使自己的思想和门派在社会上争得一席之地，大多要有一个区别于他人思想和门派的名称；或者后人为前人记史立传，也要给各家各门派一个独具特色的称号，以别各家殊异。道学一名，北宋初已出现。程颐于宋元祐二年（1087年）《又上太皇太后书》中说："陛下圣虑高明，不喜浅近，亦将勉思义理，不敢任其卑俗之见，惧获鄙于圣监矣。诚如是，则将道学日明，至言日进，弊风日革。"（《河南程氏文集》卷六《二程集》）此是说道学鄙弃浅近之论，穷究义理，且能革除弊风。程颐又在给孙叔曼书中论及其兄程颢的功业，说："其功业不得施于时，道学不及传之书。"是将道学与程颢的名字连在一起的。朱熹称二程为道学的唱明者："夫以二先生唱明道学于孔孟既没千载不传之后。"而道学的实质则是孔孟学说。在朱熹，合于孔孟的是道学，否则不得称为道学。后来，有人编排了道学的师承道统，罗列周敦颐、张载、二程、邵雍、朱熹及程朱门人为道学大家。

南宋有理学名称，范围比道学广。陆九渊曾说："秦汉以来，学绝道丧，也不复有师……唯本朝理学，远过汉唐，始复有师道。"《周子金书》卷二十一上记有南宋嘉定时吏部考功郎中楼观的话："理学之说，隐然于唐虞三代之躬行，开端于孔门洙泗设教，推广于子思、孟轲之讲明，驳杂于汉唐诸儒之议论，而复恢于我宋濂溪先生周公敦颐……春秋之际，三纲沦，九法斁，邪诞妖异之说竟起涂民生之耳目，溺天下之污浊，理学亦几乎息矣！"这里，理学的范围很广，几乎与儒学合。往窄处说，也是包括宋代儒学。到明代，理学一名便用于称程朱的道学和陆王的心学，已是约定俗成。在中国哲学史和经学史上，一般说宋代思想的特色就是变古，对汉唐死守注疏的传统不以为然，由疑经到删经改经，借经文以阐发自己的见解，不拘泥于经书文字，重在说明经书的义理。在这种学术风气中形成的儒学学说可以都是理学，如濂学、洛学、关学、闽学、蜀学、新学、心学等。后者是从学派的创始人上说的，标识的是师门；理学则是就基本精神、治学目的、思想内容的特点上说的。现代学者一般将理学分为三大部分，即程朱道学，陆王心学，张载的"气"一元论。

在儒家经典中，理学尤为推崇《大学》《中庸》《论语》《孟子》。朱熹作《四书集注》，为以后历朝立为育才取士的教科书。朱熹《大学章句序》说：《大学》是古之大学所以教人之法，孟子以后，其基本精神几于泯灭。二程出，接孟子之传，"实始尊信此篇而表章之……发其归趣，然后古者大学教人之法、圣经贤传之指，灿然复明于世"。朱熹认为，《大学》一书对于国家化民成俗，学者修己治人，都有重大作用。《中庸》相传为子思所作，传孟子。孟子后继统绝。二程续千载不传之传，力倡读《中庸》。至于《论语》《孟子》，理学家则视其为成就圣人之道必读书。程颐说："学者当以《论语》《孟子》为本。《论语》《孟子》既治，则六经可不治而明矣。"理学家重视《四书》，因为这四本书确实能反映理学的治学宗旨和学术特色。理学是反古、变古的，即对汉唐以来经学的僵化不满，尤其是魏晋玄学，以道家思想解说儒经，唐又倡佛，以佛说玷污儒学，致使社会风气腐败。理学的兴起，在于拯救儒学，恢复儒学的纯洁性，将其运用于国家化民俗和学者修己治人上。《大学》上说："大学之道，在明明德，在亲民，在止于至善。""物格而后知至，知至而后意诚，意诚而后心正，心正而后身修，身修而后家齐，家齐而后国治，国治而后天下平。"理学是将此作为治学纲领的。

与以前的儒学相比，理学有较强的理论性、思辨性。儒家诸经，《礼》《诗》《书》《春秋》的重点是践行，要在指明在不同环境、针对不同的具体事物，人们应该怎样做，是规范具体行为的，可算作"经训"。至于为什么如此做，有什么道理，则不必追究。汉初立经，特别是今文经一统天下的时候，经学的学术重点是名物训诂，目的是读懂经文，是传述师说，固守家法。玄学重义理，但用道家思想解经，又为儒学正统所不容。

理学则要阐述儒家思想的理论和哲学基础，使儒学的经学地位建立在人们的理性思考基础上。而诸经之中，《论语》《孟子》是思想理论性较强的，这恐怕是理学推崇四书的原因之一。理学既是儒学，它不能违背儒学的基本精神。但它又不能重复前人，而要说明经所以经、圣所以圣的道理，所以理学充分借鉴佛教和道教哲学，建立起一套以理、道、气、器为基础范畴的宇宙结构论和宇宙生成论，用以解释世界万物及人类的生活，从而说明儒学确立的政治、伦理规范的合理性。全部理学就是围绕这一中心任务展开的。

周敦颐为代表的"濂学"如何强调"诚"的意义

周敦颐依据《太极图》建立一个由无极到太极、由太极到阴阳、由阴阳而五行、由五行而万物的宇宙生成论，说明了宇宙万物由无到有的产生过程。更重要的，他是要依此说明社会历史现象，解释人类行为所以然的根据。周敦颐说，阴阳五行之精华妙合凝聚，乾道成男，坤道成女，二气交感化生万物。而人是阴阳五行中最优秀的成分，因而是万物之灵。人有肉身形体，又有精神而能产生心知。因为人有心知，所以五性感动而有善恶之分，于是便有人世中的诸多事变。可以看出，人性是周敦颐解说人类行为的基础概念，也是他由一般的宇宙万物生成进入社会历史现象的中介。

周敦颐解说宇宙万物生成，不是就万物的形体、构成成分上说的，而是在万物的运动变化规则，在人就是行为特点的意义上说的。也就是说，他解释人类社会，不是要说明生物学意义上的人是怎样产生的，人体由何而来，人的心知由何来，即不是体质人类学意义上的人类生成。他的重点是说明人的行为特点，特别是文化行为的特点的生成，可以是在文化人类学的意义解说人的本源和生成。万物本源是无极，由无极到太极。太极的构成是什么？周敦颐没有明确，只说它的"性"，是一动一静。阴阳是什么？他也不是从物质构成上说的，例如，他未明确说阴气阳气。阴阳是运动的特点，阳为刚健，为动；阴为柔顺，为静。《太极图说》中说："五行，一阴阳也。阴阳，一太极也。太极本无极也。五行之生也，各一其性。无极之真，二五之精，妙合而凝。乾道成男，坤道成女。二气交感，化生万物。万物生生，而变化无穷焉。唯人得其性而最灵。"太极即一动一静运动着的存在。太极动而生阳，阳也是一动一静；静而生阴，阴亦一动一静。所谓阴阳，一太极也。阴的一动一静与阳的一动一静就有区别了。阳的动静呈乾道，即刚健；阴的动静呈坤道，即柔顺。刚健成男，柔顺成女。

男女不是指男人、女人，而指一般雌雄牝牡之类。也不是雌雄的形成构成，而是指行为运动特性。至于人类与一般动植物的区别，周敦颐没有明确讲，只是说人类得"二气交感，万生化物"过程之优秀者，因而有心知。这优秀者，因为周敦颐无明确的"气一元论"，因而并非如者指明的是清气。

万物是"二五之精、妙合而凝"形成的。因为"五行，一阴阳也。"即水、火、木、金、土各有一阴阳，而五行又各有自己的运动特性。这样，阴阳五行交互作用，使万物，包括人类，形成五种基本的行为特性，即"刚善""刚恶""柔善""柔恶""中"。周敦颐说："性者，刚柔，善恶、中而已矣。不达，曰刚善，为义、为直、为断、为严毅、为乾固；恶，为猛、为阳、为强梁；柔善，为慈、为顺、为巽；恶，为懦弱、为无断、为邪佞。唯中也者，和也，中节也。"（《师第七》，《周子全书》卷八）他把善恶又作了刚柔之分，或者说把刚柔又作善恶之分，此四者都不是好的品性，只有"中"才是好的。这是周敦颐对万物及人类品性的客观上的描述。

就人类行为来说，当然是要摒弃不好的品性，弘扬好的品性。于是，周敦颐就确立了一个完人的标准，他称作"立人极"，即规定人类行为的最高准则。《太极图说》写道：人类"形既生矣，神发知矣，五性感动而善恶分，万事出矣。圣人定之以中正仁义（自注：圣人之道，仁义中正而已矣。）而主静（自注：无欲故静），立人极。故圣人与天地合其德，日月合其明，四时合其序，鬼神合其吉凶。君子修之吉，小人悖之凶。"圣人所立人的行为准则合于天地、日月、鬼神，即合于宇宙万物运动生成的最根本规则，所以是最完美的。按此规范行事则吉，反之则凶。

那么，如何使人们的行为合于天地运行的根本规则，修身以达到人极的品格呢？周敦颐提出"诚"的概念以解决这个问题。

圣人之品性是中正仁义。然而就人性生成上说，本来有可能生成五性的。为何圣人能摒弃"刚善""刚恶""柔善""柔恶"四个"不达"之性呢？因为君子乾乾不息于诚。所谓圣，就是诚。"诚者，圣人之本。"（《诚上第一》，《周子全书》卷七）对这句话，有不同的解释。朱熹说，所谓"圣人之本"的"本"字，是本领的意思，圣人能至诚不息，所以成圣人之性。有说这个"本"字，是"圣的根本"的意思，即"诚"就是"圣"的根本标准。仔细看来，所谓"诚者，圣人之本"，还是说"诚"是圣人所以成为圣人的根本原因。中正仁义，是从已经是圣人的行为规范上说圣人之性；"诚"是从至圣的根源上说圣人之性。"诚"，乃是至圣的根本。

"诚"是什么？周敦颐之前，孟子讲过"诚"，《大学》《中庸》中也讲"诚"。《中庸》说："诚者自成也……诚者物之终始，不诚无物，是故君子诚之为贵。诚者非自成己而已也，所以成物也。"周敦颐讲"诚无为"，含《中庸》中对"诚"的解说。在周敦颐看来，宇宙万物的生成过程本身就是"诚"，非人为的。圣人能使自己的行为合于天地、日月、鬼神，就是合于"诚"。由此说来，能合于天地万物生成规则就能成为圣人，就是圣人。如果行为中有人为的成分，就是不诚，就有四种"不达"性。这人为成分，就是"欲"。周敦颐讲修身的功夫，主要就是"无欲"。无欲而动就是静，静寂无为就是诚。有欲而动，就可能有恶善之举，形成四种"不达"之性。所以，周敦颐又把"诚"作为"五常之本，百行之源"。"诚"的概念是周敦颐社会伦理思想的基础。

张载所代表的"关学"有哪些特点

"关学"是北宋时理学的一支，代表人物是张载，因流行于陕西关中地区而得名。

由于当时的社会环境比较复杂，"关学"对社会政治问题倾注了很多心血。张载从事政治活动的时候，正值王安石变法。他对变法的基本主张是支持的，希望借此机会革除北宋朝廷的腐败现象，增强国力，抵御外族入侵。但对王安石变法的方法和实施步骤，张载又有不同意见。张载认为，所谓变法就是"通其变而使民不倦"。即变法的目的是减轻民之负担，达到既利民又利国的目的。他之所以这样说，是因为在他看来，王安石变法并没有达到上述效果。另外，张载反对王安石自上而下的激进的变法策略，而主张渐进，以教化为先导，让百姓在不知不觉中接受新法，认为这样不至于引起过多的人反对变法，新法容易施行。

在具体的变法内容上，张载坚持孟子的"仁政必自经界始"的思想，在土地制度上主张实行井田制，由朝廷下令，收天下田为国有，按古井田的形式分配给国人，使无田者知足，原来有田者又不失其富，照顾到他们的利益。赋税劳役也按井田分摊。张载认为，实行这种井田制的好处是，国家不失赋役，私家有相对稳定的田产，可保证生活供给。在此基础上，分宅里、立敛法、广储蓄、兴学校、成礼欲、救灾恤患、教本抑末，即可再现三代国治天下平的局面。

在行政管理体制上，张载主张实行古代的分封制。他认为秦以后实行的郡县制使国家行政设置烦琐，徒增加了许多官员，没什么好处。张载说，行分封法，以血缘宗法关系巩固家族，可以使朝廷保有一批世臣，即世代为官者。这样，官僚家族的地位世代有保障，自然会忠心于朝廷。如不然，为官者一世为官，骤得富贵，也只是得益三四十年，死后子孙分裂，不知其所出，家族不存，又如何能报效国家？张载还认为，家庭是社会的基础，国家又是个大家族，家庭环境中培养起来的孝亲思想，见之于国家，自然能增强国家的维系力量。

另外，张载还主张恢复古代的"肉刑"。墨、劓、剕、宫等肉刑，自汉文帝和隋文帝时已相继废除。张载说，有些死罪犯人，其实可用肉刑代替，不能什么罪都用死刑，这样一来，反倒使人不惧死了，不能减少犯罪现象。如把一些罪犯改为肉刑，既可使其免死，体现朝廷的仁政，又可起到示警作用。

张载的"关学"在中国思想史上的重大贡献是建立"气一元论"的理论体系。这一理论是直接用于批判佛、老的空无思想的。

魏晋以来，佛家、道家思想盛行，大有压过儒家之势。尤其是佛、道有精致的理论体系，是儒家经学所不能比的。汉代经学只重训诂名物，恪守家法师说，窒息了人们的思维。今文经学又好引谶纬灾异说，显得粗俗浅薄，很难敌得住佛、道学说的逻辑力量。先前的儒家学者批判佛、道，多只是给予道德上、政治上的指责，未能拿出足以取而代之的理论体系，张载的"气一元论"哲学可以说填补了这方面的空白。

张载认为，佛教理论的错误集中在三个方面：一是"一切唯心"，以意识为天地万物生灭的根源；二是"以空为真"，视天地万物为虚幻；三是"生死轮回"，灵魂不灭说。道家的理论错误是以"无"为万物之本，有生于无。张载把世界万物的本原归结为"气"，用"气"的不同形态解释虚实、有无问题。

张载认为，世界万物是实有，而不是虚幻的空无，这个实有的本体就是"气"。所谓"气"，不仅指呼吸吐纳之气，也指看不到摸不着的东西。"气"的存在和运动有聚和散两种基本形式，聚则为各种具体事物，散则又回归于"气"。"气"的虚实存在，即可感和不可感，以及它的聚散运动，是"气"的本性。

"气"的本来存在是"太虚"。"太虚"无形，又是"气"的本体。"气"与"太虚"是同一东西，"太虚"就是"气"。"气"有聚散。聚，即为万物；散，即为太虚。不过，张载虽然把"太虚"和"万物"都看作同一"气"的不同形态，还是认为两者有本质区别。具体事物有各自形制，也就有大小精粗的分别，这是因为具体事物碍于形的限制。而"太虚"是"气"的本然形态，其特点是"清"。"清"则无碍，无碍则神。具体事物是"浊"气，所以受制于形。那么，"太虚"与具体事物相比，就是清与浊、神与有碍的关系，两者地位悬殊，具体事物只是神的糟粕。这种看法在张载解释人性时有重要影响。

"太虚"如何演化生成万物？张载提出一个"太和"概念。"太和"是"气"的"氤氲"未气状态，但其中含动静、虚实、阴阳、刚柔。正是"气"的这种氤氲相荡，"气"才由"太虚"演化为天地万物。由此看来，天也是"气"，所以，天并没有意志，只有人类才有意识。天人相异，根本也不存在天能奖惩人世的事。张载连中国古代天命、天志的思想也否定了。接着，张载就用他的"气"说解释风、雨、雷、电等自然现象。最后，由于"气"的阴阳两性的相互作用，生成人类。

关于人性问题，张载也是用他的"气一元论"来解释的。他说，所谓人性，即人之所以为人的根据，这是立人之本。人也是"气"的一种存在形式，"气"的本然存在是"太虚"，这是最纯粹的"气"。"气"之阴阳相荡形成人的形体。所以，人性有两重性，一是基于形体的"气质之性"，它有善有恶；一是基于"太虚"的天地之性。"天地"之性是纯善。虽然人类及万物都由"气"生成，但由于"气"的清浊及禀受"气"的厚薄不同，所以，人各有性，物各有性，浊气成物，清气成人，薄气成愚人，厚气成智者。然而，既然人都是"气"由"太虚"形态凝聚而成形体，所以，每个人都有"气质之性"和"天地之性"。"天地之性"并非圣人专有。任何人，只要他肯于学习，就可以使"气质之性"改造为"天地之性"，则每个人都有可能成为圣人，关键是要虚心学习。要不为私欲物欲所迷惑。

张载的"关学"在实践层面上所坚持的，都是儒家一贯的基本原则。他的贡献是用"气"说为这些原则确立了宇宙本体论的根据，儒学终于有了一个可以与佛、道理论相抗衡的哲学体系。

程颢、程颐所代表的"洛学"是怎样论述"性即理"学说的

程颢、程颐的"洛学"为程、朱道学打下了理论基础，这个理论体系的主旨是政治性，即说明儒家主张的政治制度、礼法、道德纲常的绝对权威性。这个问题在"洛学"之前没有理论性、思辨性的解决。孔子只是主张恢复周礼，行仁义。至于为什么要这样，他没有更多的说明，只说那是古代圣人的惯例，社会就应当那样生活；

人为什么必须行仁义？他只说作为人就应当如此，否则就不是真正的人。孟子坚持孔子的治世主张，为什么必须如孔子说的那样做呢？他有点现实的功利性味道，说只有行圣人之道，有国者才能保国王天下，世人才可以得福免祸。汉代的董仲舒的论证更为粗俗，他以血缘宗法关系为模本，搞个人副天数论，说天是人的祖宗，天道就是仁、义、礼、智、信，所以人道也只能如此。张载的"气一元论"主要是针对佛、道的空无说的，主要任务是在说明世界的本体是"实"，而非"虚"，实的基础是"气"，重点是说明世界本原是什么，而不是回答世界万物应该怎样运动，以及为什么应该那样运动。这样，就仍然不能充分说明社会生活为什么必须遵行儒家确立的礼法及伦理规范。二程开创的"道学"向解答这个问题的方向迈进了一步。他们的理论的主题大体有三个：第一，说明为什么必须要遵循儒家提倡的政治制度、礼法、道德规范；第二，为什么社会上会存在不符合儒家说教的恶的行为；第三，怎样去掉恶的现象，实现儒家的理想社会和人生。所以，二程理论的出发点和归宿都是人的行为问题。

人的行为是人性的表现，所以，人性问题就成了"洛学"的核心。人性问题，先秦思想家就提出来了。那时，有人性本善说，有人性本恶说，有不善不恶说，但都没能回答人性为什么善，为什么恶。二程要解答这个问题，方法是为人性找到一个第一的、终极的、绝对的根据，为此，他建立起一个系统的宇宙结构论。

二程理论的逻辑起点是"理"。"理"就内容上说，规定很简单，"礼即是理也"。圣人是人伦之至，这人伦就是理。"理"就形式上说就是万事万物的最终依据，决定者。"理"是唯一的，万事万物的最终决定者就这一个"理"，没有第二个；"理是永恒的"，"不为尧存，不为桀亡"；"理"无形，是形上的，但又是实有，它体现在万事万物的运动过程中。

"理"如何决定万事万物的具体行为呢？二程说，"理"本身就含动静，动静生阴阳，或者说动静本身就是阴阳，"动静是阴阳之本"。阴阳氤氲相荡，决定诸事物的变化运动，这种决定的过程叫"气化"，不同具体事物新陈代谢，例如动植物的种的繁衍，叫"神化"。"气"这个概念在二程那里更多是指一种运动形式，而非物理学意义上的构成事物的元素，与张载的规定不同。二程后来讲到人的善恶，说是因为由气的偏正决定的，"偏正"一语显然指阴阳的关系、势力是否协调，他们虽然也提到"气"的清浊，但也主要从运动形式上说的，非指构成元素。到此，二程算是层层剥离了万事万物运动变化、人的行为的最终决定者：事物的不同运动形式取决于阴阳，阴阳本于动静，动静就是"理"自身的规定性。所以，万物运动的第一因是"理"。

"理"在人就是"性"。"理"与"性"是同一个东西，只是名不同。就万事万物共同的最终决定者，称为"理"；就诸事物的具体个体上说，就称"性"。所以，"性"这个概念也不只是用于人类，凡物都有"性"，如牛性、马性、犬性、草性、木性等。其实，这万事万物的"性"还是那唯一、永恒、绝对的理。"性"也是唯一的，并非每物各有一"性"。这就是"性即理"命题的本意。不能在那终极"理"之外去看具体事物的"性"；也不能在具体事物的"性"之外再去找什么其他的最终规定者。如果这样，就把那个"理"架空了，成为非实有。

但是，万物的具体运动有不同形式，人的行为也各不相同，而人以及万物的行为又由"性"决定，唯一的"性"为何表现不同的行为？这是因为"理"（即是"性"）本身不是僵死不动的。"理"有动静，动静的阴阳相荡就可有无数的平衡点。作为"人伦之至"即儒家提倡的那个礼法、道德规范，是阴阳的中正状态的表现。阴阳相荡有偏倚，就是不正，在具体行为上就不能呈现纲常、礼法的纯粹状态，就是"浊"，圣人的行为才是"清"，即纲常礼法的纯净的形式。

二程又说过"性即气，气即性"，这是从人的生理意义上说的。这里，二程吸收了张载的"气"的观点。人性有"气质之性"和"天命之性"，就是那万物唯一的"性"，即"理"。这是二程为了说明人的愚智、贤不孝等行为的差别引进的概念，与他的"理"为万物终极原因的逻辑已不那么协调了。在这里，二程既然认为"气即性"，所以每人禀气不同，就有善恶、愚智之分了。

二程分性为"天命之性"和"气质之性"，但又不能将二者拉得太远，若完全割裂开二者，就成了"性"二元论，如此，他们的道学理论就失败了。幸亏二程把握了这一点，没有在"气质之性"上走得太远，还得回归到"性即理"的大前提上来。

"理"在人就是"性"，如果它是实有，就得在人身上有个处所，这就是"心"。"心"是人性之所主。"心"不是生理学意义上的心脏，而是意识，精神。心能思虑。二程说"心即性"。心性本善。但是，心既能思虑，这思虑就是心动，它与"理"动静、阴阳相荡是一致的，心动就有可能形成阴阳不中正，所以，说心性本善，是从心寂然不动，从心的阴阳中正上说的。这是心的"未发"状态，但心的特点又是感物而动。心感物而动的表现是"情"，这是心的"已发"形态。感物而发就打破了心之本性的阴阳中正的平衡，就有喜、怒、哀、乐、爱、恶、欲"七情"。心感物而生情，这是心，即性的必然，所以，能生七情也是性的表现。生情没有善不善的分别，任何人，包括圣人，也生七情。但是，人的行为的善恶又确是由七情引发的。二程特别提出七情中的"欲"作为鞭挞对象，认为凡恶行都出自"欲"，所以，他们提出要"灭人欲"，以"存天理"。这里的关键是能否使七情保持中正状态，七情中正就是善行，反之即为恶。至此，二程就从"理"出发，说明人的行为。

这个关于人的行为、人性的理论模式一出来，也就能回答能否改变人的恶行为善行，以及怎样达到这个目标了。人性本善，心寂然不动，就是保持"性"的本来面貌，即为善。所以，行善要能"居敬"，即心"主一"，而不为外物所诱。心"已发"时，要能"灭人欲"，使七情中正，即能行善。

朱熹所代表的"闽学"的主旨是什么

以朱熹为代表的"闽学"是"道学"的一支，大的原则都是申明儒学的政治和道德伦理主张。从政治上说，闽学的主旨也是说明儒家确定的政治制度、礼法、道德规范的绝对权威性，因而必须实行这一套治世治人的根本原则。这与二程的"洛学"是一致的。作为理论上的任务，也必得说明儒家的社会人生运行模式的唯一性、永恒性、普遍性，它作为万事万物终极原因的神圣地位；解释现实中生活违反儒家训条的行为是如何产生的；回答如何消除这些反儒家的恶现象，使社会人生都纳入儒家的理想模式，这也是宋明理学的共同课题。思想家活动的目标就这么确定了，但真要在理论上完成这些任务，又非易事。二程"洛学"的重点是在形式上，说明人们的行为遵循儒家训条是当然的，必然的，还要说明之所以应当如此的终极原因。这是从事物运动的规则，人的行为规范上说的，回答人应当如何行以及为什么必须这样行。至于行为的主体是谁，二程并未过分注意。张载是在二程忽略的另一极上下工夫，他针对佛、道的空无说，全力回答世界上实存的是什么？实存的主体是谁？在二程可能是不言自明的前提，而张载从佛、道那里看到，这并非是不言自明的。

实存的主体与主体的运动形式，这是两个问题。将两者截然分开，说明不了人们为什么得遵行儒家的主张；将两混为一，或忽略一个方面，尽管口头上说那"理"是实的，也仍有虚幻之嫌。朱熹"闽学"理论上的主旨就是解说此两者的关系。他兼采张载和二程的思想，以"理"与"气"，"道"与"器"，"体"与"用"，"本"与"末"，"形上"与"形下"等范畴，力图回答形式与质料的关系。

朱熹与二程一样，也将"理"视为宇宙万物的第一因，它是唯一、永恒、绝对的。他说，这"理"要是实理而非"非理"，就得有个安顿处。"气"便是"理"的安顿处。朱熹比二程重视"气"这个概念，并用张载的思想，把"气"描述为构成事物的元素那样的东西。"气"概念对朱熹的理论体系至关重要，舍此，就会流于佛、道的空无。他说："佛氏偏处只是虚其理，理是实理，他却虚了，故于大本不立也。"（《朱子语类》卷一二六）为什么会如此，就是因为不讲事物实体的构成要素，空说"理"，如"终日吃饭，不曾咬破一粒米，终日着衣，不曾挂着一条丝"。（同上书）所以，寻求决定事物的终极原因，要从两方面入手，一是构成事物的材料，这是"气"；一是事物的运动形式，这是"理"。"天地之间，有理有气。理也者，形而上之道也，生物之本也；气也者，形而下之器，生物之具也。"（《答黄道夫》，《文集》卷五十八）"理""气"截然分明，不能混淆。"理"在"气"中，如明珠在水里。"理"只有一个，水却有清浊，所以，同一个"理"在不同事物的显现方式就不一样了。

朱熹强调"理"在"气"中，不能到"气"之外去寻"理"，"理"外也再无"气"。若这样看，那脱离"气"的"理"就是虚理，那脱离"理"的"气"也就不受"理"的制约了。关于"理""气"的相互地位，两者不可分离，还有以"气"为主或以"理"为主两种可能。如果以"气"为主，把"理"只看成具体事物的条理，运行规则，"理"的绝对权威性地位就失去了。如此，朱熹理论活动的政治主旨就会流产。所以，朱熹只能从另一可能上发挥，他说，"理"是本，"气"是末，"理"在先，"气"在后。这先与后不是时间上的顺序，而是逻辑上的顺序，有因果关系的含义，即一物之所以能成一物，之所以能有特定的运动规则，是由"理"规定的。没有"理"这个前提条件，就没有特定的事物及其运动规则。当然，运动形式和运动主体间的关系还有另一面，没有运动主体，就没有什么运动形式。运动总是某一主体的运动。此种说法，就把"气"当做"本"，"理"当做"末"了。朱熹没有看到这一面，或者即使看到了也不愿承认。同样，如果从这一面发挥开去，便无从论证儒家礼法、道德规范的绝对权威性。

"理"与"气"判然有别，又共处于各具体事物之中，要说明"理"为万物的第一因，就有两条线了：一是形式的，一是质料的。朱熹理论比二程就多了一个要解决的麻烦。朱熹把动静阴阳从"理"的概念中分离出来，说动静阴阳是"气"的特征，是形而下的，只有"理"是形而上的。万物的生成是阴阳二气动静运动的结果。天地之间，只是阴阳之气，这一个气运行，磨来磨去，就产生天地、日月星辰以及万物。"理"作为形而上之道，是宇宙万物的太极，太极能生动静，但不就是动静本身。太极动而生阳，静而生阴；动极至静，静极复动，这样，作为规定万物"所以然"的道，就随动静、阴阳之气的相磨运动而始终伴随万物的质料方面的生成运动。所以，万物作为实体虽是"气"的运动，却无时无地离开那形而上的"理"。"理"就像月映万川一样"分殊"到各个具体事物之中。如此说，无论何时何地的何种事物，任何人的行为，便都是由那唯一的"理"规定的。

说到人的行为，乃是人性的表现，朱熹坚持"天命之性"和"气质之性"的观点。"性即理"。天命之性就是"理"的纯粹形式。气质之性是从人的生理上说的，人由"气"构成，"气"有清浊，所以不同的生来禀受不同的"气"，就有善恶、愚智之分，这是就形而下意义上说的。但就形而上看，既然"理"存在于任何事物当中，所以任何人都有"天命之性"的善的种子，只是得去掉浑浊的"气质之性"的污染，才能显出善的本性。这个过程，朱熹强调学习的作用，通过格物致知——穷尽天下事物的"理"，从而达到唯一的天理，便能成为至善的圣人。如此，朱熹完成了理论上给自己规定的任务，他的理论比二程就显得精致周全得多了。

曾有"鹅湖之会"的陆九渊与朱熹的思想有何不同

陆九渊与朱熹个人私交不错，但他的"心学"与朱熹的"道学"在理论上有矛盾。宋孝宗淳熙二年（1175年），吕祖谦约陆、朱两派人士在江西鹅湖寺搞个学术讨论会，意在弥合两家的分歧，结果却使分歧更为明晰化了。

陆九渊"心学"在政治的主旨与朱熹一致，但在如何使人思想上达到"理"的境界，成就圣贤的道路上，与朱熹有很大分歧。《陆九渊集》第三十六卷上记载："鹅湖之会，论及教人，元晦之意，欲令人泛观博览，而后归之约。二陆之意，欲先发明人之本心，而后使之博览。朱以陆之教人为太简，陆以朱之教人为支离。此颇不合。"黄宗羲在《宋元学案》的《象山学案》中说，陆九渊之学"以尊德性为宗"，主张成就圣贤之道，应"先立乎其大"，不然的话，"本体不明，而徒致功于外索，是无源之水也"。而朱熹以道问学为主，认为格物穷理是"入至之阶梯，夫苟信心自是，而唯从事于覃思，是师心之田也"。则达到"理"的境界，陆九渊以"尽心"为先，朱熹以"格物"为先。

陆九渊所以把"尽心"当做修身之始，因为他对"理"与个人行为的关系与朱熹有不同看法。

陆九渊关于"理"的内容和形式的规定与朱熹没有什么不同，他也把"理"视为万事万物的运行规则及终极原因，是儒家提倡的政治制度、礼法、道德规范。既然宋明理学的主要目标都是在政治、伦理方面，力图说明人的行为与那绝对神圣的礼法和道德规范的关系，那么，与其绕很大弯子去解说"理"与人之外的万物的关系，不如单刀直入，简洁明快地回答人的行为与"理"的关系。朱熹为了强调"理"的普遍性、绝对性，把"理"看做是不依赖任何个人，不依赖于整个人类，也不依赖于任何个别事物的先在的条件。陆九渊则说，"宇宙便是吾心，吾心即是宇宙。"那么，作为宇宙万物第一因的"理"，也就在心中。心就是理，"满心而发，充塞宇宙无非此理。"（《语录上》，《陆九渊集》卷三十四）宇宙万物与心的关系，犹如镜中观花，心是镜，花是万物。关于心，陆九渊认为，它首先是思维的器官，人与木石不同，都有心。五官之中，心的功能最重要，心主思虑，思虑才聪明，聪明才能成圣人。心是人与动物的根本区别。仁、义、礼、智四端就是心的表现，是天生就有的。人的行为有善恶，是后天的。圣人存有心的先天就有的四端，为善；小人舍弃这四端，为恶。陆九渊还反对"人心""道心"说，在他看来，人心是唯一的，不可能有二心。

陆九渊如此规定了万物与心的关系，在如何认识"理"的道路问题上，就提出了与朱熹正相反的观点。在朱熹看来，因为"理"是个不依赖人类，当然也就不依赖人心的终极存在，它随"气"的运动，演化生成万物，便也与万物同在。人心只是万物之一，随着心"气化"过程中的生成，尽管也含理，却只是心作为生理器官运动的"理"，而不是宇宙终极原因的全理。所以，人要达到"理"的境界，就要一个个去格物，通过物而认识"理"，这就是陆九渊所批评的"支离"。在陆九渊看来，既然"理"——譬如仁、义、礼、智、孝、悌等（这些都是"理"，道学家讲"理"，主要内容也是这些）都在心中，是心天然就存在的，当然就不必向心外去寻求"理"了。只要尽己心，就能知己性，就能知天，即知"理"了。

"理"在心中，那么人的恶念恶行从何而来？来源于心与物交之初。心与物交，不良的念头滋长不剔除，久而久之，陋习难改，就压倒了心之本善。这在心与物之初埋下恶念的种子就是"欲"。"欲"是"害吾心"者。人人都得与物交,所以,人人都有产生"欲"的可能。任何人都处在"欲"与本心之"理"、善与恶的旋涡中,这就是"人心唯危"的意思。那么,任何人就都有修养"吾心"的必要。但这个过程不是去"格物",只在尽自己的"本心"。"保吾心之良","去吾心之害"。"吾心之良,吾所固有",如若不能保,其害即"欲"必多,"欲之多,则心知存者必寡;欲之寡,则心知存者必多。故君子不患夫心之不存,而患夫欲之不寡。欲去,则心自存矣。"(《养心莫善于寡欲》,《陆九渊集》卷三十二)

如何去欲存心?不必去"格外物",而是反省内求。陆九渊说,人耳自聪,目自明,事父自成孝,事兄自能悌,本无缺少,不必他求,关键在于自立,即自立本心,去掉物欲。有物欲不怕,要能"剥落",时时处处能剔除物欲,本心即越来越清明。去欲存心也要学习、读书,但读书不是读传注之类。读传注让人劳心费力,精神疲惫。所谓学习,在陆九渊看来,主要知晓人们相互间的社会地位、角色关系。知父子关系,为父,自能慈;为子,自能孝。知君臣关系,为君,自能仁;为臣,自能忠。知人们的角色关系,能激发本心之善,又能不断地"剥落""欲",就是"保吾心之良",就能成为圣贤君子。陆九渊的这一思想,后来被王阳明继承发扬起来。

王阳明如何把心性之学推至登峰造极

儒家治学论道,根本宗旨是说治世做人必须遵行古代圣人定下的礼法制度、三纲五常、道德规范。关键是"实行",而不只是知"道",能议论"道"。但这个问题从来没有解决过。春秋战国时期,儒学只是与诸子地位平等的一家,其言论主张并没有权威性、神圣性,人们可公开反对它,倒也少心口不一、言行不一问题。汉初立儒学为经,政治上受保护,其意识形态上的主宰地位是确立了。但是,实际生活环境却又必然生出私欲,儒家的礼法和道德规范实行上于个人与生存又行不通(当然,它于社会整体上说,是协调社会关系,处理各种社会矛盾的可行方案)。所以,就有口头上能论"道",而不能行"道";理性上知"道",而不能行"道"的事。心口不一,知行不一,身心不一,在王阳明看来,就成了礼法、道德纲常崩坏沦丧的根本原因,他针对此类实事提出自己理论活动的课题。

必须解决"道"的实行问题。王阳明发现,人的行为是由意识支配的,所行与所想（意）是一致的，怎样想，便怎样做；有什么样的想法，便有怎样的行为。这个看法应该说是合理的。基于此种认识，王阳明提出"知行合一"说，这便是他全部理论的核心。

王守仁批评时人说："今人学问，只因知行分作两件，故有一念发动，虽有不善，然却未曾行，便不去禁止。"（《传习录下》，《王文成公全书》卷三）如此长久积恶念，怎么会有善行？王阳明认为，从理论上说，上述不良倾向实是受了朱熹的分"心""理"为二说的影响，"外心以求理，此知行之所以二也"。心外求理，可能知"理"，可能会论"理"，但"理"却不一定能入我心，在心中扎根，如此，实际行为上怎么能够合于"理"？"理"必须纳入"心"，与心合一，行为上才能处处时时合于礼法道德。这便是知行合一，知中有行，行中有知。"一念发动之外，便是行。发动之外有不善，就将这不善克倒了，须要彻根彻底，不使一念不善潜伏在胸中。"（《传习录下》，《王文成公全书》卷三）王阳明说，人们口头上知晓得对父当孝，对兄当悌，实际行为上却不能孝，不能悌，这不是真知，真知被私欲遮蔽了。若是真知，便不会有知行不一的现象。譬如好好色，见好色属知，好好色属行。一见好色，便自好之，不是见了好色之后，再立个心去好那好色。可见知与行是同一个过程。

为了进一步论证知行合一，王阳明提出"心""事""物"的关系。王阳明不否认心外有物。如这样看王阳明，不免把他看得过愚了。但心外物不与"我"接触，便与"我"没有丝毫关系，于"我"没有任何意义。如若一与"我"接触，发生关系，便成了"为我"之物，是"我"对待的对象。由于，那外物便由"我"，即由己心了。王阳明举例说，譬如山中一花，人不接触它，作为心外之物它当然存在。当人们一看此花，则花的颜色便明白起来，可知花不在心外。譬如天地、神鬼、万物等是千古常在的，但若人死了，心灵不存在了，这个人的天地鬼神万物还有吗？所以，只有灵明，即心，是充塞天地万物的。"我的灵明，便是天地鬼神的主宰。天没有我的灵明，谁去仰他高？地没有我的灵明，谁去俯他深？鬼神没有我的灵明，谁去辨他吉凶灾祥？"（同上书）再譬如对待圣贤的言论，也是以"我心"为判断标准的。"夫学贵得之心，求之于心而非也，虽其言之出于孔子，不敢以是也，而况其未及孔子者乎？求之于心而是也，虽其言之出于庸常，不敢以非也，而况其出于孔子者乎？"（《答罗整庵少宰书》，《王文成公全书》卷二）这样见解乃是王阳明理论体系逻辑上的必然，但不会为统治者和经学家们喜欢，因为它把天地鬼神圣贤的地位都变成依赖"我心"的东西了，少了神圣色彩。当然，王阳明的本意也并非如此。万物虽然依于"我心"，但"我心"也不是自由飘荡的，还有"理"规范着"心"。

"理"即圣人的礼法制度、道德纲常，是儒学不可逾越的界限。但王阳明把"理"在心外移到在"心"内。"理"在"心"中，"心"就是理。"心"的内容是礼法纲常，"心"运作的节文条理就是"理"。"心"与物接，不是无规则的，待什么物，就有特定的规范。如对父则孝，对君则忠，这是必然的，这"心"之运作的必然就是"理"。所以，王阳明改程子"在物为理"一语为"心在物为理"。如此，"理"就不在"心"外，"理"就是"心"固有的动作条理了。以这样的"心"去接触外物，中间环节是"事"，"事"就是行，就是对待外物的方式。"事"由"心"发，"心"通过"事"接物，则物也在我心中。为了强调外物与我心为一，王阳明进一步说，"事"就是物。

"心"的节文条理就是"理"，而讲人性，实即人心，则"理"就是人的本性。但人仍有不良行为，是违反人的本性的，这源于私欲。那么，要成就圣人，就是去掉私欲，恢复本心之性。这便是"致良知"。"致良知"是王阳明理论的最高范畴，这个理论所论课题的答案所在。王阳明自己对"致良知"评价极高。他说，他的理论，除了"致良知"就再没有什么要说的了，"吾平生讲学，只是致良知三字。"

如何"致良知"？王阳明也讲"格物致知"，但内容与朱熹完全不同。朱熹说要一件件去穷尽个别事物的"理"，经过积累逐渐达到宇宙的终极之"理"。王阳明认为，"格"是"正"的意思，"物"是"事"的意思。"格物"是正事，即规范人们的行为。他说："物者，事也。凡意之所发必有其事，意之所在之事谓之物。格者，正也。正其不正以归于正之谓也。正其不正者，去恶之谓也；归于正者，为善之谓也。"（《大学问》，《王文成公全书》卷二十六）王阳明从"知行合一"说上发挥"格物致知"，"格物"是规范行为，去掉恶行，也即去掉恶念。这是"致知"过程，也是"修身"，道德修养与"致知"是同一的。王阳明这样便能解决言行不一、心口不一、知行不一的问题了。

王阳明完善了陆九渊的"心学"，是"心学"的集大成者。他把万物归于"我心"，却算不上唯我主义者。因为他讲的"心"不是自由驰骋的，完全随我意的。"心"有"理"规范它，这"理"却是普遍的、绝对的、不依赖于"我心"的。虽然他把"理"说成是"心"之本性，形式上把"理"主观化了，实际上，"理"还是客观的。后来的统治者贬斥王学，大概是没有看出这一特点，实是看轻了王阳明的一片苦心。

何谓朴学，有何重要成果

"朴学"二字始见于《汉书·儒林传》，倪宽初见汉武帝，述说经学。汉武帝说："吾始以《尚书》为朴学，弗好，及闻宽说，可观。"朴学是指上古质朴之学，后称汉代古文经学为朴学。清代汉学宗汉古文经，更崇尚郑玄、许慎的训诂、文字、音韵学，也称后者为朴学。乾嘉考据学派的文字音韵学自认为继承许、郑传统，也被称为朴学。本条目讲的朴学，就指清代乾嘉考据学而言。

乾嘉考据学发端于顾炎武。顾炎武提出"读《九经》自考文始，考文自知音始。"于是著《音学五书》《唐韵正》《韵补正》，明三代以上之音，据古音以正唐韵之误。继顾炎武之后，阎若璩、胡渭发扬了顾炎武的学术风格，专门致力于学术，不像顾炎武那样干预政事。阎若璩用数十年工夫撰《古文尚书疏证》，证明东晋梅颐的《古文尚书》和《孔安国尚书传》为伪书。梁启超对此书评价极高，说是开了疑经之先，进而研究问题的风气，改变了在圣人经书面前唯唯诺诺的迷信态度，对近代学术发展起了解放思想的作用。胡渭作《易图明辨》，论证所谓河图、洛书说，"太极""无极"说，都是宋代道士陈抟的伪造，并非《易经》应有之意。阎、胡二人是为乾嘉考据学派奠了基的。

乾嘉考据学最主要的学派有两支，一支是吴学派，起于惠周惕（惠栋祖父），经惠士奇（惠栋父），到惠栋集大成。惠栋弟子有江声、余萧客、王鸣盛、钱大昕、王昶等。惠栋的主要著作有：《九经古义》十六卷、《周易述》二十二卷、《易汉学》八卷、《易例》二卷、《明堂大道录》八卷、《古文尚书考》二卷、《后汉书补注》十五卷。考据学的另一主要支派是皖学派，以戴震为代表，继其后的有段玉裁、王念孙和王引之。戴震的主要著作有：《原善》《原象》《声韵考》《声类表》《方言疏证》《孟子字义疏证》，戴自己最看重《孟子字义疏证》。段玉裁的著作主要有：《古文尚书撰异》《诗经小学》《周礼汉读考》《仪礼汉读考》《毛诗故训传定书》《经韵楼集》，流传最广的是《说文解字注》《六书音韵表》。王念孙的主要著作是《广雅疏证》，另有《古韵谱》《读书杂志》等。王引之撰有《经传释词》《经义述闻》，是阅读经书的重要工具书。

名物的训诂，古代文字、音韵的考证，是件极艰苦细致的工作，要占有大量的资料，相互比较，分门别类，又要有综合概括的能力，才能在各种不同的见解中，明辨真伪。完成这样的任务，确实要埋头于古文献之中，不为世事所干扰。所以，考据学家为自己规定的治学宗旨都是"为学术而学术"。他们认为，像宋儒那样就时政而议论，所谓阐发圣贤经书义理，不过是主观臆说而已，无实事求是精神。抱有政治倾向很强的思想家，像清代的今文经学派，认为考据学埋头故纸堆，不关心时政，为不可取。从儒家经学的角度看，这种批评可能是对的，但从学术角度看，却有偏颇。考据学澄清了经学史上诸多疑惑不清的问题。考据学家的大量著作对于后人研究经学历史是不可缺少的材料，这批遗产的历史价值，今天也不可忽略。

考据学的意义不仅在于它的既定成果，更在于它成就这些成果的治学态度、治学方法。考据学家在辨证古字古音的过程中，已经提出了某些接近于近代科学方法的东西。譬如，如何确定对圣贤经典的信从态度，汉儒的习惯是凡经就应该信，凡师说就不可违背。宋儒以义理为准，凡合于义理的就信从。但所谓义理又都是自己阐发的，所谓信义理也就是信自己了。考据学中的吴学派仍有汉儒的习惯。吴学派以汉儒的注疏为判断经说是非的标准，凡汉儒说的，就信从，反之则排斥。戴震则舍弃人为设定的权威，讲究实事求是，以事实为是非取舍的标准。而如何做到实事求是，必须有一套科学的逻辑方法。梁启超曾将戴震的学术方法归纳十条（见《经学家·戴震》条目），其中已含有近代科学思维方法的成分了。这是乾嘉考据学留给后人的最有价值的贡献。

名家讲国学

第四编 集 部

中国文学的基本含义和文体分类有哪些

中国文学有悠久的历史，丰富的内容，在上下三千多年有文字记载的文学遗产中有许多珍品，它在中国全部文化遗产中是一个重要组成部分，也是世界文学中的不可分割的组成部分。中国文学，是由汉民族文学为主体的各民族文学的合称，意即中华民族的文学。它有自己的独有的内容、形式和风格，有自己的审美理想和追求，有自己的起支配作用的文化传统和思想，有自己的理论批评体系。它从时间上划分，可分为古代、近代、现代、当代文学。

中国文学的特色，是与它所使用的汉语言文字的特点密切相连的。汉语言文字的特征为：以表意为主；汉字的单文独义；一字一音；繁复的单音词；区分"四声"；言文分离。上述特点，在文学中就构成了所独具的美学特征。中国文学是着重于表现的艺术，在表现形式上偏重于抒情。如在整个诗歌史上，中国抒情诗洋洋大观，而叙事诗则为数不多。在创作方法上，不重写实而重写意。如古诗中常讲的"情景交融"，其意在借景抒情，宣泄内心的情感。

中国文学在自身的发展基础上，形成了一整套不同于西方的理论批评体系和范畴。它反过来又规范和影响了文学的审美理想和追求，并关涉到文学发展的进程。

中国文学除了因汉字语言具有自己的特征以外，还有自己的文学观念体系。这个体系又受到中国传统思想体系的支配。儒家正统思想的影响，就形成了以诗文为教化的文学功用说，它在中国文学中是一个最为重要的文学观念。表现在创作内容上，偏于政治主题和伦理道德主题。由此而来的是文学常成为政治的附庸，并带有说教的倾向，它在中国文学的不同历史时期，有着不同程度的表现。儒学的入世哲学和教化观念，又使中国文学在内容表现上，呈现出高亢的政治热情，积极进取的精神，强烈的社会责任感，但同时又相应存在着对人个体自我的开掘不足。儒家的"中庸"思想，使得中国文学在美学追求上，讲求中和之美。它是中国文学的一个很重要的美学思想。另外，道、释，以及儒道释的合流，都影响着中国文学的总体风格。

中国文学历史悠久，文学种类和各种文学形式也十分繁复多样。

诗歌，是中国文学中产生的最早的艺术形式之一，也是中国文学中得到最为充分发展的体裁。《诗经》是中国最早的一部诗歌总集。四言为主的句式、重叠反复的章法，是《诗经》时代诗体的主要特色。作品中有抒情诗，也有叙事诗。从原始型的二言诗体，发展到《诗经》的四言体，是一很大的进步，反映了社会生活的变化和语言的变化。紧接着，在中国的南方的楚地又兴起一种新诗体——楚辞。它的开创者和代表作家是楚诗人屈原。"楚辞"是一种具有浓郁地方色彩的诗体。它打破了《诗经》作品的以四言为主的句式，而代之以五言、六言、七言等长句。在诗的节拍上出现了三字顿，构成了有偶、有奇、奇偶相配。同时诗体的篇章结构，或抒情兼叙事，或抒情、咏物兼议论，极大地增强了诗歌的艺术表现力。它对后来的赋体文学的产生和发展，后世五、七言古体诗的产生，都有过显著的影响和启发。

随着楚辞逐渐向接近于散文的赋体演变，另一种诗体——乐府，以民间的清新、刚健步入汉魏六朝（前200—581）的诗坛。它是中国诗歌继《诗经》《楚辞》之后的第三个重要发展阶段。在乐府诗的发展过程中，汉乐府以杂言体为主，五、七言的句式渐为人注重。到了汉末佚名诗人作的《古诗十九首》出现，五言古诗的艺术已基本成熟了。至齐梁时，"五言居文词之要"（钟嵘《诗品》）。七言古诗的产生稍后于五言古诗，其流行大约于晋宋之际。汉乐府的杂言体，到唐代则发展为"歌行体"。从诗歌种类上说，乐府民歌还开创和发展了中国叙事诗体。其现实主义精神直接影响了后来的"乐府古题"。

经过齐梁间"永明体"诗歌在声律方面的充分准备，至唐，诗歌进入了全盛的时期，这也是中国古代诗歌的黄金时代。从古体诗到近体律诗的出现，是中国古代诗体的一大变化；而这一变化，正以齐梁时代的"永明体"诗的产生为重要转机。唐代诗歌各种格律因素均定型下来，律诗（包括五律、七律、排律、绝句），古体诗（包括五古、七古、乐府、乐府歌行），各体竞盛，百花齐放。

宋、元时期的词、曲，是冲破传统诗体而出现的两种新体制。中国诗歌同音乐有着非常密切的关系，二者关系的变化经历了"以乐从诗""采诗入乐"至"倚声填词"三个阶段。词和散曲都是沿着"倚声填词"的途径发展起来的。词，最初称曲子词，又称长短句，它和散曲同为配乐文学。词和曲原都是随民间歌曲的发展和外族"新声"的输入，而产生的新兴的歌词俚曲，后被引入文坛而为新兴的音乐文学。词萌发于中、晚唐和五代而光大于宋代；曲萌发于金代，而昌盛于元代。从讲求平仄声律、篇有定句、句有定字上说，它们都属格律诗范畴。但它们又与近体律诗不同，各有独立的体制、风格特点。从词曲的篇章句式上看，词以长短句间出、韵位疏密相间为特点；曲在用韵、字数等方面有一定灵活性而与词不同（虽然它也是按曲调写出的长短句）。在文体的表现风格上，诗抒情叙事贵含蓄，以典雅凝重为上，注重意在言外；词多为尚委婉、重情致；曲贵自然晓畅、语言不避俚俗、以能庄能谐及清新活泼为长。宋词、元曲在文坛上居主导地位之后，传统诗歌仍然绵延不断地出现。虽然诗的数量巨大并有自身的特色和成就，但总成就未超过唐代。

中国文学中，与诗词并列为文学正宗的，还有另一重要文体——散文。"散文"相对于"韵文"说，泛指一切无韵的文字；"散文"相对"骈文"说，即指那些单行散句，不拘形式工整的语体文（唐宋后称"古文"）；现代"散文"，是与诗歌、小说、剧本相并列的一种文学体裁（包括记叙文、抒情散文、杂文等样式）。从广义上看，中国文学史上第一部记叙文和论说文的散文集子是《尚书》，它是中国散文的萌芽之作。战国时（前481—前221），首先得到较大发展的是历史散文和诸子散文。历史散文以《左传》《国语》《战国策》为代表。它们在记叙历史事件和历史人物时，都能对某些历史场面作出具体描写，对人物的形象也很注意刻画。不少篇章情节生动，很有故事性。人物言谈的记述也无不曲尽笔墨，有声有色。它们对后世的"古文"及小说、戏剧的发展都有深远的影响。诸子散文以《论语》《孟子》《老子》《庄子》为代表，主要为说理文，最初为语录体，而后才向有组织有结构的论说文形式发展。它们风格各异，其文宏丽，辞藻华美，感情激越，富有哲理，论辩性强，多用寓言和比喻。到这时，散文的基本形式已经确定。汉散文更讲究文采，而且各类杂体散文充分发展，各类文体已逐渐齐备，一些文人以善写某类文体著称。但有偶句增多及辞赋化的倾向。司马迁的《史记》，不仅被目为史书的杰作，其中大量的传记文字也是传记文学的典范。唐宋散文（古文）基本上直承先秦两汉的传统，但在杂记文、书信、序文等方面有了长足的发展和创新。尤其起于唐代的游记散文，清新隽逸、生动活泼。明清的小品文是纯文学散文的一个重要时期。它吸收了唐以来游记散文的精髓，又融入了魏晋南北朝笔记文的谐趣和隽永，具有独特的艺术魅力。

中国文学中还有两种介乎诗歌和散文之间的文学样式：赋与骈文。赋源于楚辞体，流行于两汉。它有诗的韵脚，尚铺张扬厉。后来随着时代和文学的发展，演变为骈赋、律赋、文赋等多种形体。骈文，又称骈俪文，它是在诗歌、辞赋等惯用的修辞手法——排比、对偶的基础上，经文人加工创造而成的新文体。它追求句式整炼、词语对仗，讲求文采、音律的和谐，不要求押韵。它产生于魏晋，鼎盛于南北朝，并几经起伏，至清末余绪犹存。

中国文学中，小说、戏曲，有很长一段历史时期不被重视，被当做街谈巷议之言，不登大雅之堂的东西，被视为民间俗文学而为封建文人所鄙薄。元、明、清时，小说戏曲得到了充分发展，出现了伟大的作家和作品。戏曲有元杂剧、明清传奇中的关汉卿的《窦娥冤》、王实甫的《西厢记》、汤显祖的《牡丹亭》、孔尚任的《桃花扇》等戏剧。小说有施耐庵的《水浒传》、罗贯中的《三国演义》、吴承恩的《西游记》、蒲松龄的《聊斋志异》、吴敬梓的《儒林外史》、曹雪芹的《红楼梦》等。

中国文学发展到现代，产生了不同于传统文学的新的诗歌、散文、小说和戏剧，还引进和创造了散文诗、报告文学、电影文学等新的文学体裁。而过去传统文学中存在的抒情胜于叙事、表现多于再现的特点，有了很大的变化。此外，文学理论由于接受外来影响已出现了许多有别于古文论的新范畴、新概念。语言结构也发生了巨大变化，这些不同已往的大变化构成了新的民族文学的特征。

《诗经》中的风、雅、颂有何异同

《诗经》是中国古代第一部诗歌总集。它收集了中国西周初年到春秋中叶（前11世纪—前6世纪）约五百年的305篇诗。先秦时称为《诗》，取其整数又称《诗三百》。西汉时立于学官，被奉为儒家经典，故称《诗经》，并沿用至今。

据秦汉时古籍载，《诗经》的来源一是朝廷派"行人"到民间"采诗"得来的；二是公卿大夫的"献诗"。这些从不同途径得来的作品经朝廷的乐师删削、整理、加工，约在公元前6世纪中叶编定。

《诗经》中的诗在当时都是配乐的歌词，保留着古代诗歌、音乐、舞蹈三者结合的形式。后乐谱和舞姿失传，只剩下歌词，即今所见到的这部诗集。

《诗经》的句式是以四言为主，比较整齐，又时有杂言，灵活多变，使用二字至八字一句的形式，亦间有一字句和九字句。并大量运用章句的重叠，使用了叠字、双声叠韵等修辞手法。这些多样的句型，后来就成为各种诗体发展的滥觞。

根据古人的编排分类，《诗经》有"六诗""六义""四始"的说法。这些区别在《周礼·春官·大师》中，将风、赋、比、兴、雅、颂，称为六诗。在《毛诗序》

里，把"六诗"称作"六义"。孔颖达在《毛诗正义》里的诠释，认为风、雅、颂是诗的不同体制，赋、比、兴是诗的不同表现手法。这种观点被沿用至今。其中将风、大小雅、颂说成王道兴衰的"四始"，则是曲解。在种种解说中，南宋人郑樵的说法最简明："风土之音曰风，朝廷之音曰雅，宗庙之音曰颂。"（《六经奥论》）他认为风、雅、颂，都是"音"，是从乐调上来区分的，诗就是唱的歌辞，因古时歌诗是不分的。

风土之音，就是各地的民歌。"风者，民俗歌谣之诗也。"（朱熹《诗集传》）《诗经》中的风共一百六十篇，分十五国风，它包括"周南""召南""邶""鄘""卫""王""郑""齐""魏""唐""秦""陈""桧""曹""豳"。其产生的地域，即今陕西、河南，山东、山西、湖北，而多集中于河南。诗中有很多各地风俗习尚的反映。如郑、卫两国的情歌；秦国的车马田狩之盛和尚武风气；陈国的迎神祭祀、载歌载舞等。作为先民的集体创作，作品中表达了对和平与幸福生活的渴望，反映了沉重徭役压榨下的痛苦呼号，揭露了统治者的丑陋行径。这些作品有《豳风·七月》《魏风·伐檀》《魏风·硕鼠》《唐风·鸨羽》《王风·君子于役》《周南·芣苢》《魏风·十亩之间》《秦风·无衣》《陈风·株林》《周南·关雎》《召南·摽有梅》《邶风·静女》等。这些诗篇感受真切、不加粉饰；运用了赋、比、兴的艺术手法，歌咏景物，抒写情思，托物讽喻，通俗易懂。

雅是在朝廷里演奏的官乐，它相对于各地民歌俗乐。作者主要为贵族、官吏，内容主要是歌功颂德，宴饮游猎。其中也有不少诗篇是讽刺、规劝的讽喻诗。雅共有一百零五篇，其中大雅三十一篇，小雅七十四篇，合称"二雅"。"大略《小雅》多燕飨赠答、感事述怀之作；《大雅》多受釐陈戒，天人奥蕴之旨。"（方玉润：《诗经原始》）小雅的大部分作品出自官吏、贵族之手，其中也有一部分是民间歌谣。大雅几乎全是贵族作品。

雅诗大部分作为贵族们进行各种典礼、宴饮时演唱的乐歌，从中比较真实地反映了周代社会某些生活的面貌。大雅中的《生民》《公刘》《绵》《皇矣》《大明》等诗篇，比较完整地描述了周人的起源以及发展和建国史。它们是中国最早的史诗，历来受到人们的重视。大、小雅中，还有不少讽喻诗，又称为"变雅"，在规劝示警中反映了统治者的内部种种矛盾，故后世"风雅"并称。如《大雅·桑柔》《大雅·瞻印》《小雅·正月》《小雅·巷伯》《小雅·小旻》等。雅诗中也有些反映先民生活的民间歌谣。其中有反映民间呼声的，如《小雅·苕之华》《小雅·何草不黄》；也有恋怨之辞，如《小雅·隰桑》《小雅·采绿》《小雅·谷风》。一些诗篇作为农耕社会的生产、生活反映，描写了五谷丰登，畜牧兴旺，如《小雅·甫田》《小雅·楚茨》《小雅·无羊》等。当然反映贵族豪华奢侈生活场景的篇幅也下少，如《小雅·鱼丽》《小雅·宾之初筵》《小雅·庭燎》等，都极写宴乐的场面。总的说，雅诗不如风诗通俗易懂，篇幅较长，用韵整齐，布局谨严，多议论，呈现出庄重舒缓、典重文雅的风格。

颂，作为宗庙乐歌，有《周颂》三十一篇，《鲁颂》四篇，《商颂》五篇，共计四十篇，合称"三颂"。"颂者，美盛德之形容，以其成功告于神明者也。"（《诗·大序》）载歌载舞，可说是宗庙乐歌的特点。作为周王和诸侯用于祭祀、典礼的乐歌，颂诗的主要内容多为宣扬天命，赞颂先祖的功德。颂诗也有一些春夏祈谷、秋冬报赛的祭歌，反映了当时农牧渔的生产情况。还有些篇章描写了古时的乐器，有的涉及中国早期的神话传说和历史。

总的来说，颂诗大多为空洞的说教，缺少形象性和韵律美，也少用比兴手法。

根据上述评述，可以清楚地看到，风、雅、颂在乐调、作者、内容、表现手法、艺术风格等方面都是不一样的，有着各自的特色。

诗人屈原为什么被称为伟大的爱国者

在中国文学史上，第一个伟大的爱国主义诗人是屈原。他是"楚辞"（骚体）的创立者和代表作者，也是运用浪漫主义创作方法写作诗歌的奠基人。他也是世界文化史上永远值得人们纪念的伟大历史名人之一。

屈原（约前339—约前278），名平，字原；又自称名正则，字灵均。其故里传说为丹阳秭归（今属湖北）。屈原的作品，《汉书·艺文志》著录二十五篇，但未标出具体篇目。王逸《楚辞章句》载有《离骚》、《九歌》（十一篇）、《天问》、《九章》（九篇）、《远游》、《卜居》、《渔父》，篇数与《汉书·艺文志》相符。但王逸所列篇目，如《卜居》《渔父》可能是后据屈原传说敷衍而成。《远游》及《九章》中的《惜往昔》、《悲回风》等篇，也多异议。而《史记·屈原贾生列传》所标明为屈原的《招魂》，王逸却归于宋玉名下。现在公认的屈原作品有《离骚》《天问》《九歌》及《九章》中的大部分篇章。至于《招魂》，现多用《史记》说法，归在屈原名下。

屈原出身楚王同姓的贵族，是战国时期楚国的重要政治家。他生活的年代，是诸侯国互相兼并、战乱频繁的战国中后期，其一生随着楚国的变化而变化。据《史记·屈原贾生列传》记载，屈原受过较好的贵族教育，有政治、历史、文学的知识，兼收了先代和当代儒、法、道各家思想。在楚怀王时他曾任左徒要职（相当于太傅），其职位仅次于令尹（楚国的相）。他热切期望凭借自己的地位和才干实现其政治理想，使楚国富强起来。但由于他的革新主张、措施触犯了楚国贵族集团的利益，招致中伤打击，并被楚怀王疏远，不再参与国事。其间曾被派往齐国，以修旧好。不久后，楚怀王被秦国欺骗而扣留，三年后客死于异邦，屈原则被流放到汉北。楚顷襄王继位，屈原受到更残酷的迫害，又被流放到江南地区，辗转于沅、湘一带约九年之久。当楚国郢都被秦国攻陷之后，他看到楚国濒于灭亡，理想破灭，于是怀着绝望的心情自沉于汨罗江中，以表明其对故国的忠贞之情。他投江之日公元前278年的夏历五月初五，世代相传，这一天也就成了中国百姓纪念他的传统节日——"端午节"了。

屈原以其独创的诗歌艺术形式，反映了这一历史时期的变化，深刻地揭露了楚国政治的黑暗，憧憬着理想的美政，渴望政治修明的时代来临。

《离骚》是屈原的代表作，它是中国诗歌史上最早的长篇抒情诗，全诗375句，2 490字。"离骚"旧时解释为"离忧"，是遭遇忧愁。近人解释为"牢骚"。诗中表达了他爱国、爱民、追求理想和顽强不屈的精神。诗中通过神游天上，寻求出路和失败以后要以身殉国的陈述，塑造了一个胸怀壮志、刚直不阿、百折不挠的抒情主人公形象。诗中采用了美人芳草的比喻、大量的神话传说和奇特的想象，形成绚烂的文采和宏伟的结构，体现了浪漫主义情怀。

屈原作品无论内容和形式都与《诗经》有明显的不同。他的作品与神话有密切关系，显示了长江流域文化与黄河流域文化的差异。其想象丰富、大胆热烈、形象瑰丽、气象万千，与质实、朴素的北方文学的特色迥然有别，独具浪漫色彩。屈原独创的"骚体"，为中国文学留下了一种独特的文学形式。他在诗中活用民间的语言声调，从民间乐曲中吸取激昂的声调，表达他澎湃的诗情。他的诗带有浓厚的楚地民风色彩。屈原继承了《诗经》的现实主义传统，吸收了诸子散文的组织形式和语言成就，汲取了民歌的优点，使诗句发展成反映复杂事物的七言句式、灵活的多言句式；把短小的抒情篇章发展成抒情主线起伏、有情节的长篇；在中国文学史上第一个塑造了抒情主人公的艺术形象。他吸取了《诗经》的赋、比、兴手法，诗作中象征、比喻等手法随处可见。而且诗中还融进了楚方言俗语，并有对话。由于屈原在内容与艺术形式上的独特贡献，使之成为中国文学史上的第一位伟大诗人。刘勰评价说："其衣被词人，非一代也。"（《文心雕龙·辨骚》）鲁迅先生也说："其影响于后来之文章，乃甚或在'三百篇'以上。"（《汉文学史纲要》）他的作品不仅为后世提供了新的抒情样式，对五言、七言诗的产生及"赋"体的出现起到了积极作用，开创了完全不同于《诗经》的创作方法；更重要的是他的爱国精神、高尚的人格对后世的深刻影响，使人从中获益匪浅。

《楚辞》是怎样一部书

楚辞，一是诗体名，一是诗集名。作为诗体的楚辞，它的创始者是屈原。而屈原最重要的作品是《离骚》，故又称"骚体"。作为作品总称的楚辞，约形成于西汉前期。《史记》《汉书》在记述西汉事时，都有所提及。《楚辞》正式编定成书，是由著名学者刘向在西汉末成帝河平三年（公元前26年）完成的。

楚辞是战国时期以屈原为代表的楚人创作的新体诗歌。它是发源于中国江淮流域楚地的民歌。如《诗经》中的《汉广》《江有汜》就是西周初年的楚地民歌。《说苑》也保存了《越人歌》《楚人歌》。《论语》里记载过孔子听到《接舆歌》，《孟子·离娄篇》里也记有《孺子歌》。楚辞也受着《诗经》的某些影响，但它和《诗经》中的北方民歌有着明显的不同。它不是整齐的四言句式，而是每隔一句末尾都用一个语助词"兮"，声调舒缓、抑扬。楚辞是在楚民歌高度发达的基础上产生的。另外，楚辞还受着楚地的巫风的影响，民间祭祀时的歌舞娱神，很像戏剧，充满了原始宗教气氛和浪漫情调，因而《楚辞》中的很多篇章都带有巫风的痕迹。还有战国后期，南北文化的融合，也是楚辞产生的重要条件。长诗《离骚》，体式宏阔，气势雄伟，句式灵活，和当时蔚然勃兴的散文不无联系。

对于楚辞的称谓，宋代黄伯思在《校定楚辞序》中说："盖屈宋诸骚，皆书楚语，作楚声，记楚地，名楚物，故可谓之'楚辞'。"（《宋文鉴》卷九十二）由此也可看出楚辞所具有的特征。

《楚辞》共收入屈原所作《离骚》、《九歌》十一篇、《天问》、《九章》九篇、《远游》、《卜居》、《渔父》，宋玉的《九辩》《招魂》，旧题景差所作《大招》，旧题贾谊所作《惜誓》，淮南小山所作《招隐士》，东方朔所作《七谏》，庄忌所作《哀时命》，王褒所作《九怀》，刘向所作《九叹》。其中如《远游》《卜居》《渔父》等篇，其作者都有异说。楚辞的作者，据《史记》载，有宋玉、唐勒、景差等人。现存的《楚辞》总集中，主要是屈原及宋玉的作品；唐勒和景差的作品，大都未能流传下来。至于西汉人贾谊、淮南小山、东方朔、庄忌、王褒等人的作品，多是仿屈之作。今存东汉王逸的十七卷本《楚辞章句》（《楚辞》注本），从中可略窥《楚辞》原本的大概。因刘向编定的《楚辞》十六卷久已亡佚。

《楚辞》在中国诗史上占有重要的地位。它的产生标志着古代诗歌发展到了一个新阶段。与《诗经》多数篇章是民间的集体口头创作，具有浓郁的民歌特色相比，《楚辞》则是诗人的独立创作，具有个性色彩。特别是屈原的诗歌，塑造了具有崇高理想和人格的抒情主人公形象，具有鲜明的个人风格，从而结束了古代诗歌集体口头创作的阶段，开始了文人创作的新时代。其次，与《诗经》的四言相比，"骚体"是一种崭新的诗歌形式，为中国的诗歌发展开辟了道路。屈原早期作品，如《橘颂》也是四言体，可看到他承袭《诗经》的痕迹。后来有很大变化和很高的创造，从四言变为六言、七言，参差错落，灵活变化，且富有地方色彩的语言，宏大的结构，塑造了丰富的艺术形象，抒写了复杂的思想感情，表现了理想与现实间的尖锐冲突。它不但完成了中国诗歌语言的第一次解放，推进了诗体的发展，也显示了在艺术构思上的进步，形成了独特的艺术风格。这些特点，是与《诗经》的四字基本句式、较短小的篇幅、形象的单纯所反映的多是生活的片断不相同的。再有，楚辞以丰富的想象、华美的文辞，抒发诗人的主观激情，开创了古代诗歌的浪漫主义创作道路。屈原在他的诗中，巧妙地运用了神话传说，大胆地展开想象的翅膀。他的作品经常以虚构的情节和人物，构成奇异的意境。这就不但加重了作品的浪漫色彩，增强了诗歌的表现力，而且深刻地揭示了诗人崇高的精神境界，深化了诗歌的主题。与此同时，它的比兴寄托手法，不仅运用在遣词造句上，而且能开拓到篇章构思方面。它对后来的赋体、骈文、五七言的形成，都产生了深远的影响。这些特色，也是与《诗经》中的民歌侧重于反映现实生活、干预生活、风格自然朴素所不同的。

《楚辞》是《诗经》问世后最优秀的诗作，它的出现标志着作家文学的产生，屈原则是中国文学史上第一位诗人。它实现了诗歌语言和体式的开拓，创造了具有鲜明个性的抒情形象，开辟了诗歌的浪漫主义道路，所以后世将《诗》《骚》并称，从而成为中国古典诗歌的两大源头，对后世的文学创作产生了深远的影响。

司马相如的汉赋有哪些艺术成就

西汉时期的重要文学体裁之一是赋。据《汉书·艺文志》记载，整个西汉时朝共有赋一千零四篇，其中单是汉武帝时期就有四百三十五篇。它客观上反映了当时汉帝国的强大和统治者的生活豪华侈靡。其中的代表作家是司马相如。他是在模仿楚辞的基础上第一个奠定了汉赋的形式。其作品辞采富丽，结构宏大，艺术性较高，可说是"不师故辙，自摅妙才，广博宏丽，卓绝汉代。"（鲁迅《汉文学史纲要》）

司马相如（前179—前118），字长卿。因仰慕蔺相如的为人，故改名相如。蜀郡成都（今四川成都）人。《汉书·艺文志》著录"司马相如赋二十九篇"，现存《子虚赋》《上林赋》《大人赋》《长门赋》《美人赋》《哀秦二世赋》六篇，另有《梨赋》《鱼葅赋》《梓山赋》三篇仅存篇名。《隋书·经籍志》载有《司马相如集》一卷，已佚。明人张溥辑有《司马文园集》，收录《汉魏六朝百三家集》。

司马相如年少时喜好读书击剑。汉景帝时曾做过武骑常侍。后去梁国游历，著《子虚赋》。梁孝王死，司马相如在归蜀途中经过临邛，与富豪卓王孙之女卓文君结识，并用琴声打动了新寡的卓文君，二人一同私奔到成都。后因家贫又同返临邛开酒店为生。二人的故事被传为佳话，成为后世的文学、艺术取材对象。汉武帝好辞赋，读《子虚赋》时赞叹道："朕独不得与此人同时哉！"（《史记·司马相如列传》）其时，由狗监杨得意将司马相如推荐给汉武帝。后又因进献《上林赋》被封为侍从郎。在他做中郎将时，为开发西南、沟通汉人与少数民族关系作过一定贡献。其间写有《喻巴蜀檄》《难蜀父老》等文。后因受谤被免官。晚年做过孝文园令（管理文帝陵园的闲职）。

司马相如是西汉最重要的辞赋家。他在作赋理论上提出，"合綦组以成文，列锦绣而焉质"和"苞括宇宙，总览人物"（葛洪《西京杂记》所引），重视资料的广博、辞采的富丽。他的代表作品是《子虚赋》和《上林赋》。这两篇作品为汉代铺张扬厉的散体大赋，确立了比较成熟的形式，后来的一些描写帝都、宫苑、田猎、巡游的大赋，无不受其影响。但与之相比，则在规模、气魄上相去甚远。

《子虚赋》《上林赋》两篇同以游猎为题材（《史记》将两者合为一篇，《昭明文选》作两篇）。《子虚赋》假设楚人子虚同齐人乌有各自赞美自己国君游猎之盛。子虚向乌有夸耀楚国云梦之大和楚王田猎的盛况，乌有批评他"奢言淫乐而显侈靡"。接着乌有先生说以齐国之大，"吞若云梦者八九，其于胸中曾不蒂芥"。至于其中的奇珍异宝、名禽怪兽更是不能一一列举。乌有先生想以此折服楚使子虚。《子虚赋》分东、西、南、北、上、下几段进行描写，这种分段描写方法，几乎成了后来汉赋的一般性法则。《上林赋》是《子虚赋》的续篇，写亡是公听到子虚同乌有的对话，用夸说天子的上林来压倒楚国和齐国，以反对奢侈和淫靡而同前面照应，以"二君之论，不务明君臣之义，正诸侯之礼"作结。作者正是以正面宣扬汉天子的圣德和无比声威，来抨击子虚、乌有所宣扬的齐、楚二王的奢侈淫靡生活和不加检点的放纵行为。从作者的愿望说，是要对帝王贵族起讽谏作用，抑制他们对生活享受的过分追求，但其讽谏是委婉的，正如前人指出是劝百讽一，甚至是欲讽反谀，其作用是不足道的。其赋也正是出于维护封建帝国统一的明显政治作用，才成为汉武帝对该作品大加赞赏的主要原因。这两篇和《七发》一样，在艺术上的特色是铺写叙述上的夸张，但与《七发》相比，更为厉害，也更为程式化。如描写云梦的盛况，斑斓绚丽，华艳夺目。在赋中他喜用奇词僻句，并运用排句、骈语层层渲染，气魄宏大，辞采富丽，但终因过分夸奇炫博，内容较空洞，而且僻字连篇，使人难于卒读。正如后来人所评述的那样："夫假象过大，则与类相远；逸辞过壮，则与事相违；辩言过理，则与义相失；丽靡过美，则与情相悖。"（挚虞《文章流别论》）可说是点到了汉赋的要害处。

司马相如的散文，有不少地方和他的辞赋有类似处，也是多用排偶句式，亦喜铺张渲染，有的还采用主客问答方式。其中《喻巴蜀檄》《难蜀中父老》两篇，前者是为政府写的文告，后者为说理辨难文，它们对后世政论和告谕文体有一定影响。其他散文还有《上书谏猎》《封禅文》。诗歌仅存《琴歌》《郊祀诗》。

总之，司马相如的文学创作，丰富了汉赋的题材和描写方法，使汉赋成为一代鸿文。他的创作代表了汉大赋的最高成就；但也是他使汉赋定型，使汉赋走上了模仿因袭的道路。

曹植的诗歌艺术成就有哪些

曹植为"建安之杰"（钟嵘《诗品》），是建安文学的集大成者。他的诗歌、散文、辞赋都取得了不小的成就。后来的谢灵运，作为一个出名的恃才傲物之人却说：

"天下才有一石，曹子建独占八斗，我得一斗，天下共分一斗。"（《释常谈》引）当时向曹植学习的人，正如钟嵘所形容的："抱篇章而景慕，映余晖以自烛。"（《诗品》）

曹植（192—232），字子建，曹操三子，曹丕之弟，沛国谯（今安徽亳县）人，三国魏诗人。今存南宋嘉定六年刻本《曹子建集》十卷，辑录诗、赋、文共二百零六篇。今人赵幼文有《曹植集校注》。他曾封为陈王，死后谥思，世称陈思王。

作为三国魏杰出的诗人，曹植自幼聪慧，小时便诵读诗、文、辞赋数十万言，出言为论，下笔成章。在《三国志·魏书》他的传中说他"生于乱，长于军"，青年时期，怀抱建功立业的大志，深得曹操的宠爱，曾几次想立他为世子。后因其行为放任，屡犯法禁，加之因兄长曹丕善矫情自饰而失宠，并在争夺王位中失败。曹丕、曹叡父子先后继皇位，曹植受迫害，屡被贬爵，改换封地，由一个优游宴乐生活的贵公子，成了一个处处受打击的对象。他名为藩王，实同囚犯，多次上疏请求任用，希望为国家效力而不能如愿，在困顿的处境中忧郁而死。

曹植的一生，以曹丕即位为界，形成了前后两个时期。这一特点，在他的文学创作上有鲜明的反映。曹植的思想相当复杂，儒、道、阴阳、法家、谶纬、佛家杂糅。这种兼容并包的思想，显得非常驳杂。他一生勤于著述，自述"所著繁多"（《前录自字》），"自少至终，篇籍不离于手。诚难能也"（《魏志·陈思王传》）。

曹植的诗歌，"骨气奇高，辞采华茂，情兼雅怨，体被文质"（钟嵘《诗品》上）。他的诗一方面表现出感情真挚强烈，笔力雄健，体现了"雅好慷慨"的建安诗风；另一方面又呈现出色彩繁富、文采斐然的特色。诚如钟嵘所说，"粲溢今古，卓尔不群"（《诗品》）。

曹植前期诗歌，主要是歌唱他的理想与抱负，诗中大都激荡着积极进取的热情，充满开朗豪迈的情调，如《白马篇》《名都篇》，体现出曹植对成就功名的乐观态度。但由于他这时比较年轻，又贵为公子，诗歌情调乐观豪迈有余而沉着深厚不足。他还有些作品描写了百姓的困苦生活、战乱的景象，如《泰山梁甫行》《送应氏》。再有一些就是描写他自己优游享乐的公子生活，如《斗鸡》《侍太子坐》等，多为浮泛空虚之作。

曹植后期诗歌，主要表达理想与现实矛盾所激起的悲愤，体现了不甘被弃置，希冀用世立功的愿望。这一时期的作品反映现实的深度与广度比前期迈进了一大步，艺术上更成熟。其代表作品有《野田黄雀行》《赠白马王彪》《七哀诗》《怨歌行》《鰕篇》《杂诗》等。广为传诵的《七步诗》："煮豆燃豆萁，豆在釜中泣。本是同根生，相煎何太急？"语意浅显，情感愤激，以其豆相煎比喻骨肉相残。诗中不但表现了他当时的处境，而且从一个侧面揭露了统治集团内部为争权夺利而自相残杀的现实。这类诗歌的代表作品当推《赠白马王彪》。这是一首长歌当哭的诗篇。宋代刘克庄说："子建此诗忧伤慷慨，有不可胜言之悲。"（《后村先生大全集》）此诗作于黄初四年（223年），当时曹植和白马王曹彪、任城王曹彰都去京师朝会。曹彰到洛阳后不久暴卒，曹植、曹彪返回封地同行时受阻，于是"愤而成篇"，写诗赠给曹彪。全诗共分七章，层层深入，反复回环，把叙事、写景、抒情融为一体，委婉曲折地表达了诗人内心的痛苦及愤懑。

在中国诗歌史上，曹植被视为五言诗的一代宗匠，对诗歌艺术作出了重要贡献。首先，他不但继承了汉乐府的现实主义精神，而且吸收了以《古诗十九首》为代表的汉末文人诗歌创作的艺术成就，并加以发展创作。作为文学史上第一个大力写作五言诗的诗人，他能灵活地运用五言诗的形式：叙事、咏史、言志、抒怀，而且能把悲壮、愤慨、热烈、哀怨各种不同的情感表现出来，具有鲜明的个性色彩。其次，他讲求语言技巧，改变了汉乐府的古朴风格。他的诗描写细致，语言华丽，呈现出"辞采华茂"的风格。他还善用比喻，如用虾䱇、燕雀比世俗之士；用鸱枭、豺狼、苍蝇比邪恶小人；甚至竟以全篇为比，如《七步诗》以豆萁相煎比喻亲骨肉的互相残杀，《吁嗟篇》以"转蓬"喻屡迁的流徙之苦，《野田黄雀行》以黄雀上遇鹞鹰、下逢网罗来喻好友被杀。他还注意炼字、对偶，如"鸱枭鸣衡轭，豺狼当路衢"（《赠白马王彪》），"青楼临大路，高门结重关"（《美女篇》）。他还工于起调，善为警句，如"高树多悲风，海水扬其波"（《野田黄雀行》）、"惊风飘白日，忽然归西山"（《赠徐干》）、"丈夫志四海，万里犹比邻"（《赠白马王彪》）、"瓜田不纳履，李下不整冠"（《君子行》）、"捐躯赴国难，视死忽如归"（《白马篇》）、"生存华屋处，零落归山丘"（《箜篌引》）等，或在篇首，或在篇中，都使全诗生色不少。

需要指出的是，曹植诗的创作虽分前后两期，但他拯世济物的理想和恃才傲物的性格始终在他的作品中有所体现。只是前期诗作昂扬、豪迈的声音在后期显著地减弱了。

曹植的赋，今存四十余篇，数量在汉魏作者中为第一。其内容多为纪事、述志、咏物，后两类数量更多些。他的赋作，取材广泛多样，形制短小，带有强烈的主观情感。最出色的赋作有《洛神赋》《鹞雀赋》等。前者描写细腻传神，寄托了哀怨之情，在魏晋时期抒情小赋的发展中占有重要地位。后者全篇都是寓言写法，在赋史上很特异，而且通篇是四言句，犹如四言叙事诗。他的散文，体裁多样，著名的有《与杨祖德书》《与吴季重书》《辨道论》《王仲宣诔》《令禽恶鸟论》《籍田说》《髑髅论》《求自试表》等。他的散文同样也体现了"情兼雅怨，体被文质"（《诗品》）的特色。

什么是骈文，骈文与散文有何不同

骈文，也称骈体文、骈俪文、四六文，是中国特有的一种文体。它产生于魏晋，南北朝是其全盛时期。作为中国文学中的一种体类，它是从古代文学中的一种修辞手法逐渐发展形成的。骈的本义是两马并驾一车（见《说文解字》），引申为对偶的意思。所谓骈偶、骈俪，都是平常说的对仗。偶的常用义是两个人在一起，引申为成双成对之称。俪也是这个意思。仗是古代帝王出行时走在前面的仪仗。仪仗总是两两相对的，所以也用来做词句整齐对称的名称。排偶或对仗，本是适应中国汉语言的单音词比较多，容易构成配对的现象而产生的一种修辞手法。它源于对事物的联想，可以使事类相从，还可以取得语句上的整齐、对称之美。这种排比对偶的修辞手法，在先秦散体文中已采用，如"学而不思则罔，思而不学则殆"（《论语·为政》）。"以此众战，谁能御之；以此攻城，何城不克！"（《左传·僖公四年》）至两汉时，汉赋促使散体文中的对偶句增多，作家更为自觉地使用对偶这一修辞手段。在贾谊、司马相如、邹阳、枚乘、司马迁、扬雄等人的文章中对偶句已屡见不鲜，并使用了大量典故，这可看做是骈体文的先声。经过魏晋，至南北朝时，形成与散体文互相区别的独立文体。六朝骈文的句式，这时多以四六句为主，但常常夹有杂言。唐代开始，骈文的句式更趋规整，出现了通篇四六句的骈文，因而在宋代一般又称骈文为"四六文"。

骈文这一名称是与散体文相比较而提出的。在中国的文章中，除韵、散之分外，还有骈、散的区分，这是中国文学史上所独有的现象。

骈文要求通篇文章句法结构相互对称，词语对偶。在声韵上，骈文讲究运用平仄，音律和谐。修辞上注重藻饰和用典。而散体文，句子可长可短，不要求对仗，不讲究声律，不强调用典。但对骈文的这些表现手法和修辞手段，散体文也并不完全排斥。可骈文则在这些方面特别的讲求，以至成为必备，典型的骈文又是专以此来取胜的。下面就骈文的这几个方面加以简要说明。

第一，骈偶。这是骈体文最突出的特征。骈文要求通篇句式都两两相对，词语要相互对偶。即主语对主语、谓语对谓语、宾语对宾语等；名词对名词、动词对动词、形容词对形容词、虚词对虚词等。词义上还有言对、事对、反对、正对等区别。"故丽辞之体，凡有四对：言对为易，事对为难；反对为优，正对为劣。"（《文心雕龙·丽辞》）所谓言对，是就一般的语词相对，不含典故、故事；事对，指在对偶句中典故对典故，所选的既要贴切，上下句所用又要同类，互为补充，字数还要相等，如"毛嫱障袂，不足程式；西施掩面，比之无色"（宋玉《神女赋》）。以两位美女形容高唐神女的美丽；反对，指把两个相反状况的事情形成对仗，来说明同一个道理，如"钟仪幽而楚奏，庄舄显而越吟"（王粲《登楼赋》）。作者以一个穷迫为囚、一个身居显要两个不同境况，说明思念故土是人之常情；正对，是指把相同的两件事对举出来，来表述同一个意思。关于骈偶，《文镜秘府论》罗列对法，名目繁多，达三十九种之多。

第二，四六句式。与骈偶有极密切关系的，是对每句字数的要求。魏晋时代骈体文，每句的字数不定，多为四字句，也有五字句、六字句，还杂有散句。宋齐以后，特别是唐宋以后，"四六"（"四六"有广狭两种含义。狭义专指起于齐梁成熟于唐的更为严格的骈体文；广义的是作为一般的骈体文的别名）格式就定型化了。在骈体文中，关联词语、语气词一般是不计算在句子字数之内的（有时句子中的虚词也不算）。根据对仗来决定，"四六"的基本格式有五种：其一，四字句与四字句组成为上、下联相对，如"轻如游雾，重似崩云"（鲍照《飞白书势铭》）。其二，六字句与六字句组成为上、下两联相对，如"窥地门之绝景，望天际之孤云"（鲍照《登大雷岸与妹书》）。其三，上四、下四与另一上四、下四组成为上、下两个长联相对，如"北海虽赊，扶摇可接；东隅已逝，桑榆非晚"（王勃《秋日登洪府滕王阁饯别序》）。其四，上四下六与上四下六组成上、下两个长联相对，如"渔舟唱晚，响穷彭蠡之滨；雁阵惊寒，声断衡阳之浦"（王勃《滕王阁序》）。其五，上六、下四与上六、下四组成两个长联相对，如"屈贾谊于长沙，非无圣王；窜梁鸿于海曲，岂乏明时"（王勃《滕王阁序》）。一般来说，骈体文的其他句式，三、五、七字句也有，但以四、六句式为常，其他句式多起辅助作用。

第三，用典与藻饰。使用典故、崇尚文采也是骈体文的一个重要特征。所谓用典，是援引古人古事和古人的话来加强论据，证明自己所叙观点、事情是古已有之，来增强文章的说服力，并启人联想，发人之幽思，借以抒发怀抱，使文章达到词语简练、委婉含蓄的作用。用典，大致分为两类：一是历史故事，一是前人诗文。在具体运用中又有正、反、明、暗用等多种手法。魏晋以前的用典，一般为直接引述，意在以此为据，重在说理；魏晋以后的骈体文，用典则要求剪裁融化，借以达到比喻影射、衬托对比及含蓄委婉、典雅精练的效果。骈体文崇尚文采，除主张炼字、炼意外，还喜用色彩浓郁、富丽典雅的词句。

第四，声律。骈体文十分注意运用平仄加强文章的音乐性。骈体文讲究平仄，是从齐、梁开始的，而形成于初、盛唐。骈体文可以分为有韵骈文和无韵骈文两类。凡用骈体写的赋、箴、铭、赞、颂、谏词等，一般都是有韵的，其他体裁一般是不用韵的。骈体文运用平仄的规律，跟"律诗"中的律句大致差不多，即要求在一句之中，平节和仄节交替。四字句式，第二和第四个字是节奏点；六字句式如是二四式，则第二、第四、第六为节奏点；如果是三三式，则第三、第六字为节奏点，节奏点的平仄是最严格的。而骈文中的上、下两联之间，则要求平节与仄节相反，即以平对仄，以仄对平。追求句式整练，而又讲求声律谐调，这是后期骈文的特点。

骈体文在对偶、字数、用典、平仄文采等方面的要求，集中体现了汉民族语言的特色，有助于表达作者的思想。状难写之情，含不尽之意，实有散体文所不及处。但当骈体文过分追求形式的整齐华美时，其形式就成为一种束缚。自唐宋以来，骈体文多次受到扫荡，但它对中国文学的发展还是产生了不可忽视的影响。它不仅为律诗的产生创造了条件，而且也促成了后代许多骈散兼行的好作品的出现。

唐代古文运动的主要人物和主要观点有哪些

在中国文学发展史上，唐代文学中，散文的成就仅次于诗歌。韩愈、柳宗元是散文成就最突出的代表。而唐代散文成就的取得，又首先是和韩、柳所倡导的古文运动的开展分不开的。

唐代古文运动的形成主要是在贞元（德宗李适年号）、元和（宪宗李纯年号）之际（785—820）。"古文"是和魏晋以来流行已久的"骈文"相对立的概念，其特点是奇句单行，不拘格式，不像骈文那样讲究排偶、辞藻、音律和典故。在文体上取法先秦、两汉的散文，故称之为"古文"。唐朝德宗贞元年间，韩愈大力提倡这种文体，以反对六朝以来浮艳颓靡、注重形式的文风。稍后，又得到柳宗元的支持。他们彼此呼应，积极从事古文的宣传和写作，并逐渐形成一种文学思潮，这就是人们所说的"古文运动"。

古文运动的产生有其深刻的社会原因和文学本身的原因。贞元前后的唐王朝，不仅阶级矛盾尖锐、藩镇割据严重，而且佛、道二教的发展也严重地危害了中央政权的经济利益，唐王朝危机深重。另外，贞元时期一度出现了"中兴"希望。正是为适应当时唐王朝统治的需要，出现了以韩愈为代表的主张恢复孔孟儒家思想正统地位，反对佛、道二教，以整饬社会风尚的儒学复古思潮，企图从意识形态领域推动"中兴"局面的出现。儒学复古得到了文人士大夫的热烈响应而形成一种广泛的社会思想运动。从文学本身发展来看，先秦、两汉时期的那种质朴自由的散体文，到六朝时被片面地追求整齐俪偶、辞藻华美的骈文所代替。这种文体对于真实地反映现实、表达思想，无疑是一个严重的束缚。因此，对文体改革的要求也就日益迫切。这种改革的愿望和要求，早在南北朝时就被提了出来，但不少文人成就都不显著，直至到陈子昂时，局面才有所改观。他大张文学复古旗帜，提倡"汉魏风骨"，反对"采丽竞繁"的六朝余风，并第一个用古文进行写作。其后，萧颖士、李华、元结、贾至、独孤及、梁肃、柳冕等人，也都先后出来提倡散文革新，反对骈化，可说是古文运动的先驱。韩愈、柳宗元则进一步提出了一套完整的古文理论，并身体力行写出了相当数量的优秀古文作品。当时有一批人，如李观、樊宗师、李汉、李翱、皇甫湜、沈亚之、孙樵等积极支持响应，在文坛上形成了颇有声势的古文运动。

古文运动的理论主张，主要见于韩、柳等人的论著中。首先，在文学的内容与形式上，主张文道合一而以道为主的主张；认为道是目的、是内容，而文则是手段和形式，要用"道"来充实"文"。不过韩愈特别强调儒家的仁义和道统，柳宗元则主张"以辅时及物为道"（《答吴武陵论非国语书》）。为此他们强调提高道德修养，认为"根之茂者其实遂，膏之沃者其光晔"（韩愈《答李翊书》），主张"养气"，"气盛则言之短长与声之高下者皆宜"（《答李翊书》）。文道合一的重要之处在于言之有物，勿发空论，提出"大凡物不得其平则鸣"（韩愈《送孟东野序》）观点。

其次，重视学习前人的创作经验，丰富自己的创作。主张"非三代两汉之书不敢观"（《答李翊书》）。不仅重视经史，也吸取屈原、司马相如、扬雄等人的艺术创作经验。但反对盲目地厚古薄今，认为"古人亦人耳，夫何远哉"（柳宗元《与杨京兆凭书》）。要求写作必须有认真的态度，不可出以轻心、怠心、昏气、矜气（柳宗元《答韦中立论师道书》）。对古人文要"师其意，不师其辞"（韩愈《答刘正夫书》）。

最后，明确提出文体改革主张，这是古文革新理论的精华。一是要求语言自创新意新词，不避"怪怪奇奇"（韩愈《送穷文》），反对因袭陈言、模拟古语，即"唯陈言之务去"（《答李翊书》）；二是要求文句妥帖，通达流畅，不流于艰深难解，即所谓"文从字顺各识职"（韩愈《南阳樊绍述墓志铭》），文应"无难易，唯其是尔"（韩愈《答刘正夫书》），力求创造出一种既能融会贯通地运用古人的词汇语法，又能适合于表达思想反映现实的文学语言，并能用这样的语言写出不拘格式、通顺流畅的新型散文。

总之，唐代古文运动，开创了散文的新传统，是中国散文发展的一个转折点。它开创了一种摆脱陈言俗套、自由抒写的文风，扩大了散文的应用范围，使散文在传统的著书立说之外，在日常生活中找到了表达写景、抒情、言志的广阔天地，它的影响是巨大的。当时的张籍、元稹、白居易和晚唐皮日休、陆龟蒙等人在文章和小品文的写作中，都受到韩、柳古文的影响。古文运动解放了文体，使传奇作家得到一种更自由的表现形式，促进了传奇小说的发展。至宋再一次掀起了古文运动，开创了以唐宋八大家为代表的古文传统。明代以唐顺之、王慎中、归有光为代表的"唐宋派"和清代以方苞、刘大鏬、姚鼐为代表的"桐城派"古文，都是以韩、柳为首的唐宋古文新传统的继承和发展。直至"五四"新文学运动才为语体散文所代替。

盛唐浪漫派、写实派代表诗人有哪些

盛唐诗坛最杰出的代表，是伟大的浪漫主义诗人李白和伟大的现实主义诗人杜甫。"李杜文章在，光焰万丈长。"（韩愈《调张籍》）他们二人的诗歌代表了中国古典诗歌的最高成就。

盛唐，指唐玄宗开元、天宝年间至唐代宗大历以前（713—766）。作为中国古典诗歌发展中浪漫主义和现实主义两大流派最杰出的代表，李白主要生活在安史之乱以前，是从开元、天宝盛世中走过来的人物，最后又经历了安史之乱。他的诗歌作品既反映了发展中的盛唐气象和风貌，也揭示了在表面繁荣后面所隐藏的社会矛盾和腐败现象；既表达了追求光明、向往自由的强烈愿望，也表现出鄙弃权贵、抨击现实的反抗精神。杜甫比李白略晚，他虽然生当开元伊始，但在盛世之年他还年轻。主要经历还是在天宝年间及以后的战乱岁月，他是唐代社会由盛而衰的亲历者，诗作全面、深刻地反映了当时社会的各种矛盾和生活情景，一向有"诗史"之称。李白和杜甫，以其不同的创作方法，建立了各自的独特艺术风格。严羽在《沧浪诗话》中曾指出："子美不能为太白之飘逸，太白不能为子美之沉郁。太白《梦游天姥吟留别》《远别离》等，子美不能道；子美《北征》《兵车行》《垂老别》等，太白不能作。"可谓是公允之论。

李白是继屈原之后又一位伟大的浪漫主义诗人。他继承了前代浪漫主义诗歌创作的成就，极大地开拓了诗歌的艺术境界，丰富了诗歌的艺术技巧，并在一定程度上体现了浪漫和写实的结合。他以其诗歌创作的理论和实践，扫清了六朝华艳柔靡的诗风，完成了陈子昂诗歌革新的业绩。他认为"自从建安来，绮丽不足珍"（《古风》其一），主张"清水出芙蓉，天然去雕饰"的诗风。他善于向乐府民歌和前代优秀诗人学习，采用过几乎所有的乐府古题，并达到情深词显的境界；还常自立新题，另创新意，在古乐府的基础上推陈出新。他的五言、七言绝句既有民歌风味又具个性特色。他的歌行体诗飘逸、奔放、雄奇、壮丽，独具特色。贺知章惊赏李白是"谪仙"，后人沿用而称李白为"诗仙"。他的诗用蔑视世俗、飘逸洒脱来表现他对现实的不满，给人一种绝世超凡、如置仙界的印象。李白是以"无为"为思想指导的，排斥功名富贵的诱惑，不肯摧眉折腰，服侍权贵；同时又以"有为"思想为安慰，在悲愤孤寂之时追求成仙得道，求得精神一时的寄托。而"超脱"的思想，又助长他在不施展抱负时拂手而去，毫不惋惜。至于侠士的豪爽轻生，某些纵横家的建功立业、功成退隐也成了他心向往之的豪举。李白诗中那种想落天外的意境给人一种飘飘欲仙的感觉，尤其是描写山水风景更具浪漫色彩。他喜欢用夸张、渲染、烘托、拟人等手法；当现实事物还不足以表达喷薄而出的激情时，就借助于非现实的幻想来创造天马行空的意境来表现。这一点在《蜀道难》《梦游天姥吟留别》等名诗中表现得尤其突出。

杜甫作为中国文学史上第一个伟大的现实主义诗人，他的诗歌继承和发扬了自《诗经》以来的现实主义传统，是中国古典诗歌史上思想性和艺术性高度统一的典范。杜诗不管是叙事诗，还是占他创作绝大部分的抒情诗，都包含着丰富的社会内容，深刻地表现了当时的人民生活和愿望，具有浓厚的现实生活气息。应该指出的是杜甫写的是诗，而不是史，杜甫之所以成为伟大的现实主义诗人，是在于他是通过诗歌这一艺术形式反映了当时的社会生活和历史。"甫又善陈时事，律切精深，至千言不少衰，世号诗史。"（《新唐书·杜甫传赞》）杜甫善于对现实生活作高度的艺术概括。这种概括，有时是选取具有典型意义的事物和人物，通过客观的描写，反映社会生活；有时又是通过人物对话对典型事件作介绍。杜甫对雄浑壮阔的艺术境界的营造往往是通过刻画眼前具体、细微的景、物和表现内心情感的细微波动来达到的。这是杜甫不同于浪漫主义诗人李白，而又超出一般现实主义诗人的地方。如《春望》《茅屋为秋风所破歌》等。杜诗的诗风以沉郁顿挫为主，在这种风格的基调上，诗人的创作又呈现出多种多样的风采，或质朴、或瑰丽、或清新明快、或朴简拙重、或雄浑悲壮、或细腻委婉。杜诗的语言特点是苍劲凝练；典雅的文学语言，质朴的民间口语，都被加以恰当地使用，语言的性格化、诗化程度很高。在诗歌体裁方面，他各体兼善，尤擅律诗，"晚岁渐于诗律细"（《遣闷戏呈路十九曹长》）。他的律诗是唐代律诗成就的高峰。他的乐府诗，即事命题，是曹操的以旧题写时事的乐府诗的一个新发展，对白居易等人的新乐府运动有直接的启迪。有人称杜甫为"诗圣"，就是着眼他的爱国与儒家的忠君相连的。但只要把杜甫放在一定历史条件下来考察，就不觉得被当做"诗圣"加以歌颂有何不对。

　　李白、杜甫对当时和后代文人的影响是巨大的、深远的。唐朝的很多诗人都从不同方面受到这两位大诗人的影响。李白对中唐孟郊、韩愈、李贺，晚唐杜牧；宋代苏轼、陆游；明清高启、杨慎、黄景仁、龚自珍等都产生了程度不同的影响。至于富有传奇色彩的传说，更是长期在民间流传，甚至被写进小说戏曲之中。而对杜甫，首先是爱国者们，如宋代爱国诗人陆游、文天祥及明末清初的爱国学者顾炎武等人，都从其为人和诗作中接受教育、汲取营养。杜甫的现实主义创作精神，不仅直接推动和影响了中、晚唐诗歌的发展，也成为历代诗人效法的榜样。中唐倡导"新乐府运动"的元稹、白居易等人，晚唐皮日休、聂夷中等人，及至其后宋、元、明、清各朝有成就的诗人，以杜为师大有人在，而且范围不限于诗歌一隅。在艺术上取法杜诗的也是历久不衰。行名的如唐韩愈、李商隐，宋王安石、黄庭坚、陈与义、陆游，金元好问，明李梦阳、屈大均及清沈德潜、黄遵宪等人，都在不同方面、不同程度上受到杜诗的艺术影响。自唐以来，仅就选杜、注杜或专攻杜诗者就不下数百家，甚至号称"千家"，由此可见其影响的深远和巨大。李、杜二人的诗作，不仅为文人所喜爱，也受到了历代广大民群众的喜爱和传诵，成为中华民族悠久的文化传统的一个组成部分。

诗仙李白的主要艺术贡献有哪些

李白，以其诗歌创作中高度统一的浪漫主义精神和浪漫主义表现手法奠定了在盛唐诗坛上的崇高地位。同时，也使其成为中国古代数千年诗歌史上最伟大的诗人之一。

李白（701—762），字太白，祖籍陇西成纪（今甘肃省天水县），先祖在隋末时因罪流徙中亚。李白生于安西都督府属的碎叶城（今在哈萨克斯坦境内），五岁时随父迁居蜀郡绵州彰明县青莲乡（今四川省绵阳县）。李白幼年起即"诵六甲""观百家""好剑术""游神仙"，受到儒、道、纵横等各家思想的影响。20～25岁，李白游历了蜀中的名山大川。26岁时，李白怀着"使寰区大定，海县清一"（《代寿山答孟少府移文书》）的勃勃雄心，南游洞庭，东游金陵、扬州，北游洛阳、太原，再东行至齐鲁，游迹所至，几乎遍及半个中国。长期的漫游生活，大大开阔了李白眼界，积累了丰富的创作素材，也培育了诗人的浪漫气质。

天宝元年（742年），李白42岁时，终因道士吴筠的推荐，唐玄宗下诏征召李白赴京供奉翰林。李白第一次去长安，是开元十八年（730年）的事，当时除结识了贺知章等当朝名流，传播了诗名以外，在仕途上并无进展。事隔十余年，皇帝亲自下诏书要其进京，使诗人豪兴大发，写下了"仰天大笑出门去，我辈岂是蓬蒿人"（《南陵别儿童入京》）的壮语。但是，当时正值奸相李林甫专权，贵妃杨玉环得宠，玄宗皇帝已失去了登基时的朝气，耽于欢娱，朝纲败坏。李白是怀抱着经邦治国的政治理想赴长安的，但事实告诉他，他只不过是一个唱赞歌的诗人。理想的破灭使李白心灰意懒，个性的狂放又招致了权贵的谗毁。终于，在天宝三年春，李白离开长安，再度开始了漫游生活。夏初，李白在洛阳遇到了比他小11岁的杜甫，在汴州又遇到了高适。三位诗人一同畅游开封、济南等地的名胜，李白与杜甫之间更结下了"醉眠秋共被，携手日同行"（杜甫《与李十二同寻范十隐居》）的深厚情谊，二人盘桓至次年秋才分手。

天宝十四年（755年），安史之乱爆发后，李白被永王李璘从隐居地庐山坚请至幕府。李璘因怀争夺帝位之心而被消灭后，李白也因此获罪，囚禁于浔阳狱中。出狱后，58岁高龄的诗人被判长流夜郎（今贵州省桐梓），幸而途中遇大赦得归。三年后，病逝于他的族叔当涂县令李阳冰家中，初葬采石矶，后改葬青山。

"一百四十年，国容何赫然。"（《古风·四十六》）唐代开国一百余年形成的繁荣景象造就了积极向上充满热情的一代诗人，李白的诗歌中就洋溢着这种对功名事业的向往和拯物济世的雄心。"暂因苍生起，谈笑安黎元"（《赠蔡舍人》），"苟无济代心，独善亦何益"（《赠韦秘书子春》）。在长安失意之后，李白对自己的政治前途有了较为清醒的认识。他一方面在山水神仙中逃避，另一方面又唱出了"东山高卧时起来，欲济苍生未应晚"（《梁园吟》）的诗句。安史之乱爆发，李白接受永王的邀请，也是他面对"白骨成丘山，苍生竟何罪"（《赠江夏韦太守良宰》）的残酷现实欲有所作为的表现。晚年流放夜郎行至巫山遇赦而归后，听说太尉李光弼率百万兵征讨逆贼史朝义，李白即由当涂北上，请缨杀敌，至金陵因病折返。这说明垂暮之年的李白仍不忘经邦治国建功立业的政治理想。虽然李白在中年以后，对政治有了一些认识，增强了其诗歌中的叛逆因素，但他对政治的不满局限于"总为浮云能蔽日"（《登金陵凤凰台》）。

求仙学道是李白诗歌中十分突出的内容。王安石曾这样评价："李白识见卑下，诗词十句，九句言妇人酒耳。"李白对于求仙学道的热情贯穿了他一生，这与其复杂的思想体系相关。他以儒家思想作为入世和追求政治理想的切入点，又以道家的境界作为失意后回旋的场所，二者的交融塑造了李白激昂慷慨的热情和飘逸非凡的风骨。范传正在李白的新墓碑上写道："好神仙，非慕其轻举，将不可求之事求之，欲耗壮心遣余年也。"求仙学道是李白在现实面前进行自我心理调节的广阔天地。李白44岁由长安赐金放还后，在洛阳与33岁的杜甫相遇，两人一同登泰山。杜甫写了著名的《望岳》，抒发了"会当凌绝顶，一览众山小"的雄心。而李白《登泰山六首》，其一说："玉女四五人，飘摇下九垓。含笑引素手，遗我流霞杯。"其二说："山际逢羽人，方瞳好客颜……遗我鸟迹书，飘然落岩间。"其三、四、五、六也都是如此。两人同登一山，而诗中的境遇是如此不同，迷乱荒诞的表象下是李白激荡不宁的心情。一千余年来，李白一直被誉为诗仙，如果把"仙"字理解为超脱世俗，不问世事，肯定是不符合李白真实情况的。李白自视甚高，尤其喜欢"谪仙人"一词。他一生未参加科举考试，总想以诗名和奇遇来获得朝廷的任用。才气浩大、自视甚高决定了诗人内心深处的孤独感，也就是"高处不胜寒"的寂寞与冷清。《独坐敬亭山》是李白天宝十二年（753年）秋游宣州（今安徽省宣城）时所作："众鸟高飞尽，孤云独去闲。相看两不厌，只有敬亭山。"望断飞鸟，看尽闲云，该失去的都失去了，默默相对的，只有沉静和深厚的大山。如此凄清冷寂意蕴丰富的作品在李白的全部诗作中并不多见，但它从一个侧面反映出诗人内心世界中某些真实的情感。

李白诗歌的艺术魅力感染了古往今来的无数人。

在诗中，诗人毫不掩饰、约束自己的情感。闸门一旦打开，就任其喷薄而出，表现出强烈的主观色彩。"狂风吹我心，西挂咸阳树"（《金乡送韦八之西京》），"大道如青天，我独不得出"（《行路难》），"黄河落天走东溟，万里泻入胸臆间"（《赠裴十四》），"天生我材必有用，千金散尽还复来"（《将进酒》），"我且为君捶碎黄鹤楼，君亦为吾倒却鹦鹉洲"（《江夏赠韦南陵冰》），"我本楚狂人，凤歌笑孔丘"（《庐山谣寄卢侍御虚舟》），"安能摧眉折腰事权贵，使我不得开心颜"（《梦游天姥吟留别》），"我有万古宅，嵩阳玉女峰"（《送杨山人归嵩山》），"划却君山好，平铺湘水流"（《陪侍郎叔游洞庭醉后三首》），"我醉欲眠卿且去，明朝有意抱琴来"（《山中与幽人对酌》）……这些以"我"为中心，将胸中之情自由挥洒的诗句，是李白浪漫主义诗歌特征的主要构成因素。其次，丰富的想象、艺术的夸张、新奇的意境是李白诗歌浪漫主义特征的艺术体现。这在其作品中比比皆是，尤以《梦游天姥吟留别》最为突出。

李白诗歌的语言不假修饰，真率自然，表现出高超的造诣。李白把"清水出芙蓉、天然去雕饰"（《赠江夏太守良宰》）作为诗歌的语言要求，而他自己的创作，完美地实践了这一主张。"两人对酌山花开，一杯一杯复一杯。我醉欲眠卿且去，明朝有意抱琴来。"（《山中与幽人对酌》）这种明白如话却又令人回味无穷的语言在唐代乃至整个中国古代诗歌史上恐无第二人可以写出。

李白一生恃才自傲，不拘小节。这些人生个性反映在其作品上，就是近体诗写得少，好的不多。五律《渡荆门送别》、七律《登金陵凤凰台》、五绝《夜思》、七绝《送孟浩然之广陵》和《早发白帝城》是其中的佼佼者。

李白是侠客，"笑尽一杯酒，杀人都市中"（《结客少年行》）；李白是豪士，"东游淮扬，不逾一年，散金三十余万"（《上安州裴长史书》）；李白是道人，"倘逢骑羊子，携手凌白日"（《登峨眉山》）；李白是隐士，"少年早欲五湖去，见此弥将钟鼎疏"（《答王十二寒夜独酌有怀》）；李白是酒徒，"蟹螯即金液，糟丘是蓬莱。且须饮美酒，乘月醉高台"（《月下独酌》）；但李白更是对"大道如青天，我独不得出"满怀郁愤而又不失理想的豪儒。这一切，构成了李白丰富多彩的内心世界，造就了中国古代诗歌史上空前绝后的伟大浪漫主义诗人。

诗圣杜甫的主要艺术贡献有哪些

杜甫，以其诗歌创作中高度的现实主义精神，真实、深刻地反映了安史之乱前后唐王朝由盛转衰的历史，从而奠定了在盛唐诗坛上的崇高地位。同时，也使其成为中国古代数千年诗歌史上最伟大的诗人之一。

杜甫（721—770），字子美，原籍襄阳（今湖北省襄樊市），生于河南巩县。其曾祖父曾任巩县令，祖父杜审言是唐初著名的诗人，做过膳部员外郎。其父杜闲，曾任兖州司马和奉天县令。杜甫自幼聪颖，7岁始作诗文，读书十分刻苦。20岁起，杜甫走出书斋，漫游于吴越、齐赵一带。天宝四载（746年），35岁的杜甫来到长安，次年应试落第。此后十年，虽多方营运，在仕途一直未有转机。天宝十四载（755年），杜甫因献《三大礼赋》才得以被任命为右卫率府兵曹参军，是一个掌管兵器盔甲仓库的小官。其后不久，安史之乱爆发，杜甫携家人自奉先逃往鄜州。次年，听说肃宗在灵武即位，即只身前往，途中被叛军俘至长安。至德二年（757年）四月，杜甫由长安脱死逃出，径往凤翔行在，授任左拾遗。长安收复后，杜甫又因疏救罢相的房琯而被贬华州司功参军。不久，决心辞官，携家眷流落入川，定居成都。大历三年（768年），年将花甲的杜甫离川东下，转徙鄂、湘之间，过着漂泊不定的生活。两年后，病逝于湘江舟中。元和八年（813年），也就是诗人去世后的第四十三年，杜甫的灵柩才由其孙杜嗣业由岳阳迁回偃师安葬。杜甫的诗歌创作可以分为四个时期。

读书与壮游时期。这一时期以35岁入长安求仕为界，是杜甫创作的准备期。《望岳》较能代表这一时期杜甫的心境。

长安困守时期。这是杜甫开始关注社会现实，创作风格由浪漫主义向现实主义转变的时期，时间大致在35～44岁，《自京赴奉先县咏怀五百字》《兵车行》《丽人行》等都是这一时期的作品。

陷贼与为官时期。杜甫45～48岁的短短数年，是国家岌岌可危、人民灾难深重的时期，也是杜甫现实主义诗歌创作的高峰时期。《悲陈陶》《悲青阪》《塞芦子》《春望》《述怀》《北征》《羌村》等关心时局，控诉叛军罪行，同情人民疾苦的诗篇，均创作于此时。乾元二年（759年）三月，唐军在邺城溃败后，为补充兵员，滥用权威，凶暴程度不减于叛军。杜甫在自洛阳回华州途中，耳闻目睹了这一情况，写成了《新安吏》《潼关吏》《石壕吏》《新婚别》《垂老别》《无家别》这一组千古绝唱，史称"三吏""三别"。

漂泊西南时期。这一时期的诗歌创作，在保持现实主义基调的同时，增强了抒情色彩，形式也变得多样化。

杜甫出生在世代"奉儒守官"的家庭，儒家的入世思想是其一生中无论穷达的主导。早年抱守的"致君尧舜上，再使风俗淳"（《奉赠韦左丞丈》）、"再光中兴业，一洗苍生忧"（《凤凰台》）的政治理想渐行渐远之后，杜甫并未转寻另外的人生寄托，而是将这种政治上的理想和热情化为强烈的社会责任感，从而摆脱个人情感的波动，使自身与社会融为一体。他的欢乐，他的痛苦，他的愤怒，他的失望等一切的情感都是因社会、因人民而发，这就使得其作品具有了亘古以来从未有过的鲜明的时代特征。

关心时事，同情人民，是杜甫诗歌的突出特征。杜甫在强烈的社会责任感的促使下，自觉主动地将天宝年间一系列重大的历史事件纳入自己的创作范围，用"破胆遭前政、阴谋独秉钧"（《奉赠鲜于京兆二十韵》）斥责李林甫专权；用《丽人行》讽刺杨国忠兄妹乱政；用《兵车行》抨击出征云南的黩武丧师等。在对广大人民的同情上，杜甫以前的诗人也屡有佳作，但在深度和广度上，都远不及杜甫。杜甫以"穷年忧黎元，叹息肠内热"（《自京赴奉先县咏怀五百字》）的朴素感情来关注包括老妇、寡妇、负薪女子、士兵、老农等下层劳动人民的生活境遇，并直观地捕捉到"朱门酒肉臭，路有冻死骨"（《自京赴奉先县咏怀五百字》）这一阶级对立的本质。

关注国家命运，无比热爱祖国是杜甫诗歌的另一重要特征。在国家危难存亡之际，杜甫写下了"国破山河在，城春草木深。感时花溅泪，恨别鸟惊心"的《春望》；当大乱初定时，杜甫又写下了"剑外忽传收蓟北，初闻涕泪满衣裳。却看妻子愁何在，漫卷诗书喜欲狂"（《闻官军收河南河北》）。在以"三吏""三别"为代表的深刻同情人民的作品中，也无不充满着悲壮的爱国主义热情。《新安吏》中，杜甫一方面对被强征入伍的"中男"深表同情，对这一不合理的做法提出"县小更无丁"的责问，但毕竟大敌当前，战事危急；另一方面又以"掘壕不到水，牧马役亦轻。况乃王师顺，抚养甚分明。送行勿泣血，仆射如父兄"来宽慰和解释。

　　杜甫对待创作极为严肃认真，他在《江上值水如海势聊作短述》中说："为人性僻耽佳句，语不惊人死不休。"高度的艺术概括力是杜甫诗歌创作，尤其是叙事诗创作的重大成就。《兵车行》描写的虽然仅仅是咸阳桥送别征人的一个场面和行人的一段对话，却集中概括了兵役的繁重以及给人民带来的痛苦。"三吏""三别"无不如是。在许多作品中，杜甫将自己的主观思想、个人情感融化在客观的具体叙述和描写中，这种寓主观于客观的方法是杜甫叙事作品的最大特点。如《石壕吏》写官吏的横暴、人民的苦难和无奈，全诗五言二十四句，除"吏呼一何怒，妇啼一何苦"两句微微显露爱憎之情外，其余都是对客观事物的具体描写。浦起龙《读杜心解》评论《丽人行》说："无一讽刺语，描摹处，语语讽刺；无一慨叹声，点逗处，声声慨叹。"此外，细节描写的精确传神、人物对话的个性化、情景交融的抒情方法也都是杜甫诗歌十分鲜明的艺术特征。

　　杨慎《杜诗详注》中评价杜甫诗歌的语言功底说："诗中叠字最难下，唯少陵独工。"不仅"无边落木萧萧下，不尽长江滚滚来"（《登高》）、"世乱郁郁久为客，路难悠悠常傍人"（《九日》）中的叠字"唯少陵最工"，在炼字组词上，杜甫的语言功底也是十分深厚的。如以数字入诗，"烽火连三月，家书抵万金"（《春望》）、"十室几人在，千山空自多"（《征夫》）；以地名入诗，"即从巴峡穿巫峡，便下襄阳向洛阳"（《闻官军收河南河北》）。在炼字方面，杜甫受到历来诗评家的推崇备至。胡应麟《诗薮》中说："意极精深，词意简易。前人思虑不及，后学沾溉无穷，真化不可为矣。""感时花溅泪，恨别鸟惊心"（《春望》）、"细雨鱼儿出，微风燕子斜"（《水槛遣心二首》）、"星垂平野阔，月涌大江流"（《旅夜书怀》）、"吴楚东南坼，乾坤日夜浮"（《登岳阳楼》）等句确是达到了词和意的完美融和。

　　杜甫诗歌的体裁很杂，他对五言、七言、古体、近体都有独到的运用。他的四百余首古体诗继承了先秦两汉以来的现实主义传统，成为新乐府诗体的开路之作。他的一百三十八首绝句不仅在题材上有所开拓，还创制了拗体绝句的独特式样。律诗是杜甫造诣最深的诗体。现存诗作中有五律六百三十首，七律一百五十一首，排律一百三十五首，共计一千零五十四首。不仅数量多，在思想性和艺术性上都达到了运用这种诗体创作的最高峰。

　　杜甫的别名很多，有自称，也有后人的称呼。如李白诗中屡称"杜二"；杜甫因居住长安少陵，所以也自称"少陵"，又自称"杜陵野客""杜陵布衣"等；因官职后人称杜甫为"杜工部""杜拾遗""杜员外";宋代杨万里称杜甫为"诗圣",直至明代仍有沿袭;因杜甫曾于成都浣花溪畔自筑草堂,所以又有"草堂先生""浣花老翁"之称。

白居易的诗词艺术有哪些特色

中唐时期,现实主义成为文坛的主体风格。在诗歌领域,也出现了以批判现实为宗旨的新乐府运动,其积极倡导者和实践者是白居易。

白居易(772—846),字乐天,晚年自号香山居士,祖籍太原,后迁至下邽(今陕西省渭南市),生于河南新郑。少年时代,白居易随家人避乱越中(今浙江省)一带,备尝流离之苦。十五六岁时,白居易至长安,以《赋得古原草送别》一诗博得诗名。德宗贞元十六年(800年),29岁的白居易考取进士,32岁授校书郎,三十五岁参加"才识兼茂明于体用科"考试以第四等入选,被任命为陕西周至县尉,后提升为翰林学士,官拜左拾遗。元和十年(815年),宰相武元衡因朝廷内权力纷争被刺客击杀于途,白居易上疏请求严缉凶手,触怒了朝中权贵,以"越职言事"之罪贬为江州(今江西省九江市)司马。元和十三年(818年),白居易升任忠州(今四川省忠县)刺史。在任两年,应召入京任司门员外郎,后升中书舍人。在长安,白居易看到朝廷内党争日甚,便请求外任。长庆二年(822年),白居易受命出任杭州刺史。隐居山林过于寂寞,在朝为官又过于喧烦,只有杭州刺史最适合白居易的性情。任上他为杭州人民做过不少好事,如蓄水灌田、浚治古井等。三年任满,他将多余的俸禄移交官库,作为后任公干的补充,用后再行补足,延续了五十余年(事见《唐语林·文学》)。后由杭州刺史转苏州刺史,政务繁忙起来,于是白居易上疏请求退休,闲居了一段时间。文宗登基后,白居易重出为官,至刑部侍郎。但白居易已倦于政事,终以太子宾客分司东都,在洛阳与裴度、刘禹锡等人诗酒宴乐,度过一段快乐时光。裴度死后,曲终人散,白居易在洛阳寂寞终老,终年75岁。

白居易的人生经历和诗歌创作都以贬官江州为界分为前、后两个时期。"丈夫贵兼济,岂独善一身"(《新制布裘》),"我有鄙介性,好刚不好柔"(《折剑头》),这些诗句较能代表他前一时期的思想。其作品中最有积极意义的讽喻诗集中写于此时,因为身为谏官,诗歌也是"言事"工具的缘故。贬官江州,使白居易的思想陷入消沉,诗歌的基调也转向闲适和感伤。白居易的消沉并不是从思想上出世,而只是以佛教为工具来逃避宫廷争斗的旋涡。他仍然比较注重政绩，在任期间，做了许多有益于民的工作，并被杭州、苏州等地人民所怀念。

白居易在《与元九书》《新乐府序》中集中提出了系统、完整的现实主义文学创作理论。首先，他认为诗歌应服务于现实，负起"补察时政""泄导人情"的责任，即"文章合为时而著，歌诗合为事而作"。其次，强调内容与形式的统一，并以植物的根、苗、华、实来比喻诗歌的情、言、声、义。白居易的诗歌理论是《诗经》《乐府》以及杜甫现实主义创作经验的空前总结，新乐府运动即是在此理论的指导下开展起来的。汉代的乐府诗本是"缘事而发"的，至曹操等人变为"借古题写时事"。杜甫不拘泥于成规，"因事立题"，创立了新乐府这一体制，但这一名称自白居易才开始使用。所谓新乐府，即以新题写时事的乐府诗，是不讲究音律，"为君为臣为民为物为事而作，不为文而作"（《新乐府序》）的政治诗。

白居易把自己的作品分为讽喻、闲适、感伤、杂律四类。其中讽喻诗主要是指《新乐府》五十首，《秦中吟》十首。白居易《与元九书》中回忆当时的创作情景说："身是谏官，手请谏纸，启奏之外，有可以救济人病，裨补时阙，而难于指言者，辄歌咏之，欲稍稍递进闻于上。"因此，白居易的讽喻诗具有极强的现实针对性和政治目的性，并使得"权豪贵近者相目而变色"（《与元九书》）。从《新乐府》的题下小注亦可略窥一斑：《七德舞》"美拨乱，陈王业也"；《法曲》"美列圣，正华声也"；《海漫漫》"戒求仙也"；《杜陵叟》"伤农夫之困也"；《新丰折臂翁》"戒边功也"；《卖炭翁》"苦宫市也"等。在这些作品中，白居易真实客观地反映了人民所遭受的痛苦不堪的压榨，抨击了权贵豪门的奢侈靡费，充满了对下层劳动人民的深切同情。

《长恨歌》是白居易在周至县尉任上所作。作者以优美的语言，曲折的情节，生动的形象，丰富的想象，虚实结合的文体，叙述了唐玄宗和杨贵妃的爱情故事，取得了很高的艺术成就。

《琵琶行》是贬官江州时所作。诗人以低沉的笔调叙写了在船上听一位长安歌女弹奏琵琶诉说身世的情景。琵琶女的不幸身世激起了诗人的共鸣，发出了"同是天涯沦落人，相逢何必曾相识"的慨叹。用身处社会底层的琵琶女来类比失意的文人，不仅前所未有，通过相互间的映衬和补充所揭示出来的社会意义也是相当深刻的。

语句平易、用词通俗是白居易诗歌的一大特色。袁枚《续诗品》说："意深词浅，思苦言甘。"确实道出了白居易诗的语言特色。正因为如此，白居易的诗歌作品一出，就被人广为传诵，"禁省、观寺、邮候、墙壁之上无不书，王公、妾妇、牛童、马夫之口无不道……自篇章以来，未有如是流传之广者"（元稹《白氏长庆集序》）。白居易一生勤于写作，传诗三千余首，为唐人之冠。白居易以现实主义精神倡导了对诗歌的革新运动，其影响远及宋明。以其通俗平易的诗歌作品为范本，还形成了一个"浅切"诗派。他的长篇叙事诗《长恨歌》《琵琶行》不仅为人广泛传唱，还成为后来多种戏曲式样的故事原型。

晚唐诗人杜牧为什么被称为"小杜"

杜牧是晚唐著名诗人，他的咏史诗及抒情绝句尤为人称道。

杜牧（803—853），字牧之，京兆万年（今陕西省西安市）人。其祖父杜佑曾历任德、顺、宪三朝宰相，其堂兄杜悰在武宗和懿宗时也官至宰相。杜牧门第显赫，仕途却颇为坎坷。他26岁时举进士，初任弘文馆校书郎，因为性情刚直被排挤出京，在江西观察使、宣歙观察使和淮南节度使幕府中当了8年幕僚。其后，在京官和外任间数次徘徊，曾任史馆修撰，黄（今湖北省黄冈市）、池（今安徽省贵池）、陆（今浙江省建德县）三州刺史，湖州（今浙江省吴兴县）刺史等职。49岁时升为考功郎中，知制诰。50岁拜中书舍人，一年后去世。杜牧所处的时期正是牛李党争激烈之时，两派都欣赏他的文才。但由于他不肯随人俯仰，仕途困顿就是自然的了。杜牧《上李中丞书》中写道："往往闭户便经旬日，吊庆参请，亦多废阙。至于俯仰进趋，随意所在，希时徇势，不能逐人。是以官途之间，比之辈流，亦多困踬。"

晚唐时期，唐王朝已显衰势，国家危急日重，民不聊生。杜牧在《郡斋独酌》中抒发了这样的人生理想："平生五色线，愿补舜衣裳。弦歌教燕赵，兰芷浴河湟。腥膻一扫洒，凶狠皆披攘。生人但眠食，寿域富农桑"。可见，杜牧的人生理想并非空泛的议论，而是包含着平定藩镇和收复失地两个核心内容。为此，他留意"治乱兴亡之迹，财赋兵甲之事，地形之险易远近，古人之长短得失"（《上李中丞书》），不仅为《孙子》做注，还写了《原十六卫》《战论》《守论》等军事著作。因此，后人评价杜牧是唐代著名诗人中唯一一位"知兵事"者。由此不难理解杜牧的咏史诗一向具有独特的魅力。

《题乌江亭》：

胜败兵家事不期，包羞忍辱是男儿。江东子弟多才俊，卷土重来未可知。

《赤壁》：

折戟沉沙铁未销，自将磨洗认前朝。东风不与周郎便，铜雀春深锁二乔。

这两首咏史诗一写项羽不肯一人渡江的事，一写周瑜以火攻大破曹操事。但作者并非由旧史中寻找诗意，而是用"翻案法"反说其事，从而道出更为深刻的道理。《江南春》和《过华清宫绝句三首》其一是杜牧另外两首著名的咏史诗：

千里莺啼绿映红，水村山郭酒旗风。

南朝四百八十寺，多少楼台烟雨中。

长安回望绣成堆，山顶千门次第开。

一骑红尘妃子笑，无人知是荔枝来。

前一首借咏南朝皇帝迷信佛教终不能保国事讽刺晚唐皇室崇佛的风习，后一首以荔枝小事来鞭挞皇室的骄奢淫逸。据《新唐书》载："妃嗜荔枝，必欲生致之，乃置骑传送，走数千里，味未变，已至京师。"杜牧的这两首诗都以含蓄隽永见长。文字平易，不用典弄巧，却于自然处见凝练精深的咏史绝句，曾被后人誉为"二十八字史论"（《许彦周诗话》）。

杜牧在《献诗启》中称自己"苦心为诗，本求高绝，不务奇丽，不涉习俗"。在晚唐诗风转趋轻浅华靡的大气候下，他的一些词采清丽、俊爽秀逸的小诗格外引人注目，如《山行》：

远上寒山石径斜，白云生处有人家。

停车坐爱枫林晚，霜叶红于二月花。

杜牧在唐代文学史上以"风流才子"闻名。怀才不遇的苦闷，再加上"十年为幕府吏，每促束于簿书宴游间"（《上刑部崔尚书状》），使其流连于声色场所。他自己在《追怀》中也说："落魄江南载酒行，楚腰纤细掌中轻。十年一觉扬州梦，赢得青楼薄幸名。"但是杜牧的这类"风情之作"中有很多是较为真挚的，如《赠别二首》其二："多情却似总无情，唯觉樽前笑不成。蜡烛有心还惜别，替人垂泪到天明。"有些还寄予着深切的同情，如《杜秋娘诗》《张好好诗》。杜牧的散文较多地承继了韩愈散文的笔法，大多写得清新质朴，如《答庄允书》《李贺集序》《窦列女传》等。《阿房宫赋》作于23

岁时，是为讽喻唐敬宗营造宫室、沉湎声色而写的。作品的开头写"五步一楼，十步一阁"，"覆压三百余里，隔离天日"的建筑外观；次写"取之尽锱铢，用之如泥沙"的重敛轻用，招致"天下之人，不敢言而敢怒"；最后，诗人点出题旨："族秦者，秦也，非天下也……秦人不暇自哀，而后人哀之。后人哀之而不鉴之，亦使后人而复哀后人也。"整篇文章将形象的描写和充满激情的议论结合起来，具有很强的表现力，是传诵至今的名篇。

作为晚唐诗人，杜牧无法摆脱时代赋予的感伤情调和缺乏理想与热情的消沉情绪。但他运用七律和七绝来咏史抒情，达到了很高的艺术造诣，后人甚至将他称为"小杜"以区别于杜甫。虽然二人相差悬殊并不具可比性，但这一称呼也在一定程度上说明了杜牧的文学地位和影响。

晚唐诗人李商隐为什么被称为"小李"

李商隐是晚唐著名的诗人，他的咏怀诗、无题诗和爱情诗以及深情绵邈、绮丽精工的独特诗风对后世产生了较大影响。

李商隐（812—858），字义山，号玉溪生，怀州河内（今河南省沁阳县）人，其祖父、曾祖、高祖的官职都很低，没有超过县一级。李商隐生于父亲李嗣在镢嘉（今河南省新乡市）县令的任上。其后不久，李嗣罢官至南方做幕僚，李商隐就在绍兴和镇江一带度过了童年。十岁时，李嗣去世，李商隐回北方从其堂叔就读。李商隐有三个姐姐，五个弟妹，其父又早逝，一家人的生活状况可想而知。李商隐作为长子，充满了对没落家族的嗟叹和对逝去亲人的缅忆。这种经历，使李商隐缺乏李白那样浪漫豪爽的胸襟，也没有好友杜牧那样洒脱挺拔的气度。卑微的感伤情调一直延续到诗人去世，未有根本的改观。李商隐在22岁和24岁时两次应举不中，后来由于令狐绹的作用于开成二年（837年）登进士第。令狐绹的父亲十分赏识李商隐的才学，曾让儿令狐绹与其同学。令狐绹的好友高锴主考时，问令狐绹"'八郎之友，谁最善？'绹直进曰：'李商隐者。'三道而退"。也正由于和令狐一家的密切关系，使李商隐卷入了牛李党争，并影响了一生的经历。李商隐在中举的次年入、泾原节度使王茂元府中做幕僚，并娶了王茂元的女儿。此举被令狐绹等人视为"背恩"，李商隐也因此两赴吏部应博学宏辞科考试而未中。第三次通过后担任了秘书省校书郎，不久又被排挤出京任弘农县尉。武宗时李党得势，而李商隐却因居母丧未能有所作为。三年后回京，牛党得势，令狐绹为相，双方隔阂颇深，只好再去外地做幕僚。其间曾两次回京任京兆尹掾曹和太学博士，时间都很短。大部分时间生活在桂州郑亚、徐州卢弘止、梓州柳仲郢幕中，47岁病逝于郑州。

李商隐早年关心政治，在他全部约六百首诗作中，以现实政治为题材、以古鉴今、托古讽今的作品约百首，对晚唐政治上藩镇割据、宦官擅权、朋党倾轧这三大问题均有揭露。如《有感二首》和《重有感》都是针对甘露事变而发的。前者一讲李训志大谋浅，徒误国事；一讲文宗暗弱无主，可气可怜。后者写昭义军节度使上表请求"清君侧"一事：

玉帐牙旗得上游，安危须共主君忧。窦融表已来关右，陶侃君宜次石头。岂有蛟龙愁失水，更无鹰隼与高秋。昼号夜哭兼幽显，早晚星关雪涕收。

甘露事变诛杀宰相以下数千人，腥风血雨，人人自危。而李商隐能够站出来呼吁诛讨宦官，表现出非凡的胆量和勇气，这在当时是绝无仅有的一位。诗中的虚词运用颇见深意，"须"字以示国家大义，"已来""宜次"隐含敦促，"岂有""更无"意在督责，"早晚"二字透露热望。《行次西郊作一百韵》是李商隐追溯有唐以来治乱兴亡的历史，集中表达政治思想的代表作品。诗的第一部分写唐前期由于官吏得人而形成了繁荣安定的社会景象。第二、三部分写安史之乱和甘露之变。最后一部分表达了对"使典做尚书，厮养为将军"的愤慨和下情不达的忧虑。

李商隐创作了大量的爱情诗。这些作品不像民歌那样直率，又不像某些文人诗那般靡艳，如著名的《夜雨寄北》：

君问归期未有期，巴山夜雨涨秋池。何当共剪西窗烛，却话巴山夜雨时。

李商隐以"无题"为名的诗歌共十七首，除少数有所寄托外，大部分是抒情对象模糊的爱情诗，有的也结合自己的身世抒发了些微的感慨，如：

相见时难别亦难，东风无力百花残。春蚕到死丝方尽，蜡炬成灰泪始干。晓镜但愁云鬓改，夜吟应觉月光寒。蓬山此去无多路，青鸟殷勤为探看。

昨夜星辰昨夜风，画楼西畔桂堂东。身无彩凤双飞翼，心有灵犀一点通。隔座送钩春酒暖，分曹射覆蜡灯红。嗟余听鼓应官去，走马兰台类转蓬。

李商隐之所以写出这样各种情感复杂交织的作品，和他的经历、地位不无关系。杜牧和李商隐同为晚唐著名诗人，但杜牧的感伤更多的是时代的烙印，李商隐的感伤更多源于其自身的卑微与软弱。

灵活巧妙地运用典故来点染意境气氛是李商隐诗的一大特色。如《马嵬》的末句："如何四纪为天子，不及卢家有莫愁。"冷讽中寄意深远。再如，"地下若逢陈后主，岂宜重问《后庭花》"（《隋宫》）以假想之辞活用典故；"休夸此地分天下，只得徐妃半面妆"（《南朝》）别出心裁、寓意嘲讽等。有的作品也因用典而语意晦涩，令人费解，如《碧城》《锦瑟》。魏庆之《诗人玉屑》说："李商隐诗好积故实"，胡应麟《诗薮》亦称："用事之僻，始见商隐诸篇。"李商隐诗歌的这一特点直接影响了晚唐五代及宋的许多作家。

北宋古文运动的倡导者有哪些

北宋继唐代古文运动而起的文学革新运动，是宋代文学史上的一个重要文学现象。它是在北宋时期酝酿、发展和完成的。这是一次承继唐代韩、柳的古文运动精神的大规模的文学复古运动。它是以"复古"为旗帜，来配合北宋政治变法形势的一次全面的文风革新，反对骈文，提倡古文。它对于整个宋代文学，不但有理论上的指导意义，而且还有创作上的示范意义，并由此开创了北宋文坛上新的局面。

这次文学革新运动的主要倡导者是欧阳修、苏轼。作为这次文学革新运动的领袖欧阳修、苏轼，以其理论建树和创作实践两方面的实绩，为后人留下了一份宝贵遗产。

欧阳修在文学上主张"道胜者，文不难而自至"，反对文士溺于文辞，"弃百事，不关于心"（《答吴充秀才书》）；反对"务高言而鲜事实"（《与张秀才第二书》）的那种空谈道德性命的风气，认为这是与古道利世泽民的宗旨相悖的。其复古明道应以忧天下为务，而不是只求个人"光荣而饱"（《读李翱文》）。这是与柳开、石介在明道动机上的主要分歧，也是贯穿宋以后士大夫人生观中的一个核心问题。欧阳修正是以此作为复古的根本目的。关心"百事"，忧念天下，以反映民瘼和愤世忌邪作为文学的主要职能，确定风骚在诗道中的正统地位，反对虚美的雅诗赋颂，这是欧阳修倡导文学革新的基本思想。其针砭对象不仅包括杨亿、刘筠等人的时文及石介等人，而且也指向了晏殊、宋祁等的诗酒酬唱、歌颂升平之作。重视文学"忧治世危明主"的作用，这比唐人强调世治而颂，世乱而怨的观念大大前进了一步。这是与唐时古文运动所不同的。其革新时风与文风的最终目的，还是要培养一代士大夫忧国忧民的思想，耿直清正的品格，以及合于时用的才能。如果以通经学古来反对文章华丽反倒造就了一批迂阔诞漫、以道求禄的文人，那就比文章华丽更糟，何况俪偶声病，只是艺术形式问题，也可为古道所用，而不能采用简单化的办法来排斥骈偶。因此，对杨、刘诗文，欧阳修采取了一种通达的态度，与石介过激的言论完全不同。尽管他也反对"侈此丽彼，以为浮薄的风气"（《与荆南乐秀才书》），但又认为"偶俪之文，苟合于理，未必为非"（《论尹师鲁墓志》）。他还在《归田录》中称杨亿"真一代之文豪也"，肯定了其才学、功力有长处可汲取。

在文学创作上，欧阳修认为道可以充实文，而不能代替文。他主张作文须简而有法，流畅自然，反对模拟与古奥；重视触事感物在诗歌创作中的作用；提出了诗歌创作"愈穷则愈工"的著名论点（《梅圣俞诗集序》），将忧思感愤兴于怨刺；强调作者的生活遭遇对于创作的重要作用。他推崇杜甫，赞赏李白。他首创了"诗话"这一评论的新体式，在他的《六一诗话》中有不少精辟的诗论、文论见解。他的这些诗文理论主张，对于诗文的革新和文人们的创作无疑有着不小的影响。不仅如此，欧阳修还以自己的诗文成就为一代文风的变革作出表率。他与苏、梅等人，将反映民瘼、讽刺时弊的古调歌诗与感遇兴寄相结合，使对"百事"关心处，形于吟咏情性之中。尽管以诗论政的做法使本来就说理过多的宋诗更趋散文化，但在北宋前期文坛上一片优游闲雅的酬唱和颂圣明道的说教中，却以其深刻敏锐的洞察力，产生了警时鼓众的巨大影响。与诗歌相比，欧阳修的散文更能体现革新成果。其文各体皆工，又富于变化和创新，因而能成为一代文章宗师。其"纡徐委备""容与闲易"的艺术个性，不但为宋代散文形成平易简洁、委婉流畅的基本风貌树立了典范，改变了中晚唐以来因循韩、柳之文的旧习，开北宋六大散文家并峙的局面，还积极针对科场积弊、应考文体进行改革，对那种险怪奇涩号称"太学体"的时文，则坚决加以贬抑排斥。在努力提举后进的同时，他还将一批新老文人团结在自己周围，特别是他所推重的王安石、曾巩和苏氏父子等人。这对于后来文学创作的繁荣起到了重要的作用。

继欧阳修之后的文坛领袖苏轼，在批判地继承前人理论的同时，将文学理论提升到了一个新的高度。他提出诗文应"有为而作""言必中当世之过"（《凫绎先生诗集叙》），强调文必立意，提出"述意"说："天下之事，散在经史之中，不可徒得，必有一物以摄之然后为己用。所谓一物者，'意'是也。"（葛立芳《韵语阳秋》卷三引）其内涵的广阔性超出了道学家所言的孔孟之道，政治家所言的礼教政治的范围。苏轼很重视文学的艺术形式，一再指出文学本身犹如精金美玉，自有定价。在表现形式上，他强调"辞达""使是物了然于心""了然于口于手"，这是苏轼对于散文表现技巧的要求，也是对艰涩、浮华两种文风的批判。他主张平易自然的文风，有意即言，意尽辄止，不要使人同己。他的许多著名论点，如"大略如行云流水，初无定质，但常行于所当行，常止于不可不止。文理自然，姿态横生"（《答谢民师书》）；"吾文如万斛泉源，不择地而出"，"与山石曲折，随物赋形"。另外，如"胸有成竹""传神写意""诗中有画"等，都对当时和后来的创作有着很深的影响。与柳开、石介的传道，王安石、曾巩的重世用相比，在文道关系上，苏轼更看重文。他在欧阳修"事信矣，须文"（《代人上王枢密求先集序书》）的基础上，指出"有道而不艺，则物虽形于心，不形于手"（《书李伯时山庄图后》）。由重道转向重文，探求文学自身规律，这是苏轼对文学理论的一大贡献。他的诗、文、词、赋，都体现了宋代文学的最高成就。他培植的文学新人，"苏门四学士"以及陈师道等人，都成了北宋后期的著名文学家。

　　欧、苏等人，在唐代古文运动关于文道、文风、语言等方面改革的基础上，比较正确地解决了文、道关系，肯定了平易畅达的文风和易道易晓的语言风格。他们以其表现手法的多样化和所建立起来的平易自然、流畅婉转的风格，使得绮靡浮艳风气扫地以尽，并使奇句单行的散文占据了文坛的主导地位，最终完成了唐代韩、柳所倡导的古文革新，使得后人尊之为"唐宋八大家"。另外他们在词、诗、赋等领域也都取得了不小的成绩。

何谓"唐宋八大家"

　　唐宋八大家是指唐、宋两代八个散文作家，即唐代的韩愈、柳宗元与宋代的欧阳修、苏洵、苏轼、苏辙、王安石、曾巩八个人的合称。

　　在宋代，八家说尚未定型。宋代吕祖谦的《古文关键》，取韩、柳、欧、曾、苏洵、苏轼、张耒七家为一编，而无苏辙、王安石。真德秀评论文章，在韩愈后，称欧、王、曾、苏为"以大手笔追怀古作"，不提柳宗元（《跋彭忠肃文集》）。到明初，朱右采录韩、柳、欧、三苏、曾、王八家文章为《八先生文集》。而"唐宋八大家"之称始见于后来明人茅坤所编《唐宋八大家文钞》。此书编纂的目的，在为初学散文者提供精良的选本，"以为操觚者三券"（茅坤《原叙》）。此书对后世影响极大，"唐宋八大家"之称即由此书而起。此后学习散文大都以八家为宗。清桐城派方苞选《古文约选》、姚鼐选《古文辞类纂》，皆以八大家文章为主。储欣在八家之外，另增李翱、孙樵为十家。爱新觉罗·弘历曾选十家文为《唐宋文醇》，作为清代"钦定"的学习课本。其影响由此可见一斑。

韩、柳、欧、三苏、王安石、曾巩八家，散文创作成就很高，但就其个体来看，其内容有别，文风各异。韩愈的文章气势磅礴，雄奇恣肆，其行文骈散互见，长短兼施，排比铺陈、波澜起伏，于论说、杂感、传记、碑志、书信等形式上皆有实绩，只是有时失之古奥艰涩。柳宗元的论说文以思想犀利、精深细密见长。他的山水游记，文笔清新秀美，富有诗情画意，在描绘出自然山水优美动人的同时，又常在写景中寓以身世遭际之感，其语言简括、生动。欧阳修的文章，平易流畅，纡徐曲折，无论是叙事怀人、状物写景，还是议论说理，各体皆工，而且又富于变化和创新。其作品语言圆融轻快，声韵和谐优美。苏轼为文，才华横溢，无所拘束，文中纵横捭阖，挥洒自如，能"出新意于法度之中，寄妙理于豪放之外"（《书吴道子画后》），波澜迭出，变化无穷。王安石的文章法度谨严，笔力简峻，论证说理思想深刻，析理精微，有极强的说服力。这种长于议论的特点，在他的记游、记人、记事中也有鲜明的体现。由于只注重说服力而不注重摹写物象、酝酿气氛，因而很多文章缺少文采和形象性，有枯燥单薄之感，缺少韵味。苏洵为文，"侈能尽之约，远能见之近，大能使之微，小能使之著"（曾巩《苏明允哀辞》），不抄袭陈说，敢于发表自己的独到见解。作品以雄奇为主又有曲折多变、纡徐婉转的特色。苏辙的散文，秀杰深醇，汪洋淡泊，一波三折，在宋代自成一家。曾巩为文含蓄典重，纡徐委备，醇厚平正，但不重文采。

总之，他们作为唐宋古文运动的代表作家，在文学创作上，其共同倾向是提倡散文，反对骈体文，主张文以载道，明道适用，形式为内容服务。语言上要求去陈言，词必己出，自然流畅。他们还注重作家的个人修养，讲究文章的气势与力量，提倡内容充实、清新流畅的文风，由此确立了中国古代散文创作的新典范。

什么是词

词是中国文学中一种富有民族风格和民族特点的诗歌体裁。它最早是合乐的歌词，后衍变为律化的长短句。它的产生晚于古体诗和近体诗，在体制上有许多不同于其他诗体的特点。词这一诗体，和"国风""乐府"一样，是由民间发展起来的。它在中唐以后，逐渐被文人注意。到了宋代，逐渐脱离音乐，成为一种新型的诗体，并繁衍于明、清，影响迄于现代。词从它作为一种独特文体后，就有各样称呼。

词，这一文体专称是后起的。在唐五代时，被称为曲词或曲子词。宋时则称"歌词""小歌词""曲""曲子""今曲子""俗曲""琴趣"，这是与它当初和音乐相连分不开的。由于和配乐歌诗"乐府诗"相似，宋时又称"乐府"。为与古乐府相别，则称"近体乐府"。又有人称词为"乐章"。从词的句式特点出发，则称"长短句"。词又被称作"诗余"（一说是诗的剩歌余绪；一说是诗歌的一种"变体"）。

词，在一定意义上，可说是诗的解放。它是由诗的五言、七言的句式发展为参差不齐的长短句，同时突破了黏对的束缚，用韵也比诗宽一些。但同时，同律诗一样，词仍要受一定的格律的限制。在这里需注意的是古代的诗、乐府也入乐，即先有诗篇后谱乐调；而词则先有乐谱乐调，然后倚声填词，即词为乐而写。将词和近体诗相比较，大致有五个特点：

第一，词必须依据词谱规定的每一个具体词牌的格式来填写。须先标出词牌名，然后再加本词的题目（也可不加），然后依照这一词牌对字数、句数、平仄、声韵的具体要求来填写。

第二，多数词牌分为数段，两段居多，一三段较少，四段最少。段是相对独立单位。

第三，词在对仗上没有明确要求。相连的两句字数相同可对，也可不对仗。即使对仗，相对的字数也不一定平仄都要相对，还可重字相对。与近体诗相比自由得多。

第四，近体诗的平仄格式基本为四种，押平声韵。词则不同，平仄格式无规律可遵循，每一个词牌都有不同的平仄格式。

第五，近体诗的声调只分平仄，但有助词牌在个别地方的用字、押韵，要求区分四声。词的押韵间疏不等，不一定像近体诗那样隔句押韵，而且中间还可换韵，韵脚

207

可重复，用韵较宽，可用邻近韵部。

下面按词调与词牌、词体式和类别、词律的要求分别简述如下：

词是为了配乐的，因此每一首词都有一个与其相配合的曲调，这个曲调就称为词调。它是写词时所依据的乐谱、乐调。词调的来源不一，有来自民歌的曲调；有源于外来音乐（如西域的胡乐）；有些是来自乐工、歌女之手制作；有些是文人自制的。在词前面标示的名称是乐调的名称，而不是词的题目，这是词与诗的不同。

词调数目繁多，每种词调都有特定的名称，这就是词牌，如《破阵子》《浪淘沙》等。在词的起初阶段，调名和词的内容是有关的，因此调名也就是词名、词的题目。这种"缘题生咏"以调为题称作"本意"（刘师培《论文杂记》十六）是无须另有题目的。至五代、宋代初始，绝大部分词的内容和调名不相一致了。这样为了点明词旨，说明词的内容，在词牌下另标题目，如"京口北固亭怀古"（辛弃疾《永遇乐》）。也有词前加序文的，它是用以说明作词的缘由。还有用词题名篇，而把所用词牌附注正题下的。值得注意的是词调数目浩繁，存在着同调异名、调异名同、同调异体的现象。

根据曲调的需要，词必须分段。词的一段叫做一片，即表示演奏一遍的意思。音乐终止叫阕，所以一片或一遍也可称一阕。按词谱规定一首词只有一段的，是单片词，称为单调。一首词包括两段的，是双片词，称双调。双调的前一段称上片或上阕，后一段称下片或下阕。一首词中也有分为三段、四段的，称为三叠、四叠。

依据词调的长短，可把词分为令、引、近、慢四种。令，也称小令。这是词中最早定型的一种形式，它乐调短，字数少，大多只有一段。引，属中调，字数、乐调长于令词。引本是乐府诗的一种，词中的引多数是截取大曲中前段部分制成。近，也叫近拍。近与引在乐调长短与字数多少上相差不大。慢，是慢曲子的简称，属长调。鉴于引与近区别不大，有人将此四类按字数区分为小令、中调、长调三种。规定58字以内为小令，59～90字为中调，91字以上为长调。也有依词牌段数来划分的，独段为小令，双段为中调，三段以上为长调。有些词牌末尾缀有"令""引""近""慢"等字，一般都可表明本词是小令、中调，或是长调。

词调或词牌种类繁多，每一个词调，都具一定的格式，这种根据音乐的需要，在字数、句数、声韵、平仄等方面所形成的格律规定，就叫词谱。明张南湖编制了中国最早的一部词谱，但收词调数量有限。清万澍编的《词律》，收有六百六十调，一千一百八十余体。后王奕清等编《词谱》，列八百二十六调，二千三百零六体。经人不断补辑达一千调以上，常用的一百多个。

　　词的格律，即词律，它的基本要求是：第一，每一词调字数一定。第二，讲究平仄。它表现在一个句子里，有时不仅规定平声、仄声，甚至在仄声中还要区别上、去、入三声。后由于词与音乐逐渐分离，其要求也无形被放松或忽略。大致说来，其要求小令最严，中调稍宽，长调则更宽。第三，词的押韵。据《词林正韵》载，全部词韵分十九个韵部，平、上、去声韵共十四部，入声韵五部。其押韵方式大致有：一首一韵的；一首多韵的；以一韵为主间押它韵的；同一韵部平、仄韵通押的。第四，词的对仗。词作为长短句，必须相邻两句字数相等，才有可能对仗，并随着词调的不同而不同，而且不受平仄严格相对的限制。

　　南宋沈义父在《乐府指迷》中说："前辈好词甚多，往往不协律腔（音律、乐调），所以无人唱。"这种无人唱的词，作为抒情作品，不兼合乐功用，但按格律填词遂成为一种单纯的诗歌形式了，也就是说衍变为一种律化的长短句。

亡国之君李煜何以有如此高的艺术成就

　　李煜是一位君主，但却以词知名。他的词作虽称不上丰富，却把词这种艺术形式带到了一个新的境界和高度。

　　李煜（937—978），字重光，初名从嘉，号钟隐，五代时南唐最后一任国主，也称李后主。早在李煜的父亲李璟时，南唐迫于后周的压力，已取消帝号、年号，只称国主，臣服于周。李煜即位时，赵匡胤已代周自立，建立了宋王朝，南唐更加岌岌可危。但李煜不思振作，为求得苟安，向宋贡奉大量钱财，以致国库空竭。在内政上，李煜不仅无所作为，而且偏听偏信，错杀良才。李煜沉湎于宫中的享乐生活，他先娶能歌善舞的大周后，继娶其妹小周后，骄奢侈靡，醉生梦死。宋太祖开宝七年（974年），宋兵渡江南下，次年攻占金陵。李煜与群臣肉袒出降，被押往宋都汴京（今河南省开封市），受封违命侯。宋太宗即位后，知李煜思念故国，甚为不满，于是将他毒死。

　　李煜具有多方面的艺术才能，他工书善画，精通音律，而以词的成就为最高。

　　以南唐亡国为界，李煜词分为前后两个时期。前期词基本上不脱宫廷生活的范围，如下面这首《浣溪沙》：

红日已高三丈透，金炉次第添香兽，红锦地衣随步绉。佳人舞点金钗溜，酒恶时拈花蕊嗅，别殿遥闻箫鼓奏。

在危难之际、存亡之秋，李煜仍津津乐道于夜以继日的酣歌狂舞，其治国的心力也就可想而知了。李煜前期的词风不出花间一派，如《菩萨蛮》："南堂昼畔见，一晌偎人颤。奴为出来难，教郎恣意怜。"但也有少数较为清新的作品，如《清平乐》在艺术上达到了较高的造诣，很能代表李煜的词人才华：

别来春半，触目愁肠断。砌下落梅如雪乱，拂了一身还满。雁来音信无凭，路遥归路难成。离恨恰如春草，更行更远还生。

李煜24岁登基，39岁亡国，过了15年纵情声色、侈陈宴乐的生活。一朝沦为阶下之囚，其心情之痛楚懊丧使其词风转而变为痛彻凄婉。

四十年来家国，三千里地山河。凤阁龙楼连宵汉，玉树琼枝作烟萝，几曾识干戈。一旦归为臣虏，沈腰潘鬓消磨。最是仓皇辞庙日，教坊犹奏别离歌，挥泪对宫娥。（《破阵子》）

帘外雨潺潺，春意阑珊，罗衾不耐五更寒。梦里不知身是客，一晌贪欢。独自莫凭栏，无限江山，别时容易见时难。流水落花春去也，天上人间。（《浪淘沙》）

《破阵子》是对被俘前生活的回忆，从中看不出反思的意味，一方面是由于所处环境的严酷，另一方面也是囿于李煜认识上的局限。《浪淘沙》写了一个"贪欢"的春梦，梦与现实对比，更增加了作者的深哀剧痛，而这一切，用一句"天上人间"淋漓尽致地表达了出来。

李煜抒写亡国之痛的词作，最著名的当属下面这首《虞美人》：

春花秋月何时了，往事知多少。小楼昨夜又东风，故国不堪回首月明中。雕栏玉砌应犹在，只是朱颜改。问君能有几多愁，恰似一江春水向东流。

杜甫在安史之乱中，面对"年年岁岁花相似"的春天之景，感慨时事，写下了"感时花溅泪，恨别鸟惊心"的名句。李煜面对同样的景物，却发出了"何时了"的怨恨。因为李煜毕竟拥有过天下，对于业已失去的东西，有一种盼其毁灭的愤愤然。同时，也是对自己屈辱生命的激愤之词。上片已说"故国不堪回首"，下片却仍写"雕栏玉砌应犹在"，这是因为明知回忆往事徒伤人心却又抑制不住，控制不了。词的结片以滔滔不绝的江水来比喻愁情，历来为人称道。江水的浩大，是愁情的物化；江水的涌动，是愁情激荡；更重要的是，江水的亘古长流、滔滔不息正如作者那与生俱存、永无止境的亡国之痛，源源而来，滔滔而逝，无穷无尽，永无息止。愁情有可解脱之愁与不可解脱之愁，李煜的愁情只有复国才可解脱，而这是根本不可能的。以江水来比喻这无望的愁情不仅造意独到，而且极为贴切传神。《相见欢》抒写的也是亡国后的愁情，但情调较为淡惘委婉：

> 无言独上西楼，月如钩。寂寞梧桐深院，锁清秋。剪不断，理还乱，是离愁。别是一番滋味，在心头。

李煜对词的贡献，在于他突破了花间词派写艳情的窠臼，把词从风花雪月、雕金镂玉、剪红刻翠的自我束缚中带向一个广大的抒情领域，使词在向述志言怀的新诗体的发展上迈出了巨大的一步。

苏轼为什么被称为浪漫派诗人

苏轼在三苏之中，堪称一代文学、艺术大师。作为北宋文坛的领袖人物之一，他建树了多方面的文学业绩：散文与欧阳修并称"欧苏"，又是"唐宋八大家"之一；诗歌与黄庭坚并称"苏黄"，开宋代诗歌新貌；词与辛弃疾并称"苏辛"，是豪放词派创始人；还是诗文革新的中坚和领袖。另外，在书画艺术方面也是名家高手：书法与黄庭坚、米芾、蔡襄并称"四大家"；绘画是"文湖州竹派"的重要人物，宋代文人画的重要代表。

苏轼（1037—1101），字子瞻，一说字和仲，号东坡居士。著有《苏轼诗集》五十卷；《苏轼文集》七十三卷；《东坡乐府》三卷等。苏轼幼承家训，涉猎极广，"学通经史，属文日数千言"（苏辙《东坡先生墓志铭》）。嘉祐二年（1057年），中进士，深受主考官欧阳修的赏识。四年后授大理评事，签书凤翔府判官，并历任判官告院、开封府推官。熙宁四年（1071年），因与变法派政见不合，请求外调，出任杭州通判，历知密、徐、湖三州。元丰二年（1079年），被人罗织罪状弹劾作诗反对新法、讪谤朝廷，从湖州逮捕下狱，史称"乌台诗案"，后被释谪贬黄州、汝州等地。元祐元年（1086年），旧党司马光执政，调回京都任中书舍人、翰林学士、知制诰等职。次年兼侍读。因与旧党政见不合，遭疑忌，于元祐四年（1089年），自请出知杭州。后又被贾易等人寻隙诬告，历知颍、扬、定等州。绍圣元年（1094年），哲宗起用新党，贬逐元祐旧臣，又被一贬再贬，由英州（今广东英德）、惠州（今广东惠阳）远贬到儋州（今海南儋县）。元符三年（1100年），徽宗即位才赦还。建中靖国元年（1101年），病卒于常州。

苏轼濡染儒、佛、老，既有儒家辅君治国、经世济民的理想，又有佛、老的超然物外的旷达襟怀，"君子可以寓意于物，而不可以留意于物"（《王君宝绘堂记》）。这些思想在他的作品中都有鲜明的反映。其一生经历的巨大的政治磨难，反倒成就了一代文学大师。

苏轼重视文学的社会功能，强调文学家要有充实的生活感受，要敢于创新，并且重视文艺技巧探讨和运用。

苏轼一生留下了两千七百多首诗、三百多首词和卷帙繁富的散文作品。

他的不少敢于揭露社会民族矛盾，关心百姓生活、生产的诗，大都写得情真意挚，犀利尖锐。如《荔枝叹》《正月十八日，蔡州道上遇雪，次子由韵二首》之二、《和子由苦寒见寄》《秧马歌》等。而作为"一肚皮不合时宜"的政治失意者（毛晋辑《东坡笔记》卷上《是中何物》），"我本不违世，而世与我殊"（《送岑著作》），自然就会有向往山水，厌弃官场生涯的流露。他的不少写景抒怀诗，艺术价值最高，也最为脍炙人口。如《游金山寺》《新城道中》《题西林壁》《琴诗》《入峡》《百步洪》《和陶归园田居》《东坡》《泛颍》《惠崇春江晚景》等。这些诗中，既有蜀中的奇绝、长江的夜色、江南的晴雨、西湖胜景、江北风物、岭外风光等景物，令人欣喜爱悦；也有从日常生活和自然小景中悟出的新意妙理，引人深思。它们即景寄意，因物寓理，意在言外，余味不尽。另外，他还写过不少品评书画的诗歌，如《读孟郊诗》《石苍舒醉墨堂》等，表达了其审美情趣和见解。

苏轼长于古体和七言诗，七古奇气横溢，如《雪浪石》《法惠寺横翠阁》等。五古则词清味腴，如《寒食雨》等。七律近于刘禹锡、白居易，如《汲江煎茶》《初到黄州》等。五律五绝少见，七绝则有不少是被人传诵的名篇佳作。其诗有以文、才学、议论为诗的特点

读苏诗可感其"有必达之隐，无难显之情"（《瓯北诗话》）。诗人的才情是奔放的，艺术想象是丰富的。他熟练地驾驭各种艺术手法，以争取自由表达的最高境界。但也可看到一些诗篇存在着议论化影响诗的形象性、韵律美，以及用典过多、粗率冗长、近于文学游戏之弊。

苏轼作为豪放词派的开创人，创作了一批风貌一新的词章。在他的词中，记游、

怀古、赠答、送别、说理，"无意不可入，无事不可言"（刘熙载《艺概》卷四），"一洗绮罗香泽之态，摆脱绸缪宛转之度"（胡寅《题酒边词》），抒报国志，绘农家景，写谪居思等，扩大了词境。如《江城子》（老夫聊发少年狂）寄托立功报国豪情壮志；如《沁园春》（孤馆灯青）抒远大的政治抱负；如《满江红》（江汉西来）即景怀古，暗寓愤懑不平；如《卜算子》（缺月挂疏桐）写遭贬后的孤芳自赏；如《定风波》（莫听穿林打叶声）表现不畏坎坷、泰然自若的人生态度；如《浣溪沙》（五首）描绘了具有浓郁生活气息的农村风俗画。这些词都突破了词为艳科的藩篱，新天下耳目。尤其《念奴娇·赤壁怀古》《水调歌头·丙辰中秋》，更具代表性。

苏词颇具浪漫情怀，逸兴遄飞。这些篇章上承屈原、李白，下开辛弃疾。如《水调歌头》（明月几时有）、《念奴娇》（凭高眺远）、《满庭芳》（归去来兮）等，浮想联翩，或是不甘心天阙的清寂；或是飞上玉宇琼楼；或是巧遇仙女，直觉有仙气缥缈于毫端。在苏词的多样化词风中，除大江东去之类豪放词风外，还表现出或清旷奇逸；或清新隽秀；或婉转缠绵，各有风骚。如悼亡妻的《江城子》、咏杨花的《水龙吟》、写佳人风情的《蝶恋花》，等等。

苏词在体制、语言、音律上也都体现了创新精神。词人以诗文句法入词，始于苏轼。在词体的创制上，如《哨遍》是由《归去来辞》改写，《水调歌头》是由《听颖师琴诗》剪裁而成。还有不少词始用标题，有的还采用小序。他既重视音律，但不拘泥于音律。其创新不仅在于打破诗词题材、内容上的严格界限，还使词脱离了音乐而成独立抒情手段，扩大了词的表现力。

苏轼的散文，发展了欧阳修平易舒缓的文风。在苏文中艺术价值最高的是那些书札、杂记、游记、小赋等，或披露胸襟，或即事即景议论风生，体现了他在《文说》的观点。如记人物的《方山子传》《书刘庭式事》；记楼台亭榭的《喜雨亭记》《超然台记》《石钟山记》；品评书画、述治学心得的《文与可画筼筜谷偃竹记》《日喻》。另外还有著名的前、后《赤壁赋》，也都写得意趣盎然。此外，还有流传较广的笔记文《东坡志林》（此书后人所辑）。其中不少随笔、杂感、琐记，写人记事，颇有情致。如《记承天寺夜游》《记游松风亭》等，随手拈来，即见意境和性情。

苏轼的文学创作代表着北宋文学的最高成就，并影响着后世。苏诗影响了宋代的诗歌面貌，并受到金、明公安派、清宗宋的诗人们的推崇。苏词的影响以至形成了豪放词派，直至清代仍为词家所效法。苏文中的小品、随笔，开明清小品、随笔的先河。在明公安派，清袁枚、郑板桥等人的散文中，都可找到承续的线索。他的影响至今仍未消失，各地还流传着他的不少传说，人们还在吟诵他的作品，就可说是一个明证。

李清照的诗词反映了怎样的家国情怀

李清照是中国古代文学史上少有的杰出女作家。她多才多艺，在诗、词、文上都取得了很高的成就，还工书、善画兼通音乐。

李清照（1084—1157），自号易安居士，济南章丘（今山东济南市）人，著有《漱玉集》《漱玉词》等。李清照生长于一个文学气氛很浓厚的官宦之家，父母皆善文，其父李格非尤有文名。她资质聪慧，少识音律，很早就有诗名。18岁时与宰相赵挺之之子、太学生赵明诚结婚。婚后两人除诗词唱和外，还致力于收集和研究金石书画。"靖康之变"，被迫渡淮南奔，所携图书文物，在乱离中散失殆尽，赵明诚也在移知湖州途中病故。此后她只身一人，孤苦无依，漂泊不定。后又受小人诬陷，晚景凄凉，在乱离和贫困中度过了悲惨的晚年。

李清照在诗歌创作上，所遗留下来的诗歌，大都是南渡以后的作品。这些诗与其以婉约为主的词风迥异，呈现出高昂、豪迈、刚健之气，爱国感情表现得显著而强烈。"南来尚怯吴江冷，北狩应悲易水寒"，"南渡衣冠少王导，北来消息欠刘琨"（庄季裕《鸡肋编》引）等诗句讥刺了南宋朝廷的苟且偷安。最有名的是五言诗《夏日绝句》：

生当作人杰，死亦为鬼雄。

至今思项羽，不肯过江东。

此诗借古讽今，慷慨沉雄，一洗儿女气。在她的诗中，还有些极具宏大气魄之作，其中《题八咏楼》一诗：

千古风流八咏楼，江山留与后人愁。

水通南国三千里，气压江城十四州。

此诗作为李清照的晚年避难诗作，写得豪气充溢，是其少有的佳作。另外，她还有些颇具浪漫色彩的作品，如《晚梦》诗，以梦写其对理想生活的追求和向往，也具有豪迈洒脱的特色。

李清照还擅长散文。南宋赵彦卫说她"有才思，文章落纸，人争传之"，可惜与其诗词一样，流传下来的很少。南渡后所作的《金石录后序》是她散文的代表作，此篇序文可视作一篇颇佳的传记性散文。它详略有致地记叙了李清照夫妇颠沛流离的一生。文中那沉哀入骨的情思，却以平实的叙述风格出之，更增撼人心魄的力量。

李清照的词，从艺术成就上看，超过了诗文。从词的理论上看，她的《词论》作为宋代第一篇系统的词论之作，在总结词的发展过程中，明确提出了对词的要求，并主张"词别是一家"之说。但这种观点，在一定程度上限制了她的创作。其中《词论》的有些要求，由于其生活境遇的变化，使得她突破了自己早期的"典重""铺叙"的理论，形成了以善用白描手法，浅俗清新风格见长的"易安体"。词人善于通过富有特征的事物和动态描写形象，使所要表达的抽象感情有了具体的感性力量，再加之叠字、俗语的运用，更增其艺术感染力。

李清照的词以南渡为界，分为前后两期。前期作品，主要是对闺中欢娱生活、自然风光、离别相思的描绘和抒发。有些词，表达了对美好事物和自由生活的向往之情。在客观上有的还具有一定反对封建礼教束缚的意义。如《如梦令》（常记溪亭日暮）、《点绛唇》（蹴罢秋千）、《一剪梅》（红藕香残玉簟秋）、《醉花阴》（薄雾浓云愁永昼）等词，都给人留下了一幕幕难忘的印象。另外像她的《凤凰台上忆吹箫》（香冷金猊）、《如梦令》（昨夜雨疏风骤）、《蝶恋花》（泪湿罗衣脂粉满）等词，或即景抒情，或借物抒怀，也都写得语新意隽，婉转曲折，深沉细腻。

南渡，对李清照来说是一极大不幸，但这不幸又促使她成为历史上最杰出的女词人。由于她经久而深切地承受了时代的巨变、生活的坎坷和精神的磨难，使她所抒写的忧愁烦恼，已不再是个人一己之悲辛、闺阁庭院这一狭小范围，而是融入了家国之恨，展示了那个时代的苦难在词人心中的印迹，直至后世仍具有打动人心的力量。她这一时期的词作，大致分为感伤时事、悲今悼昔、咏物自伤之类。如她的感时伤世之作《武陵春》（风住尘香花已尽），其中两个"舟"的使用，既与"愁"情之生相关，又是"愁"情极度深重的具体体现。其词具有立意新颖，设想奇特，语言浅显而又凝练，含蓄而不艰深，凄婉而又劲直等特色。她的悲今惜昔之作最为著名的是《永遇乐》（落日熔金）、《声声慢》（寻寻觅觅）。前首词抚今追昔，抒发了词人饱经忧患的苦楚与自甘寂寞的情绪，并从中透出对朝廷偏安的不满、对故国的眷念。百年之后，南宋末著名词人刘辰翁对此词读之又读，为之涕下。后一首词，表现了词人饱经国破、家亡、夫死的乱离之苦的忧患和哀愁。它是李清照词中特别讲究声调的一首名作，是自欧、秦以来的大词人所未曾有过的一首富有创造性的词作。其词中语言，与北宋末华贵典雅的词语形成了鲜明对照。咏物自伤类的词，较有名的是《清平乐》（年年雪里）。这些咏物词同其他类词一样也都成功地传达出其忧国思乡怀人之深情。

李清照虽也是沿着婉约派的道路发展，但她又不完全受婉约派的束缚，在她的某些词中，还具有想象大胆、感情奔放的豪放派词风的某些特色。如《渔家傲》一词，就写出了"九万里风鹏正举，风休住。蓬舟吹取三山去"的豪迈词句，无一丝钗粉气。李清照作为继秦观之后的另一个婉约派的大家，对后代产生了很大的影响。后人曾评价道："两宋词人能词者不少，无出其右矣"（陈廷焯《云韵集》卷十）。由此可见李清照词在文学史上的地位和影响。

元曲兴盛的原因何在　元曲的形式有哪些

元曲是元代文学的光辉代表，它是继唐诗、宋词之后，在中国文艺百花园中又一簇奇葩。

元曲，实际上是指元代两种不同的文学体裁而言。一种是散曲，另一种是杂剧。

散曲今存小令三千八百多首，套数四百五十多套。由于散曲是在北方金代的俗谣俚曲的基础上逐渐发展起来的，所以绝大多数是北曲。作家留下名姓的有二百多人。不少杂剧作家也参与了散曲的创作，并取得很高的成就。散曲前期创作有代表性的作家有关汉卿、马致远、白朴、卢挚、贯云石等，其作品语言风格朴实本色；后期代表性作家有乔吉、张可久、睢景臣、张养浩、刘时中等人，其作品语言风格为辞藻清丽。

散曲是继宋词而兴起的流行于元代的新体诗，可合乐清唱。优伶乐意唱它，市民也喜欢听。它在元代日渐盛行，究其原因，一方面是词到了南宋后期，词人忽视内容，过于注重字句的工巧和韵律，逐渐脱离现实生活，成为文人案头的书面文学。自姜白石始，接着是吴文英、史达祖等词人，在词的创作上，更加追求形式的华美，音调的和谐，终于使词走上了僵化之路，丧失了它原有的活力，而日趋衰落，使得一些文人不得不另外寻求革新之途；另一方面，民间不曾停止歌唱的俗谣、俚曲，也自中晚唐以后继续酝酿发展着，到宋、金对立时期，又吸收了南北各种民间曲调与部分外来民族乐曲歌辞，逐渐在民间形成了一种新的诗歌形式。徐渭在《南词叙录》中说：

"今之北曲，盖辽、金北鄙杀伐之音，壮伟狠戾，武夫马上之歌，流入中原，遂为民间之日用。"这种认识是正确的，明确地指出了散曲形成的一个重要历史原因。但是散曲繁荣的原因，也是和当时文人的不断实践有关。经过长期酝酿而发展起来的新体诗，到金宋元初时，一些接近民间的文人开始采取这种形式进行写作，很快就被更多的文人，特别是戏曲家所青睐，用来进行文学创作。在文人的实践和润色下，终于成为当时文学创作的主要形式之一，从而代替了传统的诗词。散曲包括小令、套曲（散套）、带过曲三种主要形式。由于散曲是产生于民间，文人们又极力向民间的俗谣、俚曲汲取营养，所以就具有别于诗词的特色。它只是文人文学的新形式，并不是真正的民间文学。

杂剧，是元代兴起的歌舞剧。它包括元、明之际无名氏作品。见于记载的计有737种，今尚存218种。它最初流行于山西、河北一带，元初发展到其他地区。元灭南宋后，又流入杭州等地。元杂剧是在宋杂剧、金院本及诸宫调等前代戏剧、曲艺基础上发展起来的。剧本的科白部分承袭院本形式，曲辞的组合则主要受诸宫调的影响。

第一，元杂剧作为时代的产物，其形成不仅有社会原因，同时也是中国戏曲艺术长期发展的结果。它兴盛的主要原因是元代激烈的民族矛盾和社会矛盾的现实，促进了元杂剧的迅猛发展。面对蒙古贵族对北中国的侵略和民族压迫政策，迫使民众起而抗争，戏剧就成为最适宜表现矛盾冲突的文学样式，成为民众反抗民族压迫、揭露社会黑暗、表达感情和思想的方式之一。如元杂剧的杰出代表关汉卿的杂剧，就其思想内容来说，不管是反映当时尖锐的社会矛盾、揭露统治者的残暴、歌颂老百姓的反抗斗争的公案戏，如《窦娥冤》《蝴蝶梦》《鲁斋郎》等；或是歌颂英雄人物的历史戏，如《单刀会》《西蜀梦》等；还是描写妇女尤其是下层妇女的生活和斗争，表现她们的勇敢和机智，如《救风尘》《金线池》《谢天香》《诈妮子》《望江亭》《拜月亭》等，都有一个共同点，就是对压迫者和侵略者深恶痛绝，对被压迫者深切同情，并通过他们之间的矛盾斗争，呈现了正面人物的坚强性格和反抗精神。

第二，城市的繁荣为元杂剧的兴盛创造了条件。元代都市经济发展，工商业特别繁荣，市民生活相对安定，人口集中。为适应统治者宴乐和广大市民文化生活的需要，出现了大批伎艺表演人员和集中演出的瓦肆勾栏。而各处艺人纷纷集中到此，使杂剧在这里获得了互相交流、进一步提高发展的机会。当时北方的大都（今北京）、中部的汴京（今开封）、南方的杭州，就是这样的都市，而杂剧也在这些地方特别兴盛。

第三，元代统治者轻视文人，当时有所谓"九儒十丐"的说法。加之强制推行民族等级歧视政策，以及中断科举达数十年之久，使文人的晋身之阶被堵塞，于是大多数文人沦于社会下层。他们有些人满怀不平之气，与民间艺人结合，组成书会，从事杂剧创作。由于文人剧本创作增多，对于杂剧的繁荣自然有很大的推进作用。

第四，元朝疆域的广大，交通发达，国际间和各民族间的文化交流，特别是北方各民族乐曲的传播，给杂剧的发展繁荣，提供了借鉴与营养，使之更完美而兴盛起来。

第五，元杂剧的兴盛，是中国戏曲艺术长期发展的结果，同时也是受前代文学艺术的影响。早期一些反映农牧生产等内容的歌舞便是戏剧的萌芽。后来出现了从事祭祀舞乐的巫和专供人娱乐的俳优。至汉，"百戏"盛行，南北朝时出现了"拨头""代面""参军"等具有一定故事内容的表演艺术形式。到了中宋，各种艺术获得了高度发展，傀儡戏、影戏给戏曲的舞蹈动作和脸谱以启示，各种表演形式的队舞使戏曲舞蹈身段和扮相更加美化。金院本为元杂剧奠定了基础：诸宫调的乐曲组织，曲白的结合形式，影响其体裁结构；唐宋变文、传奇小说、话本小说，为元杂剧提供丰富的素材；诗词、绘画等为其提供了有益的经验。这些都是元杂剧能发展繁荣起来不应忽视的重要原因。

戏剧家关汉卿的艺术贡献有哪些

中国的戏曲艺术，经过漫长的发展道路，到了元代，终于出现了一个繁荣兴盛的局面。元代的戏曲，包括杂剧和南戏两个戏曲种类。元代戏曲（主要是杂剧）所取得的伟大成就，远远超过了同时代的其他文学样式。元代的杂剧是在宋杂剧、金院本的基础上，进一步融合其他表演艺术而发展起来的。其中最有成就的作家是关汉卿。他是中国戏曲史与中国文学史上最伟大的戏剧家和文学家。他的生平事迹不详，只能从零星记载中窥其大略。

关汉卿（约1210—约1300），名不详，号已斋叟。关汉卿的籍贯，历来说法不一。《元史类篇》说是山西解州（今解县）人，清乾隆间《祁州志》说是河北祁州（今安国县）人，《析津志》则说他是"燕人"。有关的解释是：解州是他的祖籍，实为河北安国县人。安国旧称蒲阳，宋属祁州，元属中书省。中书省所属，即可称为大都。故一般都称其为大都人。他曾当过医生，做过太医院尹。曾游历过杭州、扬州。

《析津志》说他"生而倜傥，博学能文，滑稽多智，蕴借风流，为一时之冠"。他还"躬践排场，面敷粉墨。以为我家生活，偶倡优而不辞"（藏晋叔《元曲选·序》）。

《录鬼簿》中贾仲明悼词说关汉卿是"驱梨园领袖，总编修师首，捻杂剧班头""姓名香四大神物"。从元至近代，都将他列为"元曲四大家"之首。他和不少杂剧作家、散曲作家及演员有着亲密的交往。他在套曲《南吕一枝花·不伏老》中说："我是个普天下郎君领袖，盖世界浪子班头"，"分茶攧竹，打马藏阄，通五音六律滑熟"，可见他风流倜傥，高才博学。但又有其倔强不屈的一面："我是个蒸不烂、煮不熟、捶不扁、炒不爆、响当当一粒铜豌豆，……你便是落了我牙、歪了我嘴、瘸了我腿、折了我手，天赐与我这几般儿歹症候，尚兀自不肯休。则除是阎王亲自唤，神鬼自来勾，三魂归地府，七魄丧冥幽。天哪，那其间才不向烟花路儿上走。"从中体现了他从事杂剧而百折不挠的意志与愤世嫉俗的精神。

关汉卿一生创作了63个杂剧，流传到现在的，只有18种（其中有几本是否为关所作还有争论）。在已知的元人杂剧五百多种中，占全数的十分之一，可谓是个多产的剧作家。现存的18种杂剧作品是：《关大王单刀会》《关张双赴西蜀梦》《闺怨佳人拜月亭》《诈妮子调风月》《感天动地窦娥冤》《杜蕊娘智赏金线池》《望江亭中秋切鲙旦》《温太真玉镜台》《赵盼儿风月救风尘》《钱大尹智勘绯衣梦》《钱大尹智宠谢天香》《包待制三勘蝴蝶梦》《包待制智斩鲁斋郎》《状元堂陈母敦子》《刘夫人庆赏五侯宴》《山神庙裴度还带》《邓夫人苦痛哭存孝》《崔莺莺待月西厢记》第五本。仅见佚文的三种，即《唐明皇启瘗哭香囊》《风流孔目春衫记》《孟良盗骨》。尚有争议的四种，即《中鲁斋郎》《裴度还带》《五侯宴》《西厢记》第五本。有今人编校的《关汉卿戏曲集》。

关汉卿从民间传说、历史资料和元代社会生活中选取具有典型意义的人物和事件，从而在杂剧中塑造了许多栩栩如生的人物形象，来反映百姓的疾苦，表现他们的抗争精神，寄寓人们的希望和作者的理想，对元代现实社会作了深刻的揭露和无情的抨击。在创作中，他注意到了人物的社会属性和人物个性的刻画，人物具有血肉饱满、形象鲜明的特色；能够依据主旨和人物性格的必然发展安排剧情和场次，把人物放在戏剧冲突中展现，在戏剧的发生、发展、高潮、结局的不同阶段完成典型人物塑造；其杂剧文词素来被称做是"本色当行"（本色：指语言朴实、真切，当行：指符合演出的特殊要求），达到了雅俗共赏。

关汉卿所创作的杂剧内容大致有以下几类：一是揭露当时社会黑暗和统治者残

暴昏庸的作品，有《窦娥冤》《鲁斋郎》《蝴蝶梦》等。其中《窦娥冤》是关剧的代表作。当时的社会，到处都是贪赃枉法的官吏，到处是冤狱，这就是产生《窦娥冤》的社会基础。剧作者通过窦娥这样一个具有善良温柔品格和自我牺牲精神的女子，被官府无辜斩杀了这一现实悲剧，来揭露和控诉官府的腐败和社会的黑暗。在剧中，窦娥同时又是有着坚强性格的女性。剧作者通过窦娥的觉醒过程，由相信官府到否定官府，看到了是非颠倒的黑暗社会。剧中第三折，是全剧的高潮，窦娥的反抗性格得到了充分体现。她在否定统治者的代表人物太守的同时，进一步将封建社会世俗观念中以为最公平、无私的日月、鬼神、天地全都否定了。此剧的悲剧意义还在于，这个社会既造就了女主人公这样安分守己、信奉礼教、与世无争的小人物，却又不给予保护，可见这个社会是不合理的。此剧可说是"置之世界人悲剧之林亦无愧色"（王国维《宋元戏曲史》）。二是描写妇女的悲惨命运与她们的机智勇敢和反抗精神。在关汉卿现存的杂剧中，大部分以妇女为主人公，尤以描写下层妇女形象最为突出，如《调风月》《拜月亭》《谢天香》《金线池》等，最有名的则是《救风尘》《望江亭》。两剧以喜剧形式，前者寓庄于谐，后者活泼轻松，表现了关汉卿对妇女命运的同情和对她们为掌握自己命运所进行的斗争的支持。关剧中的妇女形象，在整个中国文学史上都是极为突出的。三是歌颂历史英雄人物的作品。代表作是《单刀会》《西蜀梦》。前者文词豪壮，情调昂扬；后者入情入理，凄楚动人。两剧都取材于三国。剧作者通过对关羽、张飞等人物的塑造，歌颂了敢于反抗强暴的大无畏精神和必胜的信念，这无疑是凝结着广大老百姓的理想和愿望的。关剧是中国古典戏曲艺术的一个高峰。关汉卿娴熟地运用元代杂剧这一艺术形式，在塑造人物形象、处理戏剧冲突、运用戏曲语言等各个方面，均取得了杰出的成就。

关汉卿还是一位散曲作家，流传至今的有套曲14套、小令57首（一说35首），其内容有描绘都市盛景与艺人生活、述志遣兴、羁旅行役和离愁别绪等。代表作品有《南吕一枝花·杭州景》《南吕一枝花·赠朱帘秀》《南吕一枝花·不伏老》《别情》等。这些作品都是浅而不俗、深而不晦、雅俗共赏之作。

关汉卿的作品是一个丰富多彩的宝库，早在一百多年前，其《窦娥冤》等作品已被翻译介绍到欧洲。1958年，关汉卿被世界和平理事会提名为"世界文化名人"。他的作品已成为中国人民和世界人民共同的精神财富。

中国古代戏曲的演变脉络有哪些

中国戏曲的发展源远流长，从孕育它的远古直到蓬勃发展的宋、元、明、清四代，中国古代戏剧逐渐形成了自己民族的独特的完整体系，并一直延续到今天。

中国戏曲的发展，大致可划分为准备、形成、完善、提高、变化五个阶段。从先秦至隋唐、五代，可以说是从萌芽到雏形的发展阶段；而至宋代则是戏曲的形成阶段；到元代戏曲则趋于完善阶段；在明代戏曲水准则是得以提高阶段；进入清代，戏曲则起了不小的变化，臻于集大成阶段。

先秦至隋唐五代这一阶段，从现存的资料看，戏曲文学并无作品出现，而只有一些演出实况的记录。从艺术因素的构成来看，戏曲的来源有三个：歌舞、滑稽戏、说唱。中国青海大通县孙家寨出土的一个新石器时代的陶盆上，绘有三组舞蹈人像，每组五人，连臂踏歌，似在扮演《尚书》中载原始部落"百兽率舞"的场面。孔子再传弟子公孙尼子，在春秋末年写过一本阐述儒家音乐理论的书，名叫《乐记》，其中说到"诗，言其志也；歌，咏其声也；舞，动其容也"。即诗是用来述说思想的，歌则是表达思想的声音，舞蹈则是诗歌的外形。《吕氏春秋》一书还记载古代传说中的"葛天氏之乐"："三人操牛尾，投足而歌八阕"。这种原始形态的艺术，人物表演和故事情节都极为简朴粗略，还远不是戏剧，但可以看做是最早的演出。

在中国古代戏剧中，经常出现的大鹏展翅、乌龙搅柱、前扑虎、双飞燕等很多舞姿，往往就是从这些古人模仿鸟兽形体动作的舞蹈中逐渐发展而来。从传说中夏启上天宫偷来的乐舞《九韶》，商代甲骨文记录的卜辞中为求雨而祭祀上天时所跳的《云舞》，到西周时歌颂武王伐纣的著名武舞《大武》，直至楚诗人屈原在其楚辞《九歌》中所描写的楚国巫舞，都属上层统治者所有。这种古代的汉舞表演、装扮及脸谱，都存留于后世的戏曲舞台演出中；而另一些则盛行于下层民众间，成为自娱性歌舞。如《诗经·陈风·东门之枌》中，就有描写陈国民间歌舞的欢快场面。这种描写男欢女爱的民间歌舞代代相沿，如中国最早的正式戏剧——宋元南戏，就是在民间歌舞基础上转化成歌舞后逐渐发展起来，从中也可看到早期所记述的民间祭典巫舞的踪影。

西周末年，出现了"俳优"。所谓"俳优"也称"优"（"倡优"），他们是以滑稽的表演供贵族娱乐，并进行讽谏的职业艺人。当时优人分两种："倡优"是由女性担任，大致以表演歌舞为主；"俳优"是由男性担任，大致以调笑、滑稽、讽刺的表演为主。后来这两个名称混用，泛指艺人。最早见于记载的优人是晋献公时叫伏施的人。最有名的优人叫优孟。《史记·滑稽列传》里就记载了一个被称为"优孟衣冠"的故事。优是早期嘲笑滑稽艺术的创造者。他们开始注意表演人物的语言动作特点，或是作即兴的独自表演，或是模拟别人形象，通过找对方的行动中不合理之处，加以夸张，来取得诙谐与讽刺的效果。其语言准确生动，有很高的语言技巧。优人与非优人的区分并不严格，其表演区与非表演区并不明显。他们所运用的一些表现手法为后来的戏曲所继承，但优人所表演的还不是故事，只能说具有一些戏剧因素。

到了汉代，汉武帝时又设立了"乐府"官署。由于与西域各民族之间的经济和文艺的交流，西域的一些民间技巧陆续传到了中原，出现了"百戏"繁盛的局面。"百戏"即"散乐"。"百戏"的名称，在汉时是包括各种技艺歌舞的一种总称。由于它散在民间各地，故又称为"散乐"（"散乐"的另一意思是与宫廷"雅乐"对称）。这时的朝廷一面将民间乐曲收集到乐府里来，一面又把盛行于民间的角抵戏和民间多种技艺集合起来，进行演出。《史记·乐书》《述异记》都记载了"蚩尤戏"的表演，即一群头戴牛角与假面的男人在进行角抵戏的演出。"角抵"戏是"百戏"中的一种，在东汉张衡的《西京赋》中，有关于汉代的"角抵百戏"的描绘和歌舞表演的热闹场面，即名为"总会仙倡"。《西京赋》与东晋葛洪的《西京杂记》中，还有一段"东海黄公"的记载。民间把这个故事作为戏来演，皇帝又把它作为角抵戏的一个节目。这个"东海黄公"的表演，已开始具有一定的故事性，其中还加入了幻术成分，两个演员也都有了特定的服装与化装，并按故事的预定情节完成表演。故事虽简单，但对于中国戏曲的形成来说，可说是戏曲的胚胎，并已进入到扮演人物、敷演故事的新的艺术领域。汉代"百戏"对于中国古代戏曲艺术的形成起着关键作用，可以说戏曲艺术的唱、做、念、打、舞，是在"百戏"中孕育形成的。

到魏晋时，表演中出现了男扮女的现象。据《魏书·齐王纪》裴注中引司马师上废帝曹芳的奏章中的记载，曾有魏国的废帝曹芳让小优郭怀、袁信等在广望观下表演"辽东妖妇"。隋朝统一南北之后，朝廷将各地及外域的乐舞集中起来，统归为"九部伎"，它对中国戏曲音乐的形成有很大的影响。而每年的正月，举行的百戏大会演，则是继承了数百年来歌舞百戏发展的成果。

至唐代，戏曲的各种要素得到很大发展。音乐上二十八调的运用，直接孕育着后来南北曲的宫调；前代所流行的歌舞表演，到了唐代就形成了小型的歌舞戏，如"代面""钵头""踏摇娘"与"参军戏"。他们继承了汉代以来的表演艺术，这时不仅有了故事情节和人物扮演角色，还有歌唱，有舞蹈，有说白；不仅有面部化妆、服饰，还有了简单的舞台装置与布景；不仅有音乐伴奏，还有人声"帮腔"等。这些演出形式一直保留在后世戏曲舞台上。

宋代时，中国戏曲就臻于成熟了。宋代说话艺术的兴盛，对戏曲的成熟起着积极作用。而宋代傀儡戏、影戏也很发达。这些都促进了戏曲由叙事体向代言体的过渡。在唐代参军戏的基础上，糅合了其他伎艺的表演形式，便形成了宋代的杂剧。宋杂剧大约可分为两大类：第一类即以对话为主，所谓滑稽戏的杂剧；第二类即以歌舞为主的进行演唱的歌舞戏。宋杂剧角色的人数，已由参军戏的两人发展到五人，故事情节也更完整了。这些杂剧的演出，分为艳段、正杂剧和杂扮三部分。杂剧艺术在南宋称作"宫本杂剧"，据《武林旧事》载，共有280种；在金朝，杂剧称为"院本"，在《辍耕录》里，记载金院本共有690种之多，可以想见当时杂剧演出的盛况。院本，就是在行院（倡伎的住处）中一些伎艺人演出的节目。从院本的体制、内容、规格来看，它与宋杂剧基本相同。只是因地理上的关系，带有地方色彩。一个在北方，称金院本；一个在南方，称宋杂剧。可是这些剧本都没有流传下来，宋代存留下来的只有南戏作品。南戏，又称"戏文"，它于北宋末叶在浙、闽一带形成，后发展到南宋王朝首都临安。南戏是在宋杂剧成就的基础上形成的。它汲取了大曲、唱赚、诸宫调、歌舞、滑稽戏等表现手段；也受到平话、说唱艺术、傀儡戏的影响。南戏的形成不但确立了中国戏剧的独特艺术形式，综合了各种表现手段，还开创了中国戏曲舞台艺术独有的表现方式。

中国戏曲艺术，到了元代，出现了一个繁荣兴盛的局面。元代戏曲，包括杂剧和南戏两个戏曲种类。元杂剧的代表作家有关汉卿、王实甫等。元杂剧是在宋杂剧、金院本的基础上，进一步融合其他表演艺术而发展起来的。它专指元代在北方流行的戏剧，剧本是由唱曲、道白、表演三部分组成。唱曲讲究叶宫调，唱套曲，在音乐上有严格的要求。元杂剧一般是一本四折（也有五折、六折或多本戏），演出一个完整的故事。与前相比，其角色分工也比较细。元杂剧反映的内容主要有公案戏、爱情戏、水浒戏、历史戏、神道戏等。现存完整的剧本只有一百多种，有姓名可考的作家只有一百多人。所存剧目只有六七百种。南戏（南曲戏文简称，又叫戏文，也有称传奇的）到了元代，与北杂剧并行于南北的剧坛上。元代的南载剧本上都注有"元传奇"字样。元灭南宋，北杂剧流传到南方，南戏从北杂剧中吸取长处来丰富和发展自己。在声腔上，南戏采用了北杂剧的若干曲调，出现了"南北合套"的形式。在戏剧的内容和结构的严谨上，吸取其长处。到元末明初，逐渐形成了与杂剧相别的特殊体制。

至明代，杂剧开始出现了南曲化的趋向，有的打破了四折一楔子和一人主唱的规格，有的则变成了一折一故事的短剧。这时元杂剧的旧有形式在戏剧舞台上逐渐消失了。其盟主地位，也逐渐为在南戏基础上演变而来的传奇戏所代替。这一时期的代表作家有汤显祖、梁辰鱼、沈璟等。传奇戏的特点，与元末南戏大体相同，它的结构自由，篇幅比元杂剧长得多。音乐上，它每出不限一个宫调，也不限韵，或全唱南曲，或南北合套，视剧情需要而定，它是南戏系统各剧种剧本的总称。从明初到清中叶的三百五十多年，是传奇繁荣鼎盛的时期，它是继元杂剧之后，中国古代戏剧的第二个高峰。

明末清初，传奇得到了新的发展，创作了一些优秀剧目，它们是由李玉、洪升、孔尚任等为代表的作家所创作。但昆腔传奇到了清乾隆年间，开始走下坡路。清杂剧创作形式仍继承了元杂剧的传统。作者除士大夫和文人外，还有下层人士。值得一提的有杨潮观、尤侗等。

从清康熙末叶至乾隆中叶（约1700—1774），是地方戏兴起酝酿时期。全国各地地方剧种，逐渐进入城市，形成了所谓"雅部"（昆曲）与"花部"（又称"乱弹"，地方剧种）对立局面。乾隆五十五年（1790年），安徽艺人高朗亭携徽调三庆班进京（徽调，是在弋阳腔和秦腔基础上发展起来的二黄戏）。后三庆与另外三个徽班四喜、和春、春台，被人称为"四大徽班"。从此二黄戏风行京师达数十年之久，并在各种声腔的互相竞逐、取长补短中形成了一个新的剧种——京剧。它以徽剧二黄调为主，吸收了汉剧的西皮调、昆曲、秦腔等剧种的声腔和表演艺术，兼采众剧之长而形成的。京剧的诞生，标志着古代戏剧的终结，近现代戏曲的开始。

最早的话本有哪些

"话本"在中国小说史中的重大作用，正如鲁迅先生所言：它的出现是中国"小说史上的一大变迁"（《中国小说史略》）。

话本，就是说话艺人用的底本。人们又称为话本小说。说话，也就是讲故事的意思。

最早出现"话本"之名的是南宋灌圃耐得翁《都城纪胜》"瓦舍众伎"条。其中，傀儡戏、影戏以及杂剧、崖词的底本，都可称作"话本"。当时"话本"一语十分流行，同时运用也含混，一些脚本、唱本也被称为"话本"。正像"传奇"，唐时用以指小说，元时用以指杂剧，明清时才用以专指昆曲剧本一样。后来，由于约定俗成，"话本"才用以专指说话艺人讲说故事的底本了。"说话之事，虽在说话人各运匠心，随时生发，而仍有底本以作凭依，是为'话本'。"（《中国小说史略》）

《都城纪胜》等书中，都有"说话四家"的记载。"小说"一家的底本，即是话本中的小说；"讲史"一家的底本称"平话"（"评话"或"演义"）。"讲史"话本篇幅较长，"小说"话本篇幅较短。另二家为"说经""说铁骑儿"。

由此可见，话本与小说本是两个概念，话本是说话的底本，小说则是说话分类中的一种。话本的产生并不是由于人们阅读的需要，只是供说话人的比较详细的提纲。但最早被加工成文学读物的那些话本，主要是因为它的情节比较曲折，故事性强，在说话的分类中属于小说的那一部分。因此，人们习惯称话本为小说或话本小说（严格而论，话本小说是指经过加工而成为文学读物的小说家的话本）。

话本小说，作为书面文学，现存最早的一些作品是敦煌话本小说。它是1900年在甘肃敦煌莫高窟藏经洞中，在一批湮没千年的敦煌遗书中发现的。这些话本以散文讲话为主，有时夹杂少量韵文，或者全无韵文，显现出话本小说的初期风貌。由于受习见观念的影响，这些唐五代的敦煌话本小说在被发现后的很长时间里，都被归为"变文"一类，并被收入《敦煌变文集》（王重民等编）中。

现存的敦煌话本小说，主要有《庐山远公话》《韩擒虎话本》《叶净能诗（话）》《唐太宗入冥记》《秋胡变文》等。在内容上，它们较多地从神怪故事、历史故事、民间传说中取材，并较多地受到佛道思想的影响，其情节结构虽大体完整，但组织还较松散，不够集中。其结构形式仍很驳杂。人物刻画虽也有鲜明的，但粗线条描写的人物多，缺乏个性塑造。语言上虽较为通俗，但仍以浅近文言为主，夹杂有口语，由此观之，它们还只是话本小说的雏形。但它们预示着"小说上的一大变迁"即将出现，符合下层市民口味的大众文学，将要登上历史文化舞台。虽然这一变化是要到宋代才能清楚地显现出来，但这一变化则是由敦煌话本小说开始的。

敦煌话本小说已初具的话本体制雏形，到宋人话本小说中，其体制才真正成熟、定型了。作为真正意义上的话本，这种由入话、头回、正话、篇尾等部分组成的体制，不仅成了话本小说的标志，也为后来的拟话本小说所模仿，从而形成了中国古代白话短篇小说的独特体制。它既不同于文言小说，也不同于近现代小说，更不同于国外的短篇小说。根据前人的考定，宋人的话本作品，见于《清平山堂话本》中的有《风月瑞仙亭》《杨温拦路虎传》《蓝桥记》《西湖三塔记》《洛阳三怪记》《合同文字记》《陈巡检梅岭失妻记》《五戒禅师私红莲记》《花灯轿莲女成佛记》《董永遇仙传》。见于《熊龙峰刊小说四种》之一的有《苏长公章台柳传》。见于《喻世明言》中的有《赵伯升茶肆遇仁宗》《史弘肇龙虎君臣会》《杨思温燕山逢故人》《张古老种瓜娶文女》《朱四公大闹禁魂张》。见于《警世通言》的有《陈可常端阳仙化》《崔待诏生死冤家》《钱舍人题诗燕子楼》《三现身包龙图断案》《一窟鬼癞道人除怪》《小夫人金钱赠少年》《崔衙内白鹞招妖》《计押番金鳗产祸》《皂角林大王假形》《万秀娘仇报山亭儿》《福禄寿三星度世》。见于《醒世恒言》的有《闹樊楼多情周胜仙》《郑节使立功神臂弓》《十五贯戏言成巧祸》。见于其他著作的有《钱塘梦》《王魁》《李亚仙》《灯花婆婆》《绿珠坠楼记》。

宋代的话本小说揭开了中国小说史的新篇章。话本小说是市民文学，作者不是"说话"艺人，就是沦为下层书会的才子。其描写主角，也主要是下层小人物，即使写到上层人物，也依然是下层市民的观照视角。这是中国文学从面向上层到面向下层的最具历史意义的显著转变。考虑到服务于市民，自然取材于市民感兴趣的日常现实生活。作为娱人之作，不仅要使故事有头有尾、条理清楚、脉络分明，容易理解接受，而且要以故事的丰富生动、情节的紧张曲折、强烈的气氛、巧妙的悬念、鲜明的人物形象及其活动，牢牢地吸引观众（听众），并且把环境描写、人物心理刻画与情节的发展和人物的行动密切结合起来，共同为塑造人物和表达主旨服务，而很少孤立静止地描写环境和刻画心理。宋人话本所使用的白话，是在民间口语的基础上提炼成的新的文学语言，具有生动、灵活、泼辣、粗犷的特色，叙述故事明快有力，表现人物声口毕肖，大大增强了小说的表现力。鲁迅曾说："后来的小说，十之八九是本于话本的"（《中国小说史略》）。从宋人话本以后，白话小说就逐渐代替文言小说，成为古代小说的主流。

什么是明清章回小说"四大部"

中国古典长篇小说都采取章回体的形式，这种形式是由宋元讲史话本发展而来的。宋元话本继承发展了历代讲唱文学的成果，确立了白话小说这样一种崭新的文体，为后来的通俗小说繁荣打下了良好基础。《全相平话五种》和《五代史平话》就是章回本小说的原型。

中国长篇章回体小说其特点是分回标目，段落整齐，首尾完具。明清时，罗贯中的《三国志通俗演义》（简称《三国演义》）、施耐庵的《水浒传》、吴承恩的《西游记》、曹雪芹的《红楼梦》，被世人称为中国章回小说的四大名著。章回小说除了在形式上采用章回体之外，还有几个明显的特点：第一，在基本上依据历史的前提下，允许作家有虚构的自由。第二，章回小说所用的语言是白话散文。它在用白话散文写人、叙事、状物的同时，往往在其中又掺杂一些韵文，但它只是用来对人或景物进行描写或表示称赞，并不展开情节，并作为促进故事发展的必不可少的部分。第三，为保持长篇章回小说的情节具有连贯性，脉络清楚；当出现两组以上矛盾冲突时，采取了说书人经常用的"花开两朵，各表一枝"的交代方法。第四，在中国古代章回小说中，为使情节紧凑，结构严谨，有吸引力，一般地对景物和人物心理不进行过多的描写，而主要是通过人物对话和行动来完成人物性格的刻画与推进故事情节的发展。

中国长篇章回小说，从元末明初至清末这段时间，其内容是极其丰富多彩的，归纳起来，不外是历史小说、侠义小说、神魔小说、社会小说、讽刺小说、谴责小说几大类。

《三国演义》是历史小说中最为杰出的作品。它代表了中国古典历史小说的最高成就，也是中国第一部长篇章回小说。它成书约在元末明初。据记载，关于三国的故事，至迟在晚唐就在民间讲唱。到宋代，随着"说话"艺术的发展，三国故事更为流行，北宋时出现了说"三分"故事的专家。当时里巷小儿听"说话"艺人讲三国故事，"闻刘玄德败，频蹙眉，有出涕者；闻曹操败，即喜唱快。"（苏轼《东坡志林》）可见宋时民间说唱的三国故事已表现出"拥刘反曹"的倾向。宋元时三国故事还被大量搬上舞台，金元演出的三国故事剧本至少有30种。三国故事的平话小说，现存的有元代刊行的《全相三国志平话》，它是民间传说中的三国故事的写定本，内容和结构上已初具规模。但描写简略，文词也很粗糙。明初，罗贯中在民间传说的三国故事及民间艺人创作的话本、戏曲的基础上，集中充实了精彩的内容，淘汰了一些荒诞离奇的情节，增加了陈寿《三国志》和裴松之注的正史材料，扩充了篇幅，写成了这部影响深远的《三国志通俗演义》。现存最早的刊本是明嘉靖壬午（1522年）刊刻的本子。清康熙年间，毛宗岗对此部小说的回目、情节、文字、史实等做了一些修改加工，其修改本就成为后来最流行的本子（一百二十回本）。这部长篇小说，演述了东汉灵帝中平元年（184年）至西晋武帝太康元年（280年）近百年间的历史故事，集中描写了魏、蜀、吴三国鼎立时各统治集团之间军事上、政治上、外交上的尖锐复杂的矛盾斗争，又以蜀汉和曹魏两个集团的斗争为主。开篇描写在镇压黄巾起义之后，统治集团内部展开了军阀混战，十七镇诸侯联合声讨董卓，董被杀，曹操当权，统一了北方。继而孙权与刘备在南方联合抗曹，赤壁之战后，形成了三国鼎立的局面。最后，司马氏取代曹魏，灭蜀灭吴，三国统一于晋。《三国演义》的艺术结构既宏伟壮阔，又严密精巧。它尤善于描写各种惊心动魄的战争场面。它的语言吸收了史传文学的语言成就，并加以适当的通俗化，以粗笔勾勒见长，塑造了一系列鲜明生动的人物形象，而且把历史上各种斗争的经验和智慧生动地表现出来。它在艺术上的成就是多方面的。作为一部历史小说，又与历史记载有很大的不同，其中的故事和人物都应与史书的记载区别开来。

《水浒传》是中国第一部长篇章回体侠义小说。它产生的时间基本上与《三国演义》同时，在小说史上与《三国演义》具有同等重要的地位。据南宋人罗烨《醉翁谈录》所载，关于水浒故事的说话就有公案类、朴刀类等多种，涉及人物有青面兽、花和尚等多人。现存最早而又较完整的水浒话本，是宋末元初的《大宋宣和遗事》中的水浒故事部分，内容虽然简单，但展示了《水浒传》的原始面貌。元杂剧取材水浒故事的有二十余种，现能见到的还有五种。这些戏中水浒英雄已由36人发展到72人，又发展到108人。施耐庵在宋元以来广泛流传的民间故事、话本、戏曲的基础上，进行加工创造，写成了长篇巨著《水浒传》。《水浒传》的本子很多，最早的本子出于元末明初，题为"施耐庵的本，罗贯中编次"，名为《忠义水浒传一百卷》。明嘉靖年间郭勋的一百回本《忠义水浒传》问世后，又有杨定见刊的一百二十回本《水浒忠义全书》。明末清初金圣叹删《水浒传》为七十回，另加楔子，实为七十一回，成了清以来流行本，名为《第五才子书施耐庵水浒传》。水浒故事本源于北宋末年，发生在中国北方的一次以宋江为首的农民大起义。此书表现了农民起义发生、发展直至失败的整个过程，写出了农民起义的社会根源，揭露了统治集团的罪恶，成功地塑造了众多的起义英雄群像，并使之带有浓烈的浪漫、传奇色彩，其情节的高度传奇性与人物的高度理想化达到了和谐统一。它的艺术结构完整而富于变化。整部作品以单线发展的结构手法，使每组故事都有其独自的中心人物；各组故事间既有相对的独立性，又环环相扣。整个情节结构的发展，都有着精心的设计与安排，既符合生活发展的逻辑，又与整个故事的发生、发展和结局的整个过程相一致。它的语言也取得了突出成就。它继承了话本小说的优良传统，以当时的北方口语为基础，经过艺术加工，达到了通俗流畅、生动传神的艺术效果。其人物语言的个性化也达到了很高的程度。全书在艺术上体现了鲜明的民族风格。它自问世以来，为广大民众所欢迎，尤其是农民起义者。而统治者则视如洪水猛兽，明令严禁。但其强大的生命力，是任何力量也扼杀不了的，至今仍流传不衰，就是明证。它为后世文学创作提供了许多宝贵的经验和借鉴，直至今天仍是如此。

《西游记》是中国神魔小说之祖。这是一部具有浓厚浪漫色彩的神话长篇章回体小说。故事先在民间长期流传，最后由作家吴承恩加以艺术创造而写定。《西游记》主要是写孙悟空保护唐僧西天取经的故事。唐僧玄奘只身赴天竺（印度）取经是历史上的一个真实事件。他的弟子据其口述写就《大唐西域记》，后门徒又写了一部《大唐慈恩寺三藏法师传》。至宋，取经故事为艺人搬上"说话"讲台。宋末元初的《大唐三藏取经诗话》（艺术说讲取经故事的底本），已可见《西游记》中孙悟空的影子及沙僧的前身浮河神的形象。元时出现了《西游记话本》，这部失传的话本很可能是吴承恩创作的一个重要依据。其故事还被搬上戏剧舞台，有金院本《唐三藏》、元杂剧《唐三藏西天取经》（失传）。现可见的是元末明初杨纳《西游记》杂剧。作者吴承恩就是在这些传说、话本、杂剧的基础上写成《西游记》的。《西游记》通过神奇幻想的形式，生动地描绘了一个完整的神话世界，创造了许多优美动人的神奇故事，塑造了一个光彩夺目的、理想化的孙悟空的英雄形象，曲折地反映了中国民众的生活和斗争。作品的语言流利明快，刻画人物时寥寥几笔便神采焕发。它还具有幽默诙谐的特点，许多章节把善意的嘲笑、辛辣的讽刺和严峻的批判融合在一起，妙趣横生，具有别具一格的艺术特色。作者用游戏的笔墨，通过神话故事，寄托了他对现实的激愤。

《红楼梦》是产生在清代的长篇章回体小说，它是社会小说的最杰出的代表。它总结和吸取了《金瓶梅》的创作经验，从看起来似乎很平凡的日常生活描写入手，表现了极其丰富的社会生活画面。可以说中国古典小说最辉煌的时期在明清两代，明清小说最高的巅峰是曹雪芹的《红楼梦》。这部伟大的巨著凝聚了自《诗经》以来古典文学的精华和气派，以空前的文学成就在全世界为民族文学赢得了极高的荣誉。

《红楼梦》初名《石头记》，又名《金玉缘》。曹雪芹逝世时，前八十回已撰写完备，以下的手稿不及整理而散失。乾隆五十六年（1791年），由程伟元、高鹗活字排印《红楼梦》，题《新镌全部绣像红楼梦》，一百二十回，称"程甲本"。第二年，程、高对"程甲本"修订后的排印本称"程乙本"，合称"程高本"。《红楼梦》又有多种带有评注的抄本，其中以脂砚斋的评本最具权威性。"程高本"的印行，迅速扩大了《红楼梦》的流传和社会影响。后四十回尽力揣摩前八十回的暗示和意图，使《红楼梦》成为有头有尾的作品。但其总倾向、风格和原著有很大距离。《红楼梦》以贾宝玉和林黛玉的恋爱悲剧为主要线索，描写了一个具有典型意义的封建贵族家庭——贾府的没落过程，向读者展示了封建社会的全面图景，成为那个社会的一部百科全书。此书在艺术上的独特之处在于它并不依靠起伏多变的情节和耸人视听的故事去赢取人，而是将许多日常小事连缀成篇，同时把一些重大事件天衣无缝地融合其中。作品所包容大小不一的许多故事，都不是简单的拼合，它们在情节中都有或远或近的前因后果，往往前有伏笔、征兆，后有交代、应验。在细针密线的安排中，整个作品浑然一体。至于续书，它大体完成了全书的悲剧结局。此书的语言在古典白话小说中是最优美自然的，简洁纯净、准确传神。在中国文学史上，从来没有一部小说像《红楼梦》这样持久地激发人们探索的热情。两百多年来，国内外对它的研究工作从未间断，专门著作大批产生，以致形成一种专门的学问——红学。1980年6月，由美国威斯康星大学教授周策纵发起，在该校开了首届国际红学会。这标志着《红楼梦》已成为世界瞩目的文学名著，红学也已成为世界文学研究中的重要课题。

施耐庵如何创作出文学名著《水浒》

　　明代前期，在小说创作上，出现了两部杰出的长篇章回小说，其中之一的《水浒传》，是英雄传奇小说的杰出代表。它们的出现标志着中国古典小说创作已进入成熟阶段，是中国古典长篇小说发展过程中的第一个高峰。关于此部小说作者，明人记载不一。大致有三种说法：施耐庵作，罗贯中作，施、罗合作。现在学术界大都倾向于施耐庵作。

　　有关施耐庵生平事迹的材料极少，收集到的一些材料颇多抵牾之处。《江苏兴化县续志》卷十三补遗载有《施耐庵传》一篇，卷十四补遗载有明初王道生撰《施耐庵墓志》一篇（及《施氏族谱》《施氏长门谱》等）。有关材料记载的大致情形是：施耐庵（约1296—约1370），名子安，一说名耳，兴化（今江苏兴化县）人，原籍苏州。他曾中过进士，在钱塘（今浙江杭州）做过官，后回到苏州。曾与元末农民起义军有过联系，后避居于江苏兴化县白驹镇（今江苏大丰县），闭门著述。入明后曾多次被征召，都被他拒绝。

　　《水浒传》是一部描写北宋末年农民起义的长篇章回体小说。它是在民间创作的基础上，由施耐庵写定成书的。

　　据有关的史书记载（《宋史》中的《徽宗本纪》《侯蒙传》《张叔夜传》），宋江等人的起义大约在北宋宣和元年（1119年）至宣和三年（1121年）。这支起义军有很强的战斗力，曾给宋王朝造成一定的威胁，并在老百姓中有较大影响。不同的史书听述虽有出入，但都有一定的传奇色彩。宋末元初龚开的宋江《三十六人画赞·序》中说："宋江事见于街谈巷语"，可见宋江故事已在民间流传，并引起了文人注意。宋、元期间，出现了以水浒故事为题材的话本和戏剧。南宋时，已有讲说鲁智深、武松、杨志、孙立故事的平话。元杂剧中有以李逵、燕青、武松为主角的戏。首次把水浒故事连缀起来的是元刊《大宋宣和遗事》。它记叙了从杨志押送花石纲，到征方腊为止的比较完整的水浒故事。元末明初的施耐庵，在宋、元以来民间故事、话本、戏剧的基础上，进行了艺术创造，写成了中国第一部反映农民起义的长篇章回小说《水浒传》。

　　《水浒传》集中地、多方面地反映了中国古代社会里一次农民起义从发生、发展到最后失败的全过程，从而形象地展示了乱自上作、官逼民反这一真理。小说热情地歌颂了农民起义英雄的大无畏精神和社会理想。小说描写的梁山义军的悲剧结局真实地反映了农民起义的历史命运。

　　《水浒传》在艺术上取得的巨大成就，主要是因为它成功地塑造了人物众多的、个性鲜明的典型形象，在人物描写上发展了古代小说的艺术传统，表现出作家自己的风格特色。作家善于把握人物的身世、经历、社会地位、生活环境等，从社会关系的各个方面来刻画人物的性格，这样就不仅能写出众多不同的性格特征，揭示出造就这些不同性格特征的社会根源和依据；而且还能随着矛盾冲突的变化与发展，进一步写出他们性格的变化与发展。如鲁智深、杨智、林冲三人，虽都是军官出身，同样都武艺高强，最后也都上了梁山，但由于其各自身世、经历和生活环境的不同，上梁山的道路也就不同，性格也各不相同。作家对此写得有根有据，真实可信，使人物的性格充分发展显示出合理性、必然性。其中对宋江的描写尤为突出。宋江是《水浒传》梁山义军的领袖，同时也是瓦解梁山大业的关键人物。他的一生，是复杂、矛盾的一生。在他的性格中一直贯穿着封建正统观念和正义感、反抗性的矛盾，并在他生活的不同阶段互有消长。小说就是在一系列的矛盾冲突中展现其复杂性格的。宋江的悲剧是他复杂性格的必然，但他的悲剧不仅是性格的悲剧，更重要的是中国古代社会农民起义的悲剧。就这个意义上讲，宋江的复杂性格符合历史真实。小说在描写人物上，还常常在对比中突出人物性格。作家不是把每个人物孤立起来进行描写，而是把不同人物放在同一环境、同一矛盾纠葛之中，使之互相联系，互相映衬。如宋江和李逵在招安问题上，二人的矛盾争执，从中进行对比，宋、李二人各自的性格特点由此更加鲜明，从而也更真实地揭示了社会生活的复杂性。这种对比的手法，有时还表现为同中见异。如鲁智深与李逵，即表现性格大致相同的人物所各有不同的内涵。

　　《水浒传》中的英雄人物形象，常常具有一种浓烈的浪漫、传奇色彩。这是与作家不为人物的现实条件所局限，在现实生活的基础上把人物高度理想化的结果。作家常将人物置身于生死存亡的关键时刻，着力渲染和夸张人物的非凡才能和英雄行为，从而使人物形象具有一种强大的震撼人心的力量。如武松景阳冈打虎，斗杀西门庆，醉打蒋门神，大闹飞云浦，血溅鸳鸯楼；鲁智深三拳打死镇关西；石秀法场救卢俊义等，都使情节的高度传奇性与人物的高度理想化达到了和谐统一。作家在形象塑造方面，继承了传记文学和宋元平话的传统，表现出了卓越的才华，取得了杰出的成就。

《水浒传》的艺术结构完整而富于变化。全书总的结构特点是：单线发展，即以梁山英雄和统治者的矛盾斗争为主线，通过人物之间的联系展开情节，有如山峦起伏，逶迤不断，形成一个有机的整体。这种结构方式还残存着话本集中讲述某一人物故事的痕迹。每组故事都有其独自的中心人物，而且人物之间互相勾连，前一人物引出后一人物；各组故事间既有相对的独立性，又一环紧扣一环，由前一故事引出后一故事，相互勾连，总的形成一个有机整体。整个情节结构的发展，都有着精心的设计与安排，开端、高潮、结局，既符合生活发展的逻辑，又与故事的发生、发展和结局的整个故事相一致。

《水浒传》的语言，继承了平话的口语化特点，经过加工提炼，成为优秀的文学语言。小说的叙述语言非常形象，如描写鲁智深打镇关西的三拳，通过人们熟知的事物，贴切而又生动地传达了出来，字里行间渗透着作者的爱憎。再有就是人物语言的个性化，"有些地方，是能使读者由说话看出人来的"（鲁迅《看书琐记》）。李逵、鲁智深，同为梁山好汉，个性不同，语言各异；西门庆、镇关西、牛二，同是市井恶霸，但身份有别，其语言也不相同。在作家笔下，只寥寥几笔，就达到了绘声绘色、惟妙惟肖的境地。这些都反映出《水浒传》在语言上所取得的卓越成就。

《水浒传》的出现，使古典小说的艺术传统得到总结提高。特别是在宋元话本的基础上，加以革新，使小说从民间口头文学形式，发展到书面文学。它与《三国演义》共同促成了章回体长篇小说的定型。它以其思想上和艺术上的卓越成就，深远地影响着明清以来的小说创作。如在它的题材影响下，产生了《水浒后传》《后水浒》；由它的人物作开端出现了《金瓶梅》；在结构上，《儒林外史》明显地受到了《水浒传》的启发。而且明清以来的不少戏曲的情节、人物也都源出此部小说。从此，小说登上了中国文学的大雅之堂，开始了以小说为主要标志的新阶段。《水浒传》曾陆续整理出版过七十回本及一百二十回本、一百回本等繁本。现知和现存《水浒传》较早刻本都系明刊本。一般认为，嘉靖时郭勋刊刻的武定版《水浒传》比较接近于原本，但已无存。今天所能见到的比较早而又较完整的是一百回本的天都外臣序本。还有万历时杨定见的一百二十回本、明末金圣叹的七十回删改本。简本有明刊《新刊京本全像插增田虎王庆忠义水浒全传》，《忠义水浒传评林》但为残本。清刊本十卷一百一十五回《忠义水浒传》是今存较全的简本（《水浒传》存在着繁、简本问题。繁本与简本区别在于，繁本描写细腻生动，文学性强于简本。无平田虎、王庆的故事。繁、简本先后问题，历来有争议，迄无定论）。

罗贯中的《三国演义》有什么艺术特色

明代的文学成就是辉煌的，特别是小说和戏剧创作，在中国文学史上占有重要地位。《三国演义》作为长篇章回体历史演义小说，以其体式上的创新，艺术上的成就和语言上的特色，标志着中国古典小说发展到了一个新的阶段。此部小说的作家是元末明初的罗贯中。

罗贯中（约1330—约1400），名本，字贯中，别号湖海散人。一说太原（今山西太原）人，一说钱塘（今浙江杭州）人。罗贯中的生平事迹多不可考，只是古书上有些零星的记载。明初贾仲明在《录鬼簿续编》中称罗贯中与他是"忘年交"，元顺帝至正二十四年（1364年），曾与贾仲明又一次见面。别后将近六十年，直到明永乐二十年（1422年），贾仲明编写《录鬼簿续编》时，"遭时多故，天各一方"，"竟不知其所终"。《录鬼簿续编》中，称他"与人寡合"。明王圻《稗史类编》中，说他是一个"有志图王者"，是具有远大抱负、希望创建一番事业的不凡之士。后专心致力于"传神稗史"的小说创作。清代徐渭仁《徐炳所绘水浒一百单八将图题跋》中，说"罗贯中客伪吴，欲讽士诚"，即指他与张士诚的元末农民起义军有过联系。虽系传言，但亦不排除有其可能。

罗贯中的文学创作包括两方面：戏曲和小说。《录鬼簿续编》说他"乐府隐语，极为清新"，写过杂剧三种——《宋太祖龙虎风云会》《三平章死哭蜚虎子》《忠正孝子连环谏》。其中仅《赵太祖龙虎风云会》流传了下来。此剧描写了赵匡胤、赵普忧国忧民的圣君贤相的形象。剧中写了赵匡胤陈桥驿登基，雪夜访赵普，直至扫灭群雄。其主旨意在"正三纲，谨五常"，平息"奸雄争霸"所造成的"尸骸遍野"的景况。这种要求结束战乱、实现统一的思想，与《三国演义》中的政治观点是相同的。

罗贯中的文学成就，主要是小说。《西湖游览志余》说他"编撰小说数十种"，相传他有《十七史演义》。今存署名由他编著的小说有《三国志通俗演义》《隋唐两朝志传》《残唐五代史演义》《三遂平妖传》和《粉妆楼》。

在他所创作的小说中，以《三国志通俗演义》的成就最高。这是中国古代历史小说中最为杰出的一部。罗贯中根据有关三国的历史、杂记、遗闻逸事、小说讲史等丰富资料，加工写成了这样一部"七实三虚"的文学名著。

《三国演义》主要写魏、蜀、吴三国之间的政治斗争和军事斗争，描写了众多的人物，反映了真实的社会生活，其思想内容是丰富的。全书以魏、蜀之间的矛盾为主线。魏方代表是曹操，蜀方代表是刘备、诸葛亮，矛盾的主要方面是蜀汉。此部小说的主题就是通过矛盾双方的代表人物，特别是蜀汉一方的代表人物体现出来的。全书在描绘魏、蜀、吴三国的尖锐复杂斗争、塑造各种典型人物中，揭露了统治者的残暴与丑恶，表达了对圣君贤相的歌颂和对仁政理想的追求。但其中明显地存在着"拥刘反曹"倾向。这种倾向，一方面表现在选材与结构上，把刘备集团作为全书的主要方面，把曹操集团作为刘备的对立面，贬曹颂刘。实际上这种描写同历史的实际情况并不相符。这种明显的倾向，反映了作者的封建正统观念，寄托了古代社会民众反对战乱、厌恶欺诈暴虐、赞成宽厚仁义、渴望安定统一的愿望。这种倾向也同汉民族意识有关。

《三国演义》描写了四百多个人物，虽有类型化的倾向，但主要人物都形象鲜明。作家在对这些人物描写时，总是从生活的复杂性和性格的多层次方面入手，从不把人物简单化，从而写出人物多方面性格。如对曹操的描写，在历史人物原型的基础上，经过艺术再创造，集中了历代封建统治者的恶劣品质。作家没有把曹操写成平庸、昏聩的暴君，而是把"奸"和"雄"、丑恶品质和雄才大略结合在一起表现。煮酒论英雄，写出了他的胸襟，也表现了他的野心；剪除袁绍、吕布、刘表等群雄，表现了他政治、军事方面的杰出才能，也写出了他的奸狡和欺诈；他手下猛将如云，谋臣似雨，说明他爱才；同时又写他借黄祖之手杀祢衡，恨杨修而加以死罪，说明他爱才还有笼络、控制的险恶用心。这些都使读者既看到曹操的正面，又看到他的反面，具有立体感。再有，小说在塑造人物时，很善于抓人物的基本性格特征，运用夸张、烘托、对比的艺术方法，来突显人物性格，展现人物形象。如写张飞的勇猛，长坂桥三声大喝，使"夏侯杰惊得肝胆破裂，倒撞于马下"，有力地表现了张飞的武勇威猛。又如写典韦死有余威，当其死了一个时辰，敌兵尚不敢近前。再如关羽"温酒斩华雄"，写他的武勇，这些例子都可说是上述艺术手法运用的极好例证。这样的例子在小说中是屡见不鲜的。

《三国演义》擅长战争描写，全书共写了大小四十余次战争，这些战争写得千变万化，各具特色。作家能抓住每次战争的特殊性，写出战争的特点。如官渡之战、赤壁之战、彝陵之战都是以少胜多的大战役，又都是用火攻，但写来毫不重复。小说描写战争的突出之处，是把着眼点放在最富戏剧冲突的事件和最能展示人物思想性格的情节上，不使复杂的情节掩盖人物性格。如赤壁之战，作家抓住孙、刘与曹操之间的主要矛盾，以及孙、刘之间的次要矛盾，通过一系列或公开或隐蔽的政治、军事、外交等斗争情节，展现了曹操、周瑜、诸葛亮三个足智多谋的军事家的性格和才能。其中的诸葛亮形象尤为突出。如对"舌战群儒""智激周瑜""借箭祭风"等情节的正面描写，与周、曹隔江斗智等情节的侧面烘托，使其性格特征得以凸显。在战争中表现人物，以人物为中心描写战争，表现了战争的复杂性和多样性。

《三国演义》的结构，既宏伟壮阔又严密精巧。全书尽管所写时间漫长，事多人众，头绪纷繁，却自成一体。作家以历史的发展变迁为经线，以蜀、魏之争为重点，以蜀汉为中心来展开情节，结构全书。其情节连贯，主次分明，首尾呼应，环环相扣，表现出作家高超的才能和独到的匠心。

《三国演义》的语言文白间半，既是"文不甚深，言不甚俗"的浅近文言；又是白话，明白流畅，接近口语。它的叙述描写语言不以工笔重彩细腻刻画见长，而以粗笔勾勒见工。其人物语言个性鲜明，有声有色。

从《三国演义》开始，历史演义小说开始大量兴起，中国各历史时代在演义小说中都有反映。《三国演义》的丰富多彩和引人入胜的故事，为以后的诗词、戏剧、说唱文学提供了题材。清顾家相在《五余读书廛随笔》中说："盖自《三国演义》盛行，又复演为戏剧，而妇人孺子，牧竖贩夫，无不知曹操之为奸，关、张、孔明三为忠，其潜移默化之功，关系世道人心，实非浅鲜。"由此可见其影响之深远和巨大。

至于这部小说艺术上的缺点，最明显的是：一是人物性格缺少发展；二是夸张过分，适得其反，以致欲显"刘备之长厚而似伪，状诸葛之多智而近妖"（鲁迅《中国小说史略》）。

曹雪芹的《红楼梦》的艺术价值和思想价值有哪些

清代小说和戏曲仍然是文学发展中取得主要成就的文学形式。乾隆年间（1736—1795），出现曹雪芹的《红楼梦》，把中国古典现实主义文学推向最高峰，成为中国封建社会的一面镜子。"自有《红楼梦》出来以后，传统的思想和写法都打破了"（鲁迅《中国小说的历史的变迁》）。

曹雪芹（1715—1763），名沾，字梦阮，雪芹是其号，又号芹圃、芹溪。祖籍辽阳，先世原是汉族，后为满洲正白旗"包衣"人（满语奴仆的意思）。曾祖曹玺（xǐ）任江宁织造，祖父曹寅、伯父曹颙（yóng）、父亲曹頫（fèn）相继袭任此职，先后达六十年之久。曹玺之妻是康熙玄烨的保姆，曹寅又做过康熙的伴读和侍从，后任两淮巡盐监察御史。康熙六次南巡，有四次住在曹寅任内的江宁织造署。雍正五年（1727年），因政治斗争的牵连，曹頫被罢官、抄家，下狱治罪。曹雪芹随全家迁回北京居住，此后曹家一蹶不振，彻底败落。

曹雪芹学识渊博，工诗善画，其深厚的文艺素养和高超的写作才能，是与这个特殊的家庭环境的熏陶、培养分不开的。由于生活中的重大变故，曹雪芹深感世态炎凉，对封建社会有了更清醒的认识，所以过着远离官场、贫困如洗的日子。尤其是晚年生活在北京西郊的日子相当凄凉。后终因幼子夭折的打击及贫病无医而溘然长逝。

《红楼梦》是曹雪芹"披阅十载，增删五次"，"字字看来皆是血，十年辛苦不寻常"的心血结晶。曹雪芹写定的八十回，原名《石头记》。可惜在他生前，全书没有完稿。今传《红楼梦》一百二十回本，其中前八十回的绝大部分出于他的手笔，后四十回则为他人所续，一般定为高鹗（此说尚有争议）。但其续书成就大为不足。

《红楼梦》以贾宝玉和林黛玉的爱情悲剧为中心，描写了贾府衰亡的过程，广阔而深刻地反映了封建末世的社会生活，有力地批判了封建制度的腐朽与罪恶，形象地揭示了封建社会必然灭亡的历史趋势，表现了作者初步民主主义的社会理想。

《红楼梦》中宝黛爱情的描写继承了前代文学反封建的传统，并把爱情描写提高到一个新的层次。小说中热情地赞美了宝黛爱情的反封建的思想基础。共同的叛逆思想使他们之间产生了纯真爱情，纯真的爱情又加强了他们的叛逆精神。这就突破了已往作品中那种花前艳约、月下欢聚，金榜题名，夫贵妻荣的陈腐描写。小说深刻地揭示了宝黛爱情悲剧的社会根源，把爱情问题和整个社会、历史时代紧密地联系起来，这就突破了已往作品那种单纯暴露婚姻制度的肤浅描写。

《红楼梦》中描写了四百多个人物，贾宝玉、林黛玉、薛宝钗、刘姥姥、王熙凤、晴雯、焦大等几十个人物，性格鲜明，形象饱满，成为脍炙人口的人物典型。在小说中，不仅出身、教养相同的人物性格有很大差异，就连性格相近的人物也有着细微的差别。对此，作家成功地进行了对衬的人物设计，使相反的性格形成对照，相近的性格互为衬托。如薛宝钗的正统与林黛玉的叛逆。袭人柔顺中含有奸险，晴雯尖刻中带有天真爽直，她们又各自作为宝钗和黛玉的陪衬，活动在大观园中。妙玉和黛玉都孤高傲世，但妙玉是对现实的冷漠，从而烘托出黛玉的内在人生理想追求。小说中作家不仅善于在日常生活的冲突中表现人物性格的某些侧面，而且善于在大事件、大冲突中表现对立的人物的主要性格。宝玉挨打这一情节描写就凸显了贾政和宝玉之间的根本对立的性格特征。同时，他还善于在矛盾冲突中揭示众多人物的不同性格。抄检大观园这一事件就同时表现了晴雯、探春、惜春的性格的不同。而小说人物性格的丰富内涵，又是与广阔的社会生活相连的。如凤姐在铁槛寺的仗势贪财。另外，在刻画人物中，其白描手法的运用，对心理、环境的描写，也都有很多独到之处。而且在《红楼梦》中，尤其突出的是以对日常家庭生活为主的描写，它改变了古典小说以奇取胜的传统写法，以深入挖掘琐细生活中的不平常的美学意义来表现其主题，因而取得了小中见大、平中见奇的艺术效果。这是作家对中国小说史上的新贡献。

《红楼梦》的小说结构，以其卓越而独特的方式，打破了已往的小说对社会生活的平铺直叙的写法，以神话、幻境穿插其间，并在结构上起着提纲挈领、统摄全局的作用。它同以往小说单线结构的形式不同，创造了网状的结构形式，使包罗万象的生活场景，互为因果地次第展现，此起彼伏，互相贯通，不可分割。而这些无不同宝黛悲剧、贾府衰败有着或直接或间接的关联。这样，全书主线、支线交错发展，既呈现出现实生活错综纷纭、气象万千的复杂面貌，又提纲挈领，有条不紊。

《红楼梦》有很高的语言艺术。小说在北方口语的基础上，又吸收了古典诗文语言方面的优秀传统，创造了通俗而又典雅、简洁而又含蓄、优美、纯净、极富表现力的文学语言。尤其是小说人物的对话多有弦外之音、言外之意。而且只用简短的文字把它们连贯起来，很少用辅助描写和大段的叙述，却把在场人物的个性鲜明地表现出来。另外，小说中的叙述、描写语言非常精确，常常非常逼真地刻画出人物的神情举止和心理状态。

《红楼梦》继承发展了中国古典文学的写实传统，不仅按照生活的本来样式精确地描绘生活，而且把社会生活纳入到一个有机的、完整的艺术结构之中，从而表现出现实生活的复杂性。它塑造人物不仅细腻地描绘人物的声容笑貌，而且深入到人物的精神世界，延伸到人物的日常生活环境，真实地再现了典型环境中的典型性格。

《红楼梦》是中国封建社会最后一部同时也是中国文学史上最伟大的现实主义巨著。

后 记

在二十多年前，笔者应中国台湾建安出版社之约，邀集几位志同道合的朋友，共同完成了《国学三百题》的编写工作。该书于1997年在中国台湾出版。当时大陆虽然已经开始出现国学热，但是远远未能达到社会普及的程度，因此未能同时在大陆出版。但是笔者坚信，世界文明的进程存在着某些共同的规律，一个民族、一个国家固然要与时俱进，但是它们文化中的某些深层的东西是不会变的，中华民族永远也不会变成欧美民族。不仅如此，一个国家当然要注重物质利益，但是还必须有某些超越物质利益的东西，这样才不会变成全民的物质至上，唯利是图。这种东西在不同民族国家有不同的表现，在西方国家是宗教，在中国就是国学。

经过改革开放四十多年的发展，大陆地区随着经济的起飞和对精神家园的探求，国学越来越热。当代的国学热不仅表现在学术界的大声呼吁，更重要地表现在社会民众对国学的迫切需求。济南出版社的冀瑞雪主任独具慧眼，发现了这部20年前的作品，建议重新出版。考虑到版权期已过，我们决定将该书重新整合成《名家谈国学》。在本书再版编辑的过程中，考虑到大陆初学者的需求，我们对《国学三百题》中适应中国台湾读者需要的一些比较深的内容进行了删减。同时考虑到时过境迁，当时的一些论述也有和当前社会不相适应的内容，笔者对此也进行了少量、局部改编。经删定，现在书籍中仅保留了张践、王国元、汤泽林、马洪路、马胜利、张健、张志英等几位作者的作品。笔者作为主编，对于其他作者的成果未能入选表示真诚的歉意。笔者自作主张对于少量内容进行了改动，不当之处也请原作者谅解。责任编辑张子涵为本书的再版也付出了艰苦的努力，一并表示感谢！

张践识于北京

2019年3月